Gebete aller Zeiten und Völker in einem Band vorzulegen stellt an den Herausgeber eines solchen Sammelwerkes ungewöhnliche Ansprüche. Es galt für dieses Werk nicht nur eine Vielzahl von Quellen kritisch zu sichten, auszuwählen und in einer dem Geist des Originals entsprechenden Übersetzung darzubieten. Die Aufgabe, die nur von einem Religionswissenschaftler vom Format wie dem [illegible] Professor [illegible] gelöst werden konnte, erfordert zugleich ein großes Maß herausgeberischen Taktes. Das Gebet wird als Ausdruck einer unmittelbaren Begegnung des Menschen mit dem Göttlichen in Erlebnissen, die sich einer allein rationalen Betrachtungsweise entziehen. Es konnte darum nur das Ziel einer solchen Auslesearbeit sein, in einer Reihe charakteristischer Stücke einen Eindruck von ihrer Eigentümlichkeit zu vermitteln, mit der der Mensch im Gebet seine Abhängigkeit von einer übernatürlichen Welt erlebt und von den einfachsten Ausdrucksformen bis [illegible] Erlebnis [illegible]. Der Bogen der hier gesammelten Gebete spannt sich von den sogenannten Naturvölkern Afrikas, Amerikas, Südostasiens und [illegible] bis zu den ersten Hochreligionen Chinas, Japans und Indiens. Die Kulturen Ägyptens, Babyloniens, des Iran, Griechenlands und Roms finden in gleicher Weise Berücksichtigung wie die Religion des Judentums, des Islam und des Christentums. Ein Buch für alle, die einer Gesamtschau der religiösen Erscheinungen unterschiedlicher [illegible] ergeben [illegible] sind: ein Buch zugleich der religiösen Besinnung [illegible] menschheitsweiten Horizonts gesammelt.

Gebete aller Zeiten und Völker in einem Band vorzulegen stellt an den Herausgeber eines solchen Sammelwerkes ungewöhnliche Ansprüche. Es galt für dieses Werk nicht nur eine Vielzahl von Quellen kritisch zu sichten, auszuwählen und in einer dem Geist des Originals entsprechenden Übersetzung darzubieten. Die Aufgabe, die nur von einem Religionswissenschaftler von Format wie dem italienischen Professor di Nola gelöst werden konnte, erfordert zugleich ein großes Maß herausgeberischen Taktes. Das Gebet wurzelt als Ausdruck einer unmittelbaren Bezogenheit des Menschen auf das Göttliche in Erlebnissen, die sich einer allein rationalen Betrachtungsweise entziehen. Es konnte darum nur das Ziel einer solchen Auslese sein, in einer Reihe charakteristischer Stücke einen Eindruck von jener Ergriffenheit zu vermitteln, mit der der Mensch im Gebet seine Abhängigkeit von einer übernatürlichen Welt erlebt, und von der dichterischen Ausdruckskraft, mit der er sein Erlebnis gestaltet. Der Bogen der gesammelten Gebete spannt sich von den sogenannten Naturvölkern Afrikas, Altasiens, Südostasiens und Altamerikas zu den ersten Hochreligionen Chinas, Japans und Indiens. Die Kulturen Ägyptens, Babylons, des Irans, Griechenlands und Roms finden in gleicher Weise Berücksichtigung wie die Religion des Judentums, des Islams und des Christentums. Ein Buch für alle, die einer Beschäftigung mit den große geistigen Erscheinungen menschlicher Vergangenheit aufgeschlos sind, ein Buch zugleich der religiösen Besinnung der Gegenwart, d nen weltweiten Horizont vermittelt.

insel taschenbuch 238

Gebete der Menschheit

GEBETE DER MENSCHHEIT

RELIGIÖSE ZEUGNISSE
ALLER ZEITEN UND VÖLKER

HERAUSGEGEBEN
VON ALFONSO M. DI NOLA
ZUSAMMENSTELLUNG
UND EINLEITUNG DER
DEUTSCHEN AUSGABE VON
ERNST WILHELM ESCHMANN

INSEL VERLAG

insel taschenbuch 238
Erste Auflage 1977
Lizenzausgabe mit freundlicher Genehmigung des
Eugen Diederich Verlages, Düsseldorf/Köln

Vertrieb durch den Suhrkamp Taschenbuch Verlag
Umschlag nach Entwürfen von Willy Fleckhaus
Satz: Gutfreund, Darmstadt
Druck: Nomos Verlagsgesellschaft Baden-Baden
Printed in Germany

2 3 4 5 6 7 – 89 88 87 86 85 84

ZUR EINFÜHRUNG

Jede Sammlung oder auch nur Zusammenstellung von Gebeten der Menschheit in ihren verschiedenen Religionen und Kulturen wird dem Sammelnden wie dem Leser ein Gefühl der Scheu erwecken, auch wenn die Unbescheidenheit vermieden wird, die in Deutung und Urteil liegt. Das Einmalige, unverwechselbar Persönliche jedes Gebetes, ob es nun von einem bedrängten oder erhobenen Herzen, einem Dichter, Propheten, Seher neugeprägt wird oder als fester Ausdruck einer Überlieferung, eines Kultes in unsern Gesichtskreis tritt, scheint schon durch die bloße Nebeneinanderstellung unsachlich angetastet und in seinem Eigenwert bedroht.

Doch diesem Gefühl legt sich ein anderes an, das, so spürt man, den italienischen Veranstalter dieser Sammlung zu seiner Arbeit veranlaßte. Dieses Gefühl nährt sich aus der Erkenntnis, daß die Entstehung und Entwicklung der vergleichenden Religionswissenschaft selbst ein religiöses Geschehen ist, ja die Auswirkung einer Bescheidenheit und sogar Demut der Religionen gegeneinander darstellt, anders ausgedrückt also, daß ›die Religionswissenschaft selber eine religiöse Aufgabe hat‹ (Ernst Benz).

Dann kommen, wenn es um das Problem der Ordnung und der Einteilung geht, die Bedenken wieder. Werden sich die Gebete, wird sich das, was Gebet ist, gliedern, sondern, einreihen lassen, da es sich doch immer um dasselbe Phänomen der Hingabe handelt? Aber sogar wenn der Mensch sich im Gebete vergißt, so bleibt er doch immer Mensch, geschaffen, er selber zu sein, und dies sogar als ihm gestellte Aufgabe. So prägt er Verschiedenheiten aus, oder sie werden ihm auferlegt, auch und gerade dann, wenn er bittend, verzweifelt, hoffnungsvoll oder dankend oder auch entsagend sich zu dem wendet, woraus er entstand oder von dem er entlassen, entsandt und gemacht wurde. Dies gibt die Erlaubnis, Gebete des Menschen zu sammeln, in ihrer ganzen Fülle und Unterschiedlichkeit und doch immer einheitlich durch den einen Wunsch, das Übergeordnete zu rühren, zu bewegen, zu versöhnen, ihm zu danken und in ihm aufzugehen.

So zieht sich die Reihe der Gebete von dem Anruf, dem bloßen Laut, etwa dem indisch-buddhistischen ›Om‹, der in dieser Sammlung nicht enthalten sein kann, für den aber unsere Ohren vielleicht auch einmal offen werden, geschult durch die Wiederkehr ähnlicher Stimmungen in der surrealistischen Poesie, den ganzen Himmelsbogen des Bittens und Dankens hindurch bis dort, wo er wieder den Boden berührt. Dies geschieht bei den Gebeten, die stumm sind, oder denen, die wir noch nicht kennen, hervorgetrieben aus der Einsamkeit des Denkers, der nur die immateriellen Grundsätze der Weltordnung noch neben sich hat und den gestirnten Himmel über sich, oder der noch größeren Einsamkeit des Astronauten, den eine ausdehnungslustige Menschheit auf die Reise eben in diesen gestirnten Himmel schickt, und beide doch nicht so einsam, wie die Verlassenheit des Kranken, des Ausgestoßenen, des Nicht-Genügenden, der heute in der modernen Zivilisation an die Stelle des Armen getreten ist wie an die des Abtrünnigen, des Sich-Absondernden, des ›Ungehorsamen‹ in den frühen Kulturen.

Unter jenem Bogen aber ist viel eingeschlossen: die Erhebung des christlichen oder indischen Denkers, die demütige Bitte des beduinischen Karawanenführers oder das Stoßgebet des verirrten Jägers im Urwald; die Abwehr der Toten, die man in Geister verwandelt denkt, verschärft durch das Gefühl der Schuld, sich im Leben nicht richtig gegen sie verhalten, sie nicht genug geliebt und vor allem, sie nicht am Sterben gehindert zu haben; das Gebet aus der Angst, daß die Sonne plötzlich eines Tages nicht mehr wärme und leuchte, das Gebet an die Tiere, sich willig fangen, an die Pflanzen, sich fügsam essen zu lassen. Diese Gebete sind Pfeile, die nach oben und unten dringen sollen – denn auch zu dem ›bösen Geist‹ wird ja gebetet – und das an sich Unterschütterliche erschüttern im Verlangen nach Nahrung, nach Nachkommenschaft, eines friedlichen Alters und des Segens der Ahnen. Immer wieder erscheint das Gebet um Regen, das dann auf höherer Stufe im Rituale Romanum wiederkehrt und, spiritualisiert beim christlichen, islamischen und indischen Mystiker als Bitte um die Gabe der Tränen, deren Gewährung die Gewähr für die Auflösung des harten, dürren Ich, für die Durchtränkung der Wüste der Persönlichkeit ist. Kaum wahrnehmbar von dieser Höhe aus die befremdliche Gebetsituation der Kannibalen, die sich, wenn sich auch durch Überbetonung als recht unsicher verratend, eben durch ihre Geschmacksrichtung, die nichts mit Not und Armut zu tun hat, besonders ausgezeichnet und auf ›der rechten Seite der Welt‹ fühlen. Hier liegt der äußerste Gegenpol, man möchte fast sagen einer menschlichen Unfrömmigkeit, zu dem überall und zu allen Zeiten aufscheinenden Verlangen der Menschen, sich in der schlichtesten, gewöhnlichen Nahrung den Gott einzuverleiben, oder der ganz philosophischen Ergebenheit der Pygmäen, welche den Himmel leuchten sehen, wenn die Augen erlöschen, das meint, wenn der Mensch sein nur irdisches Bewußtsein schließt.

Auch wenn der Gebete Sammelnde sich vor sich selbst rechtfertigen konnte, daß er nicht unbescheiden ist, daß er keine religiöse Scheu verletzt, daß er nicht zu verstehen behauptet, wenn er wiedergibt, so hat er sich doch vor einer anderen, naheliegenden Versuchung zu hüten. Sie besteht darin, eine Weltgeschichte in Gebeten zu versuchen. Aber gerade das widerspräche dem Wesen der Sache. Es handelt sich eben nicht um eine ›Entwicklung‹, ein ›Immerbesserwerden‹, sondern eher um in sich geschlossene Kreise, Teiche, die, vom Menschen, wenn auch nicht von ihm allein, ummauert, immer dasselbe Auf und Ab, dasselbe Hohe und Niedrige, den ähnlichen Anspruch und die ähnliche Entsagung spiegeln.

So finden wir das Höhere, ja Hohe im Primitiven, wie das Primitive im vermeintlichen Höheren, etwa in den Zauber- und Verwünschungsformeln der Römer oder, raffinierter, in der Verbindung von Gebeten, welche an sich das reine Lob der Gottheit und die Bedürftigkeit des Menschen ausdrücken wollen, mit den Schlacht- und Eroberungsanrufen so manchen Glaubens und mancher Nation. Und nicht nur in den Gebeten der Kongo-Djaga ist der irdische Häuptling unmerklich mit dem himmlischen zusammengeschmolzen. Solche Abirrungen, in denen zum bloßen Stammesgott zurückgetaumelt wurde, sind in der Auswahl, die besonders aus den Gebeten der Hochreligionen getroffen wurde, erklärlicherweise nicht enthalten. Sie sind aber hinzuzudenken, nicht so sehr, um uns selber zu beschämen, sondern um recht zu ermessen, was es bedeutet, wenn sich der Stammesgeist der Primitiven, der sich eben erst selber gefunden hat, zu Gott kehrt, und sei es nur in dem Erfinden, daß hier ein Höheres, das doch beachtet werden muß, das Niedere, daß man nun gerne haben, festhalten und sichern möchte, stört. Nicht weniger ehrfürchtig aber stimmt das Einfache im Hochzivilisierten. So in der Bitte um das tägliche Brot in der Fassung des Vaterunsers, die von den modernen Sprachen gebetet wird, wenn auch in der ursprünglichen Art, wie Christus es sagte, und noch in der lateinischen Übersetzung der Vulgata um etwas anderes gebeten wird.

Im Christlichen wird das höhere Gebet zu einer Art Aufstand gegen den Menschen selbst, zu einer Bemühung der Seele, den göttlichen Beistand gegen ein allzu fest eingeleibtes, seinen höheren Ursprung vergessendes Ich zu finden, das sich dann doch eben wieder in dieser Bemühung bezeugt. Aber auch gerade im A- und Anti-Christlichen der Moderne zeigt sich dieses Christliche. Darum wurde Nietzsches Jugendgebet an den unbekannten Gott in dieser Abteilung aufgenommen, ebenso wie das realistisch-souveräne des Märtyrers Thomas Morus um Humor.

Daneben stehen die Gebete Indiens, die, verbindlich und verbindend nicht nur für die eigene Religion, an die Schwelle jenes Zustandes führen, wo alles Beten endet, weil die Trennung, die Voraussetzung und Veranlassung alles Betens ist, aufgehört hat, um doch sogleich wieder zu beginnen, wenn das Aufhören der Trennung aufhört.

Daß Vollständigkeit weder angestrebt werden konnte noch sollte, braucht nicht begründet zu werden. Was man besonders bedauern wird, ist der durch den Zustand der Überlieferung bedingte Ausfall der Gebete der nordalpinen Europäer, der Germanen, Slaven und Kelten. Diese Unvollständigkeit hat aber auch etwas Erzieherisches. Sie behütet vor der Neigung zur bequemen Vermischung, zur Gleichsetzung dessen, was eben dadurch seinen Wert bekommt, daß es nicht nur verwandt, sondern auch verschieden ist. Auch daß auf eine Einleitung zu den christlichen Gebeten verzichtet wurde, bedarf keiner Rechtfertigung. Die Einleitungen selbst sind nüchtern gehalten, um den Abstand nicht zu verwischen, der den Tatbestand des Betens von jeder Würdigung und Deutung trennt.

brauchte nicht begründet zu werden. Was man besonders bedauern wird, ist der durch den Zustand der Überlieferung bedingte Ausfall der Gebete der nordalpinen Europäer, der Germanen, Slaven und Kelten. Diese Unvollständigkeit hat aber auch etwas Erfreuliches: sie behütet vor der Neigung zur bequemen Vermischung, zur Gleichsetzung dessen, was eben dadurch seinen Wert bekommt, daß es nicht nur verwandt, sondern auch verschieden ist. Auch daß auf eine Einleitung zu den christlichen Gebeten verzichtet wurde, bedarf keiner Rechtfertigung. Die Einleitungen selbst sind nüchtern gehalten, um den Abstand nicht zu verwischen, der den Tatbestand des Betens von jeder Würdigung und Deutung trennt.

AFRIKA

Wenn an den Anfang unserer Sammlung Gebete früherer und jetzt lebender Afrikaner außerhalb der Einflüsse von Christentum, Islam und in letzter Zeit auch des Hinduismus gesetzt sind, so deshalb, weil hier in einer einfachen Art gewisse Grundformen des Gebets auftreten, die sich auch in anderen Menschheitsgebieten immer wieder vorfinden – und sei es in einer Form, die man als ›höher‹ entwickelt anzusehen gewöhnt ist. Und der Anfang beginnt wiederum mit den Pygmäen, dem mittelafrikanischen Zwergenvolk, den leiblich kleinsten Menschen der Welt überhaupt.
Diese Gebete durchlaufen die ganze Skala vom Ausdruck der primitiven Angst in Waldnacht und Steppenleere bis zu der Gewißheit eines oder auch zweier höchster Wesen, die in ihrer Himmelsgattenschaft doch eine Einheit sind. Da ist nicht nur die Klage um die Toten, deren Rückkehr man doch andererseits nicht wirklich wünscht und wünschen kann, sondern auch die grenzenlose Trauer über die Sterblichkeit des Menschen an sich, aus der diese Gebete, die Hoffnung auf ein anderes tragen, hervorleuchten wie kleine gelbe Laternen in einem grenzenlosen, feuchten Blätterdunkel. Da ist das Gefühl des kindhaften Geborgenseins, das kaum noch etwas verlangt, bis zu den auf der ganzen Welt wiederkehrenden Zweifeln an einem guten und als gut gefühlten Gott, ob er denn wirklich so mächtig und vor allem so unternehmungslustig sei wie ein anderer, wenn kleinerer, böser Gott und ob es sich nicht empfehle, lieber diesem zu opfern. Da sind die Gebete für den Reisenden, für die Kinder, an den fruchtbarkeitsspendenden Fluß, die wir dann bei den altägyptischen Gebeten an den Nil in einer vergeistigten und auf das Problem der Beziehung von stofflich erwiesener und jenseitiger Göttlichkeit bezogenen Form wiederfinden werden. Die Anschauung der Dinka von der Hinfälligkeit des Menschen nimmt diejenige der Psalmen vorweg, ebenso wie das Gebet ihrer Sterbenden das Gebot der Feindesliebe, das hier aber nicht als Gebot erscheint, sondern als ein gewachsener Vorgang. Der Zauberspruch der Bantus

bittet das Schwert, seinem Besitzer nur rechtmäßig und nicht mörderisch zu dienen, und die Schilluk im oberen Niltal besitzen die entfaltete Vorstellung eines göttlichen Sohnes, durch den sein göttlicher Vater die Erde erhält und segnet. Am erschütterndsten aber wirkt wohl, unter dem Gesichtspunkt dessen, was später geschah, ein Gebet der Kikuyu, des Volkes der Mau-Mau-Bewegung, für den ›weißen Mann‹, der – es steckt gewiß auch Abwehrzauber darin – dem Schutz des Himmels empfohlen wird, während schon die Landnahme der weißen Farmer Stück nach Stück des schwarzen Lebensraumes abfraß.

Es sind Grundformen des Gebets, denen wir hier in Afrika begegnen, nicht ›Urformen‹ im Sinne eines Zuersterscheinenden, das weiterentwickelt, oder eines ursprünglich Vorhandenen, das dann verlorengeht und wiedergeschenkt wird. Die grundhafte Einfachheit der afrikanischen Gebete hat dazu verleitet, solche Steigerungen oder Abläufe zu konstruieren. Solche inzwischen wieder aufgegebenen Versuche, gegen deren bedeutenden Forschungsertrag niemand undankbar sein wird, tun sowohl dem Tatbestand, wie er hier vorliegt, Unrecht wie der allgemein zu beachtenden Erscheinung gewisser durchgehender religiöser Grundhaltungen bei allen Völkern. So hat auch das Wasser keine Geschichte oder wird etwa von einzelnen Wesen und Gruppen sich gegenseitig weitergegeben, sondern es ist überall.

MITTELAFRIKA

PYGMÄEN

LIED ZUR WEIHE DER WAFFEN

Khmvoum[1], o Khmvoum, du bist der Herr,
o Schöpfer, Herr über alles,
Herr des Waldes, Herr der Dinge,
Herr der Menschen, o Khmvoum, –
und wir, wir Kleinen, wir sind deine Untergebenen.
Herr der Menschen, o Khmvoum,
befiehl, o Herr, über Leben und Tod, –
und wir werden gehorchen.

TRAUERLIED

Solo: Jedes Lebewesen wird geboren, macht seinen Weg und stirbt. Und es herrscht große Kälte.
Chor: Es herrscht die große Kälte der Nacht, es herrscht das Dunkel.
Solo: Der Vogel macht seinen Weg, fliegt und stirbt.
Und es herrscht große Kälte.
Chor: Es herrscht die große Kälte der Nacht, es herrscht das Dunkel.
Solo: Der Fisch schnellt vorbei, macht seinen Weg
und stirbt.
Und es herrscht große Kälte.
Chor: Es herrscht die große Kälte der Nacht, es herrscht das Dunkel.
Solo: Der Mensch wird geboren, ißt und schläft.
Er macht seinen Weg.
Und es herrscht große Kälte.

Chor: Es herrscht die große Kälte der Nacht, es herrscht das Dunkel.
Solo: Der Himmel hat sich erleuchtet, die Augen sind erloschen.
Der Stern funkelt.
Chor: In der Tiefe die Kälte, in der Höhe das Licht.
Solo: Der Mensch ist dahin, der Gefangene ist frei.
Der Schatten geschwunden.
Chor: Der Schatten ist geschwunden.
Solo: Khmvoum, Khmvoum, nach dir ergeht unser Ruf.
Chor: Khmvoum, Khmvoum, nach dir ergeht unser Ruf.

SANG AN DEN REGENBOGEN

Khwa, yé! Khwa! Regenbogen, he, Regenbogen,
du, der du da oben so leuchtest, so hoch da oben,
über dem Walde so groß,
mitten zwischen den dunklen Wolken,
aufreißend den finsteren Himmel,
unter dich, Sieger im Kampfe,
hast du den grollenden Donner gestürzt,
der so stark rollte, und so gereizt.
War er erzürnt gegen uns?
Mitten zwischen den dunklen Wolken,
aufreißend den finsteren Himmel,
gleich dem Messer, das eine überreife Frucht aufschneidet,
Regenbogen, o Regenbogen,
mächtiger Bogen des Jägers dort oben,
des Jägers, der die Herde der Wolken verfolgt,
wie die Herde erschreckter Elefanten,
Regenbogen, sag ihm unseren Dank.
Sag es ihm![2] Habe nicht Ärger!
Sag es ihm! Sei nicht erzürnt!
Sag es ihm! Er soll uns nicht töten.

Denn wir haben große Furcht,
Regenbogen! Sag es ihm!

ZAUBERSPRUCH GEGEN DIE BÖSEN GEISTER DES WALDES

Ogiri, du, der du auf Erden ein Menschenfresser warst,
Ogiri, nähere dich nicht unseren Hütten!
Wir haben deine Augen in der dunklen Nacht funkeln sehn,
o Ogiri!
Wir haben deine Zähne Kra-kra machen hören,
o Ogiri!
Du, der du auf Erden ein Menschenfresser warst,
o Ogiri, den wir gut gekannt haben,
versuche nicht, dich unseren Hütten zu nähern!

GEGEN SCHLANGENBISSE, AN DIE HIMMLISCHE SCHLANGE[3]

Wenn in der Nacht der Fuß
über ein Hindernis stolpert, das sich zusammenzieht,
aufrichtet und beißt,
dann füge, o Schlange, du, unser Vater, der Vater des Stammes,
– und wir sind deine Söhne –,
füge, daß es ein Zweig, ein kleiner Zweig sei,
der sich aufrichtet und schlägt,
und nicht einer deiner Söhne mit dem spitzen Maul,
o Vater des Stammes, – denn wir sind deine Söhne.

BITTGESANG

Der Morgen ist erwacht,
Asobè, halte fern von uns jede Strafe,
jedes Übel,
jedes Unglück.
Asobè, laß uns glücklich heim gelangen.

GEGEN DAS GEWITTER

Epilipili, Epilipili,
möge der Regen nicht kommen,
möge der Regen nicht fallen,
uns mit Schmerzen bedrücken.
Die Söhne sind im Walde!
Möge der Regen langsam kommen,
möge er langsam kommen!

FANG (ÄQUATORIALAFRIKA)

TANZ UND BESCHWÖRUNG DES NGIL-ZAUBERERS

Die Anrufung des Hexenmeisters

O du, der du über die Kraft verfügst, du, der Herr der menschlichen Kraft, du vermagst alles, und ohne dich vermag ich nichts, nichts vermag ich, ich, der ich dir geweiht bin, der ich mich dir gelobt habe, o Geist.
Von dir habe ich meine Stärke, meine Kraft. Diese Gabe hast du mir verliehen. Geist der Kraft, dich selbst rufe ich an. Zeige dich meinem Gesang geneigt, komm, komm, komm!
Dir gehöre ich, komm zu mir!
Du mußt gehorchen, ich habe dir gegeben, was du fordertest, o Geist, das Opfer wurde dargebracht, dargebracht das Opfer im Walde.
O Geist, ich gehöre dir, und du gehörst mir. Komm!

Chorgesang

Ngil: Durch die geweihte Asche des dargebrachten Opfers,
der umherschwirrenden Geister der Nacht,
die durch den dunklen Wald ziehen,
ohne Unterlaß...
niè!

Chor: Yô, yô, niè!
Ngil: Geister der Toten, die nie die Totenopfer gesehen haben,
Chor: Yô, yô, niè!
Ngil: Tote, die noch nicht überquerten,
überquerten den Strom der Tränen!
Chor: Yô, yô, niè!
Ngil: Den Fluß der Tränen und der Seufzer.
Chor: Den Fluß der Tränen und der Seufzer.
Ngil: Den Fluß der großen Ruhe.
Chor: Den Fluß der großen Ruhe.
Ngil: Geister der Nacht, o traurige Geister,
unsere Beschützer.
Chor: Unsere Beschützer.

Die Antwort des Geistes

Ngil: Du, mein Sohn, mögest behütet sein,
du, mein Sohn, mögest immer behütet sein.
Chor: Yô, yô, für immer.

DJAGGA (KONGO)

BEIM AUSZUG IN DEN KRIEG: GEBET AN DEN STAMMESGOTT

Ruwa, mein Häuptling, mögest du mich an die Hand nehmen und sicher führen. Gewähre mir auch ein Rind, Häuptling, damit ich dir ein Opfer bringe.

SÜDAFRIKA

ZULU

BESCHWERDEGEBET AN DEN STAMMESGOTT

Wann haben wir es unterlassen, zu opfern und deine Ehrennamen zu wiederholen? Warum bist du denn so knauserig? Besserst du dich nicht, dann werden wir alle deine Ehrennamen in Vergessenheit geraten lassen. Was ist dann dein Los? Dann kannst du gehen und Grashüpfer essen! Bessere dich, sonst vergessen wir dich! Was nützt denn das, wenn wir schlachten und dich mit deinem Ehrennamen preisen? Du verschaffst uns ja weder Saat noch Viehreichtum! Du erweisest uns keinen Dank für all unsere Mühe. Ganz und gar wollen wir dich verstoßen und zu anderen Menschen sagen, daß wir überhaupt keine Ahnengeister haben. Das ist dann dein Schaden. Wir sind über dich ärgerlich.

HOTTENTOTTEN

AN TSUIGOA, DEN AHNHERRN

Du, o Tsuigoa,
du Vater der Väter,
du bist unser Vater.
Laß die Donnerwolke strömen,
laß unsere Herden leben,
laß uns leben!
Fürwahr, ich bin gar schwach
vor Durst, vor Hunger.
O daß ich doch die Früchte des Feldes essen möchte!
Bist du nicht unser Vater,
der Vater der Väter,

du Tsuigoa?
O daß wir dich preisen könnten!
O daß wir dir wieder zurückgeben könnten!
Du Vater der Väter,
du, o Herr,
du Tsuigoa.

MADAGASKAR

AN ZANAR UND NIANG[4]

O Zanar, nicht an dich richten wir unsre Gebete.
Denn warum sollte man zu dem guten Gotte beten?
Dagegen müssen wir den Zorn des Niang besänftigen.
Niang, böser und mächtiger Gott, laß nicht den Donner über unsere Häupter rollen; befiehl nicht dem Meer, das Festland zu überfluten;
verschone die heranreifenden Früchte; dörre nicht die Reisfrucht aus;
laß nicht zu, daß sich der Schoß unserer Frauen an den unheilvollen Tagen öffnet; und zwinge keine Mutter, die Hoffnung auf ihren Lebensabend im Meere zu begraben.
O Niang, zerstöre nicht alle Wohltaten des Zanar.
Du herrschst über die Bösen; ihre Zahl ist groß genug.
Quäle nicht die Guten.

AN DIE ERDE

Hab Erbarmen mit mir, o Erde! Du bist es, auf der ich wohne, du bist es, die mir Speise gibt, du, die mir Wasser gibt zum Trinken, du, die mir gibt, womit ich mich kleiden kann.
Sei barmherzig gegen mich, o Erde! Du nimmst von mir weg meine Gattin, ohne die ich mich nicht behelfen kann; du nimmst

mir weg meine Kinder, die meine Freude sind; du nimmst meine Freunde, die mir teuer sind; auch meine Eltern nimmst du weg.

WESTAFRIKA

EWE (GUINEA)

IM KRIEG

Wir waren zu Hause und hörten plötzlich, daß es Krieg gebe. Du bist unser aller Haupt. Deswegen sind wir zu dir gekommen, um dich zu bitten, du wollest uns in den Krieg voranziehen und ihn für uns führen. In unserer Heimat Anlo gibt es keinen Wald, worin wir uns verstecken könnten. Du, o Nyigbla unserer Vorfahren, du bist der Wald, in dem wir uns bergen. Sammle du deswegen alle deine Krieger um dich, damit sie diesen Krieg für uns führen; denn wir haben keine Kraft.

OPFERGEBET

O Mawu Sodza, Mutter der Menschen, Mutter der Tiere! Gibst du den Menschen, so gibst du den Menschen; verweigerst du den Menschen, so verweigerst du den Menschen. In deiner Größe bin ich groß, mit dem, was du willst, stimme ich überein.

LOBE

AN DEN FLUSSGOTT

Ganz Battiè[5] gehört dir, dem Fluß. O Kana, dank all den großen Dingen, die du vollbracht hast, ist hier so viel Volk beisammen. Mögen sie wohl behütet sein, mögen sie nichts Böses sehen, und möge sich keiner ihren Behausungen nähern, wenn nicht in guter Absicht. Wenn es so geschieht, erkenne ich, daß das Land des Battiè die Menschen in rechter Weise beschützt, und mit den Muscheln, die mir angeboten wurden, werde ich einen Ochsen erwerben, um ihn dem Flusse zu opfern. Wenn es wahr ist, daß du hier bist, o Fluß, dann gewähre uns die Bitte, daß das Nilpferd hervorkomme, damit unsere Kinder es sehen können.

OSTAFRIKA

LANGO

GEBET AN DEN GOTT PU WÄHREND EINER OPFERMAHLZEREMONIE

O, du Gott Pu, steige zu uns herunter!
Wir empfangen dich.
Bleibe, bleibe in deiner Güte bei uns.
Gewähre Gesundheit unseren Mädchen,
Gesundheit den Müttern!
Und hilf uns, daß unser Speer den Leib jedes wilden Tieres,
das unseren Weg kreuzt, durchdringe.
Gewähre uns auch, jeden Menschen, der uns auflauert, zu töten
und über ihn zu triumphieren.

MASSAI

UM DIE HEIMKEHR DER KRIEGER

Solo: Engai,[6] Engai, brich
Chor: die Macht des Feindes.
Solo: Brich, brich
Chor: die Macht des Feindes.

Solo: Mädchen, schweiget nicht,
Chor: während man zu Engai betet.
Solo: Brich, brich
Chor: die Macht des Feindes.
Solo: Morgenstern, der du erscheinst,
Chor: und Abendstern,
Solo: brich, brich
Chor: die Macht des Feindes.
Solo: Du, der du den Himmel rot färbst, brich
Chor: die Macht des Feindes.

BANTU

GEBET BEIM BEGRÄBNIS

Das Gebet wird von dem jüngeren Bruder des Verstorbenen gesprochen.
Ihr, meine Vorfahren, die ihr heute um mich vereint seid: Seht ihr nicht? Ihr habt ihn von mir genommen. Jetzt bin ich allein. Ich bin tot! Ich bitte euch, die ihr da unten seid, da er zu euch zurückgekehrt ist, laßt uns hier oben in Frieden. Er ist nicht von Haß erfüllt weggegangen. Erlaubt uns, ihn leise und friedlich zu beklagen. Erlaubt uns, uns gegenseitig zu helfen, ihn zu beklagen, und erlaubt es auch unseren Eltern.

FÜR EINEN REISENDEN

Das Gebet wird von einem Medizinmann gesprochen.
Akhwari! Abousayi! Ich sage es: der Tod nähert sich nicht, der Tod kommt nur durch den, der auf seine eigene Kraft vertraut. Möge das Unheil von uns weichen, möge es zu Chibouri, zu Nkhabelane gehen. Möge dieser hier sicher seinen Weg gehen, möge er seine Feinde zerstampfen, mögen die Dornen ruhen, die Löwen schlafen, möge er Wasser trinken dort, wohin er geht, und möge dieses Wasser ihn glücklich machen durch die Kraft, die von diesem Blatt ausgeht.

BESCHWÖRUNG AN DAS SCHWERT

Wenn der, dem du gehörst, auf einen Feind trifft, dann geh auf ihn zu und töte deinen Gegner; aber wenn dein Träger dich gegen jemanden richtet, der nichts Böses im Sinne hat, dann verschone ihn und geh an ihm vorüber, ohne seinen Körper zu durchdringen.

KIKUYU

GEBET ZUR ERÖFFNUNG DER VERSAMMLUNG DER ALTEN

Chor: Die Alten mögen weise sein und mögen sich in Eintracht finden.

Chor: Wir loben dich, Ngai. Friede herrsche bei uns.
Sprich, daß das Land Ruhe habe und das Volk weiter wachse.

Chor: Wir loben dich, Ngai. Friede herrsche bei uns.
Sprich, daß das Volk und die Herden und die Rudel gedeihen und von Krankheit frei bleiben mögen.

Chor: Wir loben dich, Ngai. Friede herrsche bei uns.
Sprich, daß die Felder reiche Frucht tragen und das Land weiterhin fruchtbar bleiben möge.

Chor: Wir loben dich, Ngai. Friede herrsche bei uns.

GEBET FÜR DEN WEISSEN MANN

O Gott, nimm dieses Opfer an, denn der weiße Mann ist zu meiner Heimstätte gekommen. Wenn der weiße Mann krank wird, so laß weder ihn noch seine Frau sehr krank werden. Der weiße Mann ist aus seiner Heimat über das Wasser zu uns gekommen; er ist ein guter Mann; er behandelt die Leute gut, die für ihn arbeiten; laß sie nicht mit ihm streiten. Wenn der weiße Mann und seine Frau krank werden, so laß sie nicht sehr krank werden, denn ich und der weiße Mann haben uns vereinigt, dir zu opfern. Laß sie nicht sterben, denn wir opfern dir einen sehr fetten Bock. Der weiße Mann ist aus der Ferne zu uns gekommen, und nun hat er ein Übereinkommen mit mir getroffen, dir zu opfern. Wohin er auch immer geht, laß ihn nicht sehr krank werden, denn er ist gut und ist auch außerordentlich wohlhabend, und ich bin auch gut und reich, und ich und der weiße Mann, wir stehen uns so nahe, als wären wir von einer Mutter. Gott, wir haben ein großes Schaf für dich bestimmt; der weiße Mann und seine Frau und ich und mein Volk, wir werden dir an dem Stamm eines Baumes ein Schaf opfern – ein sehr wertvolles Schaf. Laß mich nicht sehr krank werden, denn ich habe ihn gelehrt, dir zu opfern, als wenn er ein richtiger Kikuyu wäre.

ABESSINIEN

WAPOKOMO (TANASEE)

DREI ANRUFUNGEN

Gebet für das ganze Dorf
O Gott, gib uns den Frieden, verleihe uns die Ruhe,
möge das Glück kommen, sterben soll der, der unser Dorf verflucht und uns verwünscht.
Wir bitten dich auch um Fisch.

Gebet um Regen
O Gott, gib uns den Regen, wir sind in Not und Elend, wir leiden mit unseren Söhnen, schicke uns Wolken mit Regen.
Wir bitten dich, o Gott unser Vater, uns Regen zu schicken.

Gebet für eine kranke Frau
Der, die krank ist, o Gott, gib Frieden und Gesundheit,

ihr, ihrem Dorfe, ihren Söhnen und ihrem Manne. Gib ihr die Kraft, sich zu erheben und ihre Arbeit wiederaufzunehmen, ihre Küche zu besorgen und ihren Frieden wiederzufinden.

GALLA

TÄGLICHES GEBET IM KRIEGE

Wenn die Feinde kommen, laß deinen Wurm auf der Erde nicht zugrunde gehen, halte deine Hand über ihm!

HOCHNIL UND SUDAN

BAMBARA (SUDAN)

ZUR VERSÖHNUNG DES TOTEMTIERES

Der Zauberer spricht:
Ein Gewisser hat mich aufgesucht.
Er sagt, daß er unseren n'tana getötet hat.
Jede Wunde, die ihm zugefügt wurde, kommt von n'tana her, den er getötet hat.
Jede Krankheit, die ihn befallen hat, kommt von n'tana her, den er gegessen hat,
Möge jede Krankheit, an der er leidet, unmittelbar heilen!

Der, der das Tier getötet hat, spricht:
Mein Vater, verzeih mir.
Ich habe getötet (hier folgt der Name des Tieres n'tana).
Ich biete dir gestampfte Gerste an; zu deiner Ehre schütte ich gestampfte Gerste vor dir aus.
Gewähre mir Frieden. Verzeihe mir!

Verleihe mir eine glückliche Zukunft!
Befreie mich von jeder bösen Krankheit, befreie mich von allem Leid!

BITTE AN EINEN TOTEN BEI SEINEM BEGRÄBNIS

Verzeihe uns, mache dir keinen Kummer, wir zollen dir Achtung. Sei glücklich in deinem Leben im Reich der Unsichtbaren. Schicke uns Regen zur Winterszeit, schenke uns reiche Ernten, ein rüstiges Alter, Kinder und Frauen. Verleihe uns Wohlstand. Sieh dieses Wasser, mache dir keinen Kummer, verzeihe uns, schicke uns Regen zur Winterszeit und eine reiche Ernte. Der Wind möge von Westen oder von Osten, von Norden oder von Süden kommen, er möge uns immer ein günstiger Wind sein. Gewähre uns ein langes Leben, reiche Nachkommenschaft, Frauen und Wohlstand.
Unser Vater ist tot, man hat es uns gesagt, er ist tot!
Ihr jungen Leute, schaufelt das Grab richtig mit Erde zu, und keinem bösen Medizinmann, keiner Hyäne, keinem wilden Tier soll es gelingen, den Leichnam auszuscharren!

DINKA (OBERES NILTAL)

GESANG DER SCHÖPFUNG

Zu der Zeit, da Gott alle Dinge schuf, erschuf er die Sonne,
und die Sonne wird erschaffen, geht unter und kehrt wieder.
Er erschuf den Mond.
Und der Mond wird erschaffen, geht unter und kehrt wieder.
Er erschuf die Sterne.
Und die Sterne werden erschaffen, gehen unter und kehren wieder.
Er erschuf den Menschen.
Und der Mensch wird erschaffen, stirbt und kehrt nicht mehr wieder.

GEBET EINES STERBENDEN

Wenn ich auch einen Menschen mich hassen sähe,
ich würde ihn lieben.
O Gott Vater, hilf mir, Vater!
O Gott Schöpfer, hilf mir, Vater!
Wenn ich auch einen Menschen mich hassen sähe,
ich würde ihn lieben.

SCHILLUK (OBERES NILTAL)

GEBET AN GOTT UND SEINEN SOHN NYAKANG[7]

Dich loben wir, der du Gott bist. Beschütze uns, wir sind in deiner Hand. Beschütze uns, rette mich. Du und Nyakang, ihr seid die einzigen, die erschaffen haben, die Menschen sind in eurer Hand, und du, o Nyakang, stehst, wie auch sonst, Gott bei, unser Heil zu erwirken, und du bist es, der den Regen schickt. Dir gehört die Sonne, dir der Strom, o du, der du Nyakang bist. Du kommst aus den Gebieten unter der Sonne im Süden, du und dein Vater, ihr beide habt die Erde gerettet, und mit deinem Sohn Dok habt ihr alle Völker unterjocht. Hier ist der Ochse für euch, und sein Blut wird zu Gott und dir gehen.

AUFFORDERUNG AN DEN STAMMESGEIST

O Schilluk, du Ursache des Zugrundegehens des Landes:
warum nicht kehrst du zurück zu Gott da oben?
Zu Gott dem Beschützer, der regiert das Land?
Gott der Geber regiert das Land!

OPFERGEBET NACH DER GENESUNG

Ich flehe dich an, du Gott,
ich bete zu dir während der Nacht.
Wie sind alle Menschen behütet von dir alle Tage!
Und du schreitest inmitten des (hohen) Grases,
und ich schreite mit dir:
Wann ich schlafe im Hause,
du schläfst mit mir.
Zu dir bete ich um Speise,
und du gibst sie den Menschen:
und um Wasser zu trinken,
und die Seele ist behütet durch dich.
Niemand ist über dir, du Gott!
Du wurdest der große Vater Nyakangs,
und du bist es, Nyakang, der mit Gott wandelt:
du wurdest der große Vater der Menschen
und deines Sohnes Dok.
Wenn eine Hungersnot kommt,
ist sie nicht von dir herbeigeführt?
So wie diese Kuh da steht, ist es nicht deshalb,
wenn sie stirbt, geht nicht ihr Blut zu dir?
Du Gott, zu wem sollen wir beten?
Ist es nicht zu dir?
Du Gott, und der du wurdest Nyakang, und sein Sohn Dok,
aber die Seele des Menschen, ist sie nicht dein eigen?
Du bist es,
der aufhebt den Kranken.

GIUR (SUDAN)

GEBET FÜR EINEN KRANKEN

Juok, mein Vater, hilf uns, daß der Sohn gesund wird, –
ich habe mir nie angeeignet, was einem anderen gehörte,
ich habe nichts gestohlen, um mich mit seiner Mutter verheiraten zu können.
Meine Seele ist von Sünden frei.
Jetzt kaufe ich bei dir meinen Sohn mit einem Hammel los.
Laß den Sohn gesund werden, mach, daß er gesund wird.

ALTASIEN

Die Gebete Altasiens sind Gebete in einem elementaren Bezug: der weite Himmel, die großen, dunklen Wälder, die breiten, flachen, aber dann wieder jähen und reißenden Ströme, die unersteiglichen und dann doch paßdurchwundenen Gebirge, welche die breiten, grasigen, bald auch plötzlich dürren Ebenen umranden, eine Sonne, die bald unerträglich lastet, bald sich, wie in den Polargebieten, für Monate völlig entzieht, – sie bilden den Boden und den Hintergrund der Bitten und Aufschwünge schweifender oder nur mit halbem Herzen niedergelassener Nomaden. Sie bitten, oft indem der Fürst als Fürsprecher für den ganzen Stamm, die ›Zinspflichtigen‹, auftritt, nachdem der Schamane mit höchster leiblicher und seelischer Anstrengung die Götter gerufen und geneigt gemacht hat, um Gras und Wasser und Wind und langes Lebenbleiben für Vieh und Menschen; sehr realgesinnt meistens, und weil die oft hungernden Nomaden mit Sicherheit annehmen, daß auch die gebenden Götter, zu denen sie beten, nichts für nichts geben können, sind ihre meisten Gebete Opfergebete. Aber dann kommt in dem wie nebenbei geschehenden Lob der Zartheit einer Birke, eines Berges oder Hügels, in dem sich die Kraft der Gottheit zu sammeln scheint, oder in dem Wehruf an einen Toten, in dem aufgezählt wird, was er unbedacht zu verlassen im Begriff ist und was er haben könnte, wenn er sich nur entschließen könnte wiederzukehren, ein anderes hervor, das verstehen läßt, wie sich in den Weiten Altasiens ein Eingottum des Vaters Himmel ankündigt, hinter dem die Mutter Erde zurücktritt. Es hebt sich ab von der humorvollen Unmittelbarkeit, in welcher um weiße Köpfe für die Erwachsenen gebetet wird, nämlich um ein langes Leben für die Erwachsenen, das ihnen Zeit läßt, weiße Haare zu bekommen, aber um ›rote Würmer auf den Köpfen der Schwarzhaarigen‹, das heißt, daß die Kinder so viel Kraft und Gesundheit haben möchten, daß die Würmer sich auf ihnen ansiedeln. Daß dies ein gutes Zeichen sei, ist eine urtümliche und vielfach verbreitete Vorstellung. Auf seinen langen Zügen gelangt nun der Nomade, ganz ungebunden oder halbangesessen, auch zum Nachsinnen über den Zusammenhang der Dinge. So kommt es mitten im Opfergebet schon zu einer fast wissenschaftlichen Vorstellung vom Opfer als Vermehrung und Verlängerung der menschlichen Gliedmaßen und Köpfe. Man erkennt hier im Keim, was später durch die Technik angegangen wurde, was der Beter Altasiens vom Opfer erhoffte – und in einer gleichläufig planenden Erwartung. Überlegen aber den Maßstäben des Herzens nach mutet das bewegende Bemühen der Ainus an, den Bären, den sie doch jagen und töten müssen, ihres Mitgefühls und ihrer Trauer über diese beide beteiligten Parteien treffende schlimme Notwendigkeit zu versichern.

SIBIRIEN UND NORDJAPAN

TATAREN

OPFERGEBET

Für das Leben, daß es nicht aufhöre,
für das Haus, daß es nicht zerstört werde.
Nach der von den Alten begonnenen Sitte beten wir an
und verneigen uns mit Haupt und beiden Schultern:
Möge unser Gebet gehört werden jenseits des klaren Himmels!
Möge alles gelangen zum Weißen Schöpfer, zum Großen Gott!

Der Vorbeter: O Himmel!

Das Volk: O Himmel!

Nach dem von den Alten begonnenen Brauch (wende ich mich an dich), du reiche Birke mit silberner Rinde und goldenen Blättern,
die du eine knotige Spitze hast mit neun Verästelungen.
Ohne ein Würzelchen abzubrechen,
haben wir dich aus der schwarzen Erde ausgegraben,
auf die Spitze des weißen Gipfels gebracht und eingegraben.
Und wir verneigen uns vor dir mit Haupt und beiden Schultern:
Möge davon gehört werden jenseits des klaren Himmels,
möge all das berichtet werden den weißen Schöpfer-Göttern!

Der Vorbeter: O Himmel!

Das Volk: O Himmel!

Nachdem wir dem weißen, schwarzwangigen Lamm ein Knie gebogen und dreimal die reiche, goldblätterige Birke umwandelt haben,
bringen wir dir das Opfer dar,
nachdem wir ihm die Eingeweide ausgerissen haben:
Möge unser Opfer zu den großen Göttern gelangen
und uns Hilfe und Schutz erlangen!

Der Vorbeter: O Himmel!

Das Volk: O Himmel!

Für die Wohnung meines Volkes,
für das Gras des weidenden Viehs!
Für das von den Russen gesäte Getreide,
daß es aufgehe!
Nach der von den Alten begonnenen Sitte beten wir an
und verneigen uns mit Haupt und beiden Schultern:
Möge alles gehört werden jenseits des klaren Himmels,
möge alles berichtet werden den weißen Schöpfer-Göttern!

Der Vorbeter: O Himmel!

Das Volk: O Himmel!

Stürme mögen nicht wehen über die Erde hin,
Elend möge uns nicht befallen!
Auf der schwarzen Erde möge das Gras wachsen,
vom Herrn Himmel möge der schwarze Regen herabkommen!
Wir bitten:
Möge all das gehört werden in den neun Himmeln!
Möge all das gehört werden von den neun Schöpfern,
die über den neun Himmeln wohnen.

Der Vorbeter: O Himmel!

Das Volk: O Himmel!

Eine Kraft möge sein,
die nicht stirbt!
Eine Glücksfülle möge sein,
die nicht verwelkt!
Wir bitten nach der von den Alten begonnenen Sitte:
Möge all das gehört werden von den großen Göttern!

Der Vorbeter: O Himmel!

Das Volk: O Himmel!

Daß wir weiße Köpfe haben
und Pferdezähne!
Nach der von den Alten begonnenen Sitte
haben wir den weißen Göttern ein Opfer gebracht,
nachdem wir ihm die Eingeweide herausgerissen,
unter der reichen, goldbeblätterten Birke.
Unter dem blauenden Himmel,
auf der schwankenden schwarzen Erde,
vom Ende der schwarzen Erde
bis zum Beginn des Herrn Himmel
bringen wir das Opfer dar den großen Göttern,
auf daß die roten Würmer auf den Schwarzköpfen,
die von Gott geschaffen sind,
nicht aufhören zu leben!
Möge unser Opfer zu den Göttern gelangen!

Der Vorbeter: O Himmel!
Das Volk: O Himmel!

TELËUTEN (SIBIRIEN)

GEBET AN ULGAN

Der du in der Höhe wohnest,
Tängärä Kan, Kan Abyyas,
der auf Erden Gras hervorrief
und die Blätter auf den Bäumen!
Der am Schenkel Fleisch geschaffen
und die Haare auf dem Haupte!
Du der Schöpfer des Geschaff'nen,
du der Himmel des Bereit'ten.
Himmel, der die Stern' hervorbracht!
O ihr sechzig mächt'gen Fürsten,

die erhoben mir den Vater!
Du der hohe Ülgön Bai,
der erhoben mir die Mutter!
Du der Schöpfer des Geschaff'nen,
du der Himmel des Bereit'ten,
Himmel, der die Stern' hervorrief!
Herr Gott, du verleihe Vieh!
Herr Gott, du verleihe Brot!
Gib dem Hause du ein Haupt!
Du der Schöpfer des Geschaff'nen,
du der Himmel des Bereit'ten,
Himmel, der die Stern' hervorrief!
Durch den Vater flehe an dich:
Gib den Segen mir, o Vater!
Vater, stehe du doch bei
meinem Haupte hier im Hause,
auf dem Felde meinem Vieh!
Gott mög' seinen Segen geben!
O du Schöpfer des Geschaff'nen,
o du Himmel des Bereit'ten,
Himmel, der die Stern' hervorrief!

ZWEI GEBETE ZU DEN ERDGEISTERN

A. Mein stählerner Berg, den die Sonne nicht umkreisen kann,
mein goldener Berg, den der Mond nicht umkreisen kann,
der du meiner Herde in den Ställen deine Gunst bezeugst,
wird nicht auf unserem Nabel eine Unreinheit zurückbleiben?
Wird nicht an unserer Wimper eine Träne haften?

B. O mein Berg Sumar Ulan,
mein Meer Sut, mein Berg Sumar!
Kann er Entscheidungen fällen, die Gold wert sind,
kann er meinem Haupte, das grau wird, Frieden geben?

Und Berge, Flüsse und Meere antworten:
Vergeßt uns nicht, verlaßt uns nicht!
Dein weißes Volk möge auf der Erde wohnen!

GEBET ZU MAI-ÄNÄ, DER KINDERBESCHÜTZERIN

Dreißigköpfige Feuermutter,
vierzigköpfige Jungfraumutter,
du, die du alles Rohe kochst,
du, die du alles Gefrorene auftaust!
Laß dich hernieder, umhege,
und sei hier als Vater!
Laß dich hernieder, bedecke,
und sei hier als Mutter!
Du, die du den Schmutz im Seewasser abgewaschen hast,
du, die du die Nabelschnur mit dem weißen Span abgeschnitten hast,
du, die du dein Getränk in dem Milchsee hast!
Du, die du den Spielplatz auf dem Berge Surum hast!
Mit kammartigen Haaren, Mai-änä!
Unter vierzig Jungfrauen, reine Mai-änä!
Unter dreißig Jungfrauen, reine Mai-änä!
Mit dem reinsten Munde, Mai-änä!
Du, die du dich heruntergelassen vom weißen Ülgen!
Du, die du dich heruntergelassen vom mondähnlichen Regenbogen!
Du, die du dich heruntergelassen am sonnenähnlichen Regenbogen!
Du, die du dich heruntergelassen, dich stützend auf den Gabelstock!
Du, die du dich heruntergelassen, dich haltend an den goldenen Bogen!
Du, die du den kammähnlichen Kopf hast, Mai-änä!
Schrecke nicht die Sprößlinge!

In die Achselhöhle lege sie,
in dem engen Schoß herze sie!
Unter den rechten Arm lege sie,
mit der rechten Brust nähre sie!
Dem bösen Auge zeige sie nicht,
vom bösen Wunsch bewahre sie!
Wenn von der Seite ein böser Geist kommt,
so spanne den goldenen Bogen!
Den heranstürmenden bösen Geist laß nicht heran!
Schädlichen Wind laß nicht heran!
Alles Schädliche laß nicht heran!
Zu allem Guten führe an der Hand!
Das Aufwachsen des Geistes behüte!
Die Wurzel des Heidekrautes befestige!

BESCHWÖRUNG DER HIMMLISCHEN VÖGEL MÄRKÜT

Ihr himmlichen Vögel, o fünf Märküt,
mit den mächtigen ehernen Krallen,
ehern ist die Scheibe des Mondes,
stählern der Schnabel.
Weite Flügel mit mächtigen Schlägen,
ein langer Schwanz in der Gestalt eines Fächers,
wobei der linke Flügel den Mond,
der rechte die Sonne bedeckt.
Mutter der neun Adler,
die den Yaik überfliegt, ohne ihre Bahn zu verlieren,
die nicht ermattet beim Flug um den Edil herum,
komm an meine Seite und singe,
komm an mein rechtes Auge und scherze,
setze dich auf meine rechte Schulter.

GEBET ZUM HAUSGEIST

Du bist der helle Herr,
ich bin der stumme Diener.
Du bist der hohe Herr,
ich bin der Sklave,
der sich dir im Gebet nähert.
Welchem Herrn muß ich mich beugen?
Zu welchem der Herren muß ich beten?
Du, der Diener aller Fürsten,
der Führer aller Herren,
schicke mir einen neuen Boten,
der mir den Weg weisen möge.

Hier antwortet ein lässig gekleideter Mensch mit erhobener Stimme, gleichsam um stellvertretend für den Geist, der angerufen wurde, zu antworten:

Flehe Pyrkam Tengre an,
bitte den Vater Pyrkam.
Nimm die Anordnungen dieses Fürsten
in Demut in dir auf.
Wende dich Pyrkam Tengre zu.

GEBET AN ULGAN

Donnerwerfer, Blitzeträger,
Feuerschläger, Feuersenger!
Er zerstört die dunklen Wälder,
er zerstückelt sie zu Löfflein.
Er läßt das Holz erknarren,
er zerbröckelt die festen Steine,
er macht den Feuerstahl dem Feuerstein gleich.
Wenn er Lärm macht,
wird die Welt erschüttert.

Wenn er stampft,
stürzen unsere dunklen Wälder zusammen.
Den fremden Leuten
erbeben ihre fremden Herzen.
Den eigenen Leuten
erzittern ihre fleischernen Herzen.
Der achtkörnige Steinhagel schlägt den Altai-Kansi.
Sei nicht grausam gegen uns!
Wir bitten um deine Gnade,
mit deinem Steinhagel erschlage nicht das Volk.
Himmel mit Mond und Sonne,
die Wolken wälzend,
Sonne und Mond bewegend!
Die Herzen der Fremden erschreckend,
unsere fleischernen Herzen zermalmend!

MONATSGEBET DES FÜRSTEN AN DAS ALTAI-GEBIRGE

Und ich spreche zum Altai:
»Mein Altai!« – und bete.
Er wird für immer das Volk festigen,
von Geschlecht zu Geschlecht es glücklich machen.
Möge er sie wegziehen lassen,
wenn die Krankheit kommt!
Wenn das Gräßliche kommt,
möge er es abwenden!
Möge es sein ein undurchdringlicher Panzer gegen die Pfeile!
Möge er sein eine unüberwindliche Rüstung gegen den Feind!
Ich bete mit der Stimme singender Vögel:
Jetzt, zu Jahresbeginn, wird er uns gesund und glücklich machen?
Unter dem weißen Lichte des Himmels auf diesem meinem Altai.
Werde ich ruhig und gut leben?
Führe mich nicht in das Dunkel,

verwickle mich nicht in alles Schlechte!
Solange noch mein schwarzes Haupt besteht,
werde ich wohl unter den Zinspflichtigen leben?
Werde ich ruhig unter der Bevölkerung leben,
so daß mich niemand beleidige?
Wird er mit Kraft schaffen?
Führe mich nicht in das Schlechte hinein!
Sterbe ich erst, wenn ich alt geworden bin?
Unter diesem weißen Licht werde ich reinen Gewissens leben,
Mit diesen meinen Zinspflichtigen werde ich leben ohne alles Schlechte?
Möge dieser mein anerkannter Gott eine Gnade erweisen!
Dieses mein lobpreisendes Volk
möge sich nicht ins Unrecht setzen,
möge es immer fröhlich sein!
Daß mein Name auf Monatslänge hin nicht schlecht sei!
So segne ich meine Zinspflichtigen,
soll mein Segen sein:
dieser mein verehrter Gott
wird, meinetwegen, mir eine Gnade erweisen.

TUNGUSEN (SIBIRIEN)

Gebete des Dunankan-Clans

GEBET GEGEN KRANKHEIT

Eine Waise stammelt Torheit.
Aber neige dein Ohr zu allem, was sie sagt.
Anduris Gesandter, schützend Tor und wärmend Haus,
Süd-Vater vom Süd-Land, schützend vor Unglück und abwehrend das Böse,
Anduri. Vater höre!

Heute fesselt Krankheit die Familie:
Vorübergehend, verteidige vor Krankheit dein Volk von der unteren Welt!
Jemand, der vor dir sich niederwirft,
jemand, der vor dir betet,
hat reines Rauchwerk angezündet.
Reinige mit heißem Quellwasser,
beschütze gegen Mißgeschick!
Heile die Familienglieder desjenigen,
der sich vor die neigt.
Vater, sende weg Kinderkrankheiten
von dem, der jetzt betet!
Mutter, beschütze vor dem Bösen
denjenigen, der jetzt betet!
Wasche ihn mit kaltem Quellwasser,
hebe seinen Kopf empor vom Kissen,
laß es ihm besser gehen von Tag zu Tag,
laß ihn frisch atmend vom Bette sich erheben!
Heile alle Krankheiten schnell,
reinige die Eingeweide!
Stelle wieder her acht Generationen!
So zu Mitternacht habe ich in gutem Herzen
und mit guten Worten um jegliches Ding gebetet.

AN DIE POLARSONNE

O Sonne!
Gib uns, daß wir wohlbehalten die Tage verleben!
Erhalte den Atem!
Gib uns das Glück des Wohlergehens!
Verlaß uns nicht für die Zukunft!
Bis zu dieser Zeit!

GEBET AN DIE TOTEN

Schattenvolk!
Kletternd an den Graten der Bergrücken,
trottend entlang den rauhen, steinigen Weg,
lautlos sprechend entlang dem Schattenweg alter Großväter,
vorwärts spähend nach dem dämmrigen Weg,
lungernd in den neun Gräbern,
darin wird keine Lüge sein.
Setzet euch nieder mit untergeschlagenen Beinen auf die Seitenplätze der Hütte,
Sorgfältig horchet auf euren Mann von der niedern Welt,
der da spricht und der die dicken Strohtiere gemacht hat.
Versteht ihr den, der spricht?
Was immer auch nehmet an von eurem dummen Kind,
von dem mit Wurmholz bedeckten Platz,
der sich selbst beschmutzt in der Asche,
schwachsinnig, dumm wie Holz, der nichts versteht.
Nehmet folgsam die Eingeweide, die ausgestellt sind,
nehmet ohne Feindschaft, nehmet an die dicken Strohtiere!
Iß das Blut, iß die Suppe, nimm auf die Leber!
Ich hebe auf das Fleisch auf der Opferplatte,
auf die ich es gelegt habe wie einen Berg,
und aufgehäuft habe wie ein Bündel.
Gebt Jagdglück!
Wenn irgend etwas ihr annehmt,
glaubet mir, eure dummen Kinder werden dankbar sein.
Schauet nach dem schwarzen Hund,
trottet entlang den rauhen, steinigen Weg!
Bedeckt mit der Netztasche, gehet voran!
Die dummen Leute werden sich fragen:
soviel erwartet ihr von ihrem Nachbar.
Du wirst übel treffen dumme Menschen,
du wirst schlagen dumme Menschen.

AINU

GEBET ZUM HEILIGEN BÄREN

O göttliches Wesen, du bist in die Welt gesandt worden, damit wir Jagd auf dich machen. O kostbares kleines göttliches Wesen, wir beten dich an; höre unser Gebet. Wir haben dich mit viel Mühe genährt und aufgezogen, weil wir dich sehr lieben. Nun, da du groß geworden bist, schicken wir dich zu deinen Eltern zurück. Wenn du bei ihnen bist, sprich Gutes über uns und erzähle ihnen, daß wir gut zu dir gewesen sind. Wir bitten dich, zu uns zurückzukommen, und wir werden dich opfern.

EIN ANDERES GEBET ZUM HEILIGEN BÄREN BEI SEINER OPFERUNG

Nun werden wir zu deiner Ehre ein großes Fest veranstalten. Fürchte dich nicht, wir werden dir nichts Übles antun: Wir werden dich nur töten, um dich zum Gott des Waldes, der dich liebt, zu schicken. Wir werden dir ein gutes Fressen bereiten, das beste, das du je bei uns gehabt hast, und wir werden dich alle gemeinsam beklagen. Aino, der dich töten wird, ist unser bester Jäger, sieh ihn nur an da, wie er weint und dich um Verzeihung bittet; du wirst durchaus keine Schmerzen spüren, es wird alles in einem Augenblick vorüber sein. Du begreifst, daß wir dich nicht für immer halten können, wir haben genug für dich getan, nun bist du an der Reihe, dich für uns zu opfern. Bitte den Gott, uns, solange der Winter herrscht, Fischotter und Zobel in reichem Maße zu schicken und für die Sommerszeit Robben und Fische in Menge. Vergiß nicht unsere Botschaften, wir lieben dich sehr, und unsere Söhne werden dich nie vergessen.

HOCHZEITSGEBET

Wir haben hier und jetzt festgesetzt, unseren Sohn und unsere Tochter zu verheiraten, darum, o Göttin des Feuers, höre du und sei du dabei Zeugin. Bewahre dieses Paar vor Krankheit und wache über sie, daß sie alt werden!

MITTELASIEN

BURJÄTEN (BAIKALSEE)

HYMNE AN BUXA NOYON[1]

Se – ex!
Mit Gnaden beschenkend,
Esege Malan Tengere!
Der Burjäten Geburt vorausbestimmend,
Buxa Noyon, Vater!
Butan Xatun, Mutter!
Von der Höhe des großen Himmels
die Himmelsröte beleuchtend,
mit deinem breiten Rücken
auf weiter Erde niedersitzend!
Mit baumelndem Kopfe
des Sees Steinufer betretend,
das milchweiße Meer
auf unbekannter Furt durchschwimmend!
Mit den mächtigen Hörnern
den Hümer Berg anstoßend,
herrlichen Sitz dir schaffend,
auf weiter Erde niedersitzend!
Mit schwarz-breiten Hufen
unendlichen Weg dir bahnend,
in dem großen, breiten Lande
auf weiter Erde niedersitzend!

GEBET, UM DIE SEELE EINES VERSTORBENEN ZURÜCKZURUFEN

Dein Vater ist Abosi,
deine Mutter war Ersin,
dein Name ist Irdeni...
Wo befindest du dich,
wohin hast du dich begeben?
Deine aus ferner Gegend gekommene Gattin
die sich fürs Leben mit dir vereinigt hatte,
ist in trauriger Einsamkeit allein geblieben
und sitzt klagend in der Jurte.
Sie starrt mit tränenden Augen auf die Wände
und erinnert sich an ihr glücklich-freudiges Leben mit dir,
jetzt weint und jammert sie,
von Kummer bedrückt.
Deine ihrem Leib entsprossenen lieben Kinder
rufen nach dir mit Weinen und Schluchzen:
»Väterlein, wo bist du? Komm zu uns!«
Höre ihren Ruf und komm rasch hierher!
A-xurui!
Deine älteren und jüngeren Brüder,
deine betagten Eltern, die Dorfältesten,
deine Freunde und Altersgenossen,
alle haben sie sich hier versammelt.
Unter Tränen bitten und beschwören sie dich,
du möchtest zu ihnen zurückkehren!
Wenn du ihr einstimmiges Rufen und Flehen hörst,
kehre eilends zurück zu deinen Verwandten!
A-xurui!
Dein Lieblingspferd steht gesattelt
und wartet auf dich:
kehre zurück zu deinem Pferd!
Wenn du es im Stich lässest,
so wird irgendein Gesindel auf ihm reiten.

Hab' Erbarmen mit deinen Pferden
und kehre rasch zu ihnen zurück!
  A-xurui!
Alle deine schönen und reichen Kleider
ohne Fehl und Mangel,
ohne Schmutz und Staub,
liegen da.
Kehre zurück
und nimm sie in Besitz!
Du wirst dich ihrer erfreuen
noch viele Jahre hindurch.
  A-xurui!
Komm, dein ganzer Haushalt
ist in voller Ordnung
und glänzender Pracht.
Kehre zurück
und nimm ihn in Besitz!
Du wirst dich seiner erfreuen
noch viele Jahre hindurch.
  A-xurui!
Dein geliebtes Weib
und deine lieben Kinder,
so plötzlich zu Waisen geworden,
schreien mit hoffnungslosem Weinen und Schluchzen
und rufen dich mit gramvollem Herzen:
»Väterlein, wo bist du?«
Höre sie, habe Erbarmen
und kehre zu ihnen zurück!
  A-xurui!
Deine zahlreiche Pferdeherde verlangt dich laut wiehernd
und ruft in Betrübnis:
»Wo bist du, unser Herr?
Kehre zurück zu uns!«
  A-xurui!

Deine zahlreiche Hornviehherde, mit Gebrüll
ruft sie dich, ihren Herrn.
Höre ihren sehnsüchtigen Ruf
und kehre doch zu ihnen zurück!
A-xurui!
Die ganze Herde deiner Schafe,
mit gramvollem Blöken
ruft sie dich, ihren Herrn:
Kehre du zu ihnen zurück!
A-xurui!
Dein Hund, den du aufgezogen,
ruft dich auf dem Hofe,
bellend und winselnd:
Kehre zurück zu ihm!
A-xurui!
Das Feuer, das du auf dem Herde entzündet,
wird unauslöschlich brennen zehntausend Jahre!
Dein wohlgeborener Leib
wird neunzig Jahre frisch und gesund bleiben!
A-xurui!
Deinen ungeheuren Reichtum
und deine herrliche Wohnung,
laß sie nicht im Stich!
Kehre schnell zurück,
nimm sie in Besitz
und laß es dir wohl ergehen!
A-xurui!
Siehe, die vollen Tische sind gerichtet mit deinen Leckerbissen: mit süßsaurem Tarak, nahrhaftem Amxan (Milchgriessuppe), mit gekochtem Salamat, mit goldgelber Butter in Hülle und Fülle, und Rahm mit Tarak. Sieh, gekochtes Fleisch, fettes Fleisch ist eine Schüssel voll für dich hingestellt. Dazu noch Tee mit Zucker und Zuckergebäck. Komm zurück und mach dich an die nahrhafte Mahlzeit, genieße diese Leckerbissen!

Und höre, wie dich die liebe Familiengemeinde, die ehrwürdigen Dorfgreise, die Nachbarn und alle nahen und fernen Verwandten, die im Kreise sitzen, rufen und bitten. Durch Tränen und traurige Gesänge drücken sie ihre Niedergeschlagenheit über deinen Verlust aus. Alle halten sie, nachdem sie den obersten Teil ihrer Kleidung geöffnet, jeder in der Hand die besten Bissen der geweihten Speisen und verschiedene wohlschmeckende Getränke und beten gemeinsam und singen im Chore ihre Bitte an dich, zurückzukehren.

A-xurui!
Wisse wohl,
daß das Jenseits dunkel, kalt und öde ist,
diese unsere Welt hell, warm und angenehm ist.
Deshalb kehre zurück!
Auf deinem Gehöft
wirst du dein eigener geehrter Herr sein!
In deinem Lande
wirst du der Oberbeamte sein!
A-xurui, a-xurui, a-xurui!

GEBET BEIM OPFERMAHL

Zu meinem Munde füget einen Mund hinzu,
zu meiner Zunge füget eine Zunge hinzu!
Zu meinem Leibe füget einen Leib hinzu!
Zu meinen Händen füget Hände hinzu,
zu meinen Füßen, füget Füße hinzu!
Seht ihr, Besitzer, um was ich euch bitte,
und warum ich euch anrufe!

SÜDOSTASIEN UND INSULINDE

Vielfach und sehr entgegengesetzt sind die Einflüsse und religiösen Grundschichten, die sich in Südostasien und Insulinde durchdringen und begegnen. Die Islamisierung der Malayen hat doch an ihrer Dämonenfurcht nichts geändert, wie sie sich in den Gebeten um ihre Vertreibung bei Krankheit oder beim Bau eines Hauses äußert und selbst bei Anrufung der Reisgeister um üppiges Wachstum. Wir sehen hier charakteristisch den Gegensatz des beruhigenden Glaubens, den eine Hochreligion vermittelt, und einer unmittelbareren Erfahrung, welche an diese Beruhigung doch wieder nicht zu glauben vermag. Zwar sind die Dämonen schon durch Adam, der nach der Lehre des Islam noch mehr als nach der des Judentums und des Christentums der von Gott eingesetzte Weltverwalter und -ordner war, grundsätzlich von den Menschen geschieden. Aber offensichtlich kümmern sie sich nicht darum, ebensowenig wie das Wissen um jene schon am Anfang der Welt vollzogene Trennung dem Betenden in der Übermacht der tropischen Dschungel allein zu helfen vermag. Ein Gebet wie das der Batak in Sumatra oder der Eingeborenen des Babar-Archipels, daß ein Kind vom Himmel fallen möge, oder die Bitte der Lolos an die Toten, sie möchten nun, ehrerbietig umsorgt, die Nachbleibenden nicht unnötig belästigen, erscheinen vergleichsweise weniger gespannt, weil auf Versuche der Welterklärung im einzelnen verzichtend und darum von den eher unheimlichen Ergebnissen solcher Versuche verschont.

Daneben aber steht ein Weltschöpfungshymnus, der aus der ersten Ahnung der Seele sogleich den Weg zu den Begriffen der Bewegung und der Ruhe, den Vorstellungen von Stoff und Geist findet und sie als Elemente der Weltschöpfung wirksam werden läßt.

Die Anschauung, die aus diesem Hymnus spricht, kennt ebenso den Gott, der über seine Schöpfung in Entzücken gerät, wie die Vorstellung des schöpferischen Worts und der helfenden Boten, aber auch eines stetigen Fortgangs der Schöpfung, der es nicht mit einem Male genug sein läßt.

MALAIEN

GESANG ZUR VERTREIBUNG DER DÄMONEN

Eins, zwei, drei, vier, fünf, sechs, sieben!
Nimm ab, Fieber, und laß nach
im Fleisch und den Knochen und den Gelenken und den Sehnen,
reiße heraus und vertreibe alle bösen Feinde und Teufel.
Öffnet und befreit euch, ihr bösen Feinde und Dämonen,
entflieht, ich bitte euch, all ihr bösen Feinde und Dämonen.
Busu, bring den aufsaugenden Mehlkloß herbei,
Busu, bring den Mehlbrei zum Entgiften herbei,
um diese Schmerzen im Fleische und den Sehnen zu lindern.
Und du, Fieber, nimm ab,
und all die bösen Geister und Dämonen
seien aus deinem Herzen und deinem Geiste vertrieben.
Busu, bring die Blume des Tenglang
und singe in der Laubhütte, der Laubkammer.
Bringe, Busu, all diese böden Feinde zusammen
und jage sie vor der Klinge deines Messers
bis zu dem Felsen, der Perimbum genannt wird;
und dort, bei Perimbum, sollen sie bleiben,
und unsauber sei Perimbum durch sie für immer.

GEBET ZUR SEELE DES REISES

Zauberformel, um die Seele des Reises anzurufen
Männliches und weibliches Reisboot[1]!
Kluck, Kluck, Kluck, eure Seelen rufe ich an,
die Mädchen und die Jungen mögen kommen,
wir sehnen uns danach, euch nach Hause zu tragen,
Seelen der Reispflanzen, S'lotan, Borak,
Jambi, Pulut[2], Mais, Bananen.
So bringen wir euch nach Hause,

schlummert nicht länger im Erdboden,
schlaft nun hinter unseren Vorhängen[3].

GEBET BEIM BAU EINES HAUSES

Ho, Raja Guru[4], Maharaja Guru,
ich kenne den Ursprung, von dem ihr stammt,
vom Aufleuchten der Spuren des Lichts;
ich kenne den Ursprung, von dem ihr stammt,
vom Morgenrot des Tages.
Ho, Gespenst der Erde, Hirn der Erde, Dämon der Erde,
zieht euch zurück von hier in die Tiefe des Ozeans,
in den Frieden des Urwaldes.
Zwischen euch und mir
wurde von Adam schon eine Trennung geschaffen.

BATAK (SUMATRA)

OPFERGEBET

Eines Sinnes mit unserem Großvater,
dem großen Gott,
der den Leib bildet,
der die Brust breit macht,
der die Waden feist macht,
der die Finger schlank macht,
der den Kopf rund macht,
hell das Auge, hörend das Ohr,
Hörend sei dein Ohr,
hell deine Auge,
uns zu bewachen,
daß wir gesund und wohlauf.
Gib uns Söhne, die kriegerisch,
Männer des Rats und Vorkämpfer.

Gib uns Töchter, die da kochen können
einen großen Topf,
die geschickt sind zu weben,
willig zu schenken.
Zahlreich sind die Sterne.
Es ballen sich die Wolken.
So seien die Söhne zahlreich
und mögen sich mehren die Töchter.

BABAR-ARCHIPEL

GEBET UM FRUCHTBARKEIT

Das Gebet wird vom Vater einer großen Familie gesprochen, während er über das Haupt der Frau, die um Fruchtbarkeit bittet, einen Vogel hält. Die Frau hält eine Puppe aus roter Baumwolle im Arm, wie wenn sie ihr Milch gebe.

O Opulero, nimm diesen Vogel an. Laß dein Kind fallen und hinuntersteigen. Ich bitte dich, ich flehe dich an: Laß ein Kind durch meine Hände und unter meine Knie fallen und herabsteigen.

HYMNE AUF DIE SCHÖPFUNG

Er allein war. Taaroa war sein Name. Sein Reich war der weite Weltraum. Es gab weder Erde noch Himmel, noch Menschen. Taarao ruft; aber nichts antwortet ihm; da er allein existierte, verwandelte er sich in das All. Taaroa ist die Wurzel; Taaroa sind die Felsen; Taaroa ist der Sand. Daher kommt sein Name zustande. Taaroa ist das Licht. Taaroa ist der Ursprung; er ist die Stütze. Er ist der Unbestechliche, der Tapfere, der das All erschuf, das große und heilige All, das nur eine Muschel Taaroas ist. Er setzt es in Bewegung und schafft Harmonie in ihm.

Ihr Stützen, ihr Felsen, ihr Sandmassen! Wir sind... Kommt, ihr, die ihr diese Erde gestalten müßt. – Er formt sie, formt sie noch immer; aber diese Stoffe wollen sich nicht zusammenfügen lassen. Dann läßt er mit seiner rechten Hand die sieben Himmel aufziehen, um daraus die erste Grundlage zu schaffen, und das Licht ist erschaffen, verschwunden ist das Dunkel. Im Lichte läßt sich alles schauen: das Innere des Alls strahlt. Der Gott gerät angesichts der ungeheuren Größe und Weite in Verzückung. Er tritt aus sich heraus. Die Unbeweglichkeit ist verschwunden; nun herrscht die Bewegung. Die Boten haben ihren Dienst erfüllt; der Redner hat seine Aufgabe erfüllt; die Stützen sind gefestigt: die Felsen stehen an ihrer Stelle; die Sandmassen sind ausgestreut. Die Himmel drehen sich; die Himmel haben sich gehoben; das Meer erfüllt die Tiefen; das All ist geschaffen.

LOLO (VIETNAM)

AN DIE TOTEN

Ich habe euch einen angenehmen Ruheplatz bereitet,
ich bitte euch, hier einzutreten.
Ich werde euch zu einem Ort der Wonne führen.
Dort werdet ihr in Frieden leben,
ohne mit euren Besuchen den Söhnen Beschwer zu verursachen.
Eure Nachkommen werden euch Achtung und Ehre erweisen.
Vergeltet es ihnen, indem ihr ihnen euren Schutz gewähret!

ALTAMERIKA

Als die ersten christlichen Eroberer den Boden Mexikos betraten, waren sie nicht nur entsetzt über die Welt des Schreckens, der Menschenopferpyramiden und Bluttempel, sondern auch über Ähnlichkeiten, die sie, der Vorstufen und Verwandtschaften der eigenen Religion nicht mehr und noch nicht wieder bewußt, als teuflische Nachäffungen empfinden mußten. Nicht alle von ihnen freilich; in dem Kampf, den die Cortez und seinen Nachfolgern zugeordneten Geistlichen immer wieder gegen die ›religiös‹ begründete Ausplünderung, Versklavung und Ausmordnung der Mexikaner durch ihre neuen Kolonialherren führten, ein Kampf, der zu den Ruhmesblättern des christlichen Klerus gehört, spielten diese Ähnlichkeiten, der Taufritus etwa, die Vorstellung eines Gottes, der in die Menschen eingeht, aber noch andere, verblüffendere, eine entgegengesetzte Rolle. Sie wurden als Beweise angeführt, daß die ehemaligen Untertanen Montezumas bereits eine Vorahnung des Heils empfunden oder geschmeckt hätten und deshalb eine gnädigere, ›christlichere‹ Behandlung verdienten.

Aber eben diese aus Schrecken, Mitleid, Liebe stammende Bemühung macht die Erkenntnis der wirklichen mexikanischen Religiosität schwierig. Denn in ihrem Streben, die Annäherung möglichst groß erscheinen zu lassen, sind die Weltgeistlichen und Mönche, denen die Erhaltung der altmexikanischen Literatur zu danken ist, offensichtlich nicht vor Umformungen und starken Anpassungen des Vorliegenden im christlichen Sinne zurückgewichen.

Darum wurden hier Gebete genommen, bei denen jene Absicht, das Gegenteil eines ›frommen Betruges‹ im üblichen Sinne, nicht besonders spürbar ist oder wahrscheinlich überhaupt nicht am Werke war. Dennoch erscheint der Abstand zwischen den verschiedenen Ebenen altmexikanischer Religiosität, der sich hier zeigt, noch groß genug: vom Taufgebet, der Hymne an Tlaloo und der frommen Scheu des Priesters, ob die Kraft und Aufrichtigkeit seines Gebetes sich auch der Ahnen nicht unwürdig erweist, zu den Hymnen an die Kriegsgöttin und Xipe-Totex, den geschundenen Gott. In ihnen enthüllt sich die Grundschicht einer unausgegliederten Gleichheit, etwa wenn das grüne Herz des reifenden Maises nicht nur mit einem Smaragd verglichen wird, sondern der Smaragd ist, zugleich aber auch der Kriegs- und Fruchtbarkeitsgott selber und der Schimmer seiner Erscheinung auf den Randlinien der Berge und die Seele der Frucht sich nicht von der Seele des Anbeters unterscheidet. Eine solche Grundgleichheit der Bilder und Erscheinungsformen ist mehr und anderes als aller Vergleich und Gleichsetzung, die ja ein Getrenntsein voraussetzen. Sie hat aber vor allem nichts zu tun mit der durch einen Läuterungsvorgang, durch Erhebung oder Vertiefung gewonnenen Erkenntnis der ›Ungeschiedenheit‹, welche den Kern des Hinduismus und der überpersonalen Mystik des Westens bildet.

Hier findet sich eine wahrhaft unterste Schicht des Religiösen, von der darum doch nicht angenommen zu werden braucht, daß sie ›älter‹ sei als die andern oder heute nicht mehr vorhanden. In dieser Grundgleichheit ist aber hier nichts von Geborgenheit; auch Xipe-Totex ist ein grausamer Gott. Wie dem Mais die äußeren Hüllen abgestreift werden, damit er genossen werden kann, so ist er der gemarterte wie marternde Gott, dem die Haut abgezogen wird. Auf seinen Darstellungen trägt er sie als Mantel, der durch Knebel oder Bändchen säuberlich-grausig zusammengehalten wird – Abbild des Marterfestes, welches die zubereitete Haut der zu seinen Ehren Geschundenen um eben diese Standbilder legt.

In eine andere, hellere Welt treten wir mit den hier wiedergegebenen Gebeten aus Peru. Es ist fast, als ob die Anliegen und Beweggründe der Hochreligion in den europäisch-asiatischen Ländermassen dort, im Hochland jenseits der trennenden Ozeane, gesammelt aufscheinen: die große Frage nach dem Wesen Gottes, mit der die indischen Veden beginnen, die Sehnsucht des Christen, Gott zu schauen, der Glaube an eine geordnete, nicht aus

Zufall erschaffene Welt, die persönliche, an die Psalmen erinnernde Bitte, vor dem Verfall und der Verwesung bewahrt zu bleiben, und, wie schon in Afrika, die Überzeugung von einem Sohne Gottes, der hier in Gestalt der Sonne nicht nur den Menschen zu leuchten, sondern sie auch zu erleuchten aufgefordert wird. Und ebenso findet sich die Abneigung, den Gott räumlich auf ein ›oben‹ oder ›unten‹ festzulegen, ihn mit einer seiner Erscheinungen gleichzusetzen.

Der Morgengesang an den Schöpfer des Menschen gar, der auch die übrige Welt mitjubeln läßt, scheint die Frische griechischer Natur- und Götterhymnen zu vereinen mit der Stimmung des Sonnengesanges des heiligen Franziskus oder dem ›irdischen Vergnügen in Gott‹ nordeuropäischer Barock- und Rokokopoeten, die im Morgenrot, in Gras und Quelle, in Blumenpracht und Lerchenruf das Göttliche erfuhren.

Dennoch darf diese Nähe auch wieder nicht allzu nah genommen werden. Es fehlt hier das Individuelle, das jene Beispiele aus der sogenannten Alten Welt bestimmt, die in diesem Vergleich fast als die jüngere erscheint. Jene Hymnen und Gesänge sind persönliche Aufschwünge, deren Verfasser man entweder wirklich kennt oder doch als ein unterschiedenes Ich erfassen kann. Die Sonnengesänge der Neuen Welt sind die Hymnen eines streng festgelegten Staatskultes, der zugleich die Staatsorganisation und die, sozialistische, Staatswirtschaft bestimmt, gipfelnd in dem als irdischer Sohn der Sonne verherrlichten Inka, mit schroff geschiedenen Kasten unterhalb seines Thrones aus reinem Gold. Es ist, so betrachtet, ein offizieller, ein Spitzengesang, vermutlich vom Herrscher allein angestimmt, und von dem wir nicht wissen, ob die Menge derer, die auf den genau eingeteilten Feldern den Mais und die Kakaobohne anbauten oder als Fischer und Schiffer auf den das Hochland durchziehenden Kanälen die Lebensadern des Reiches erhielten, die darin enthaltenen Empfindungen teilten oder zu teilen überhaupt imstande waren. Dies von vornherein zu verneinen, wäre allerdings nicht angebracht.

MEXIKO

GEBETE BEIM ERSTEN BADE EINES NEUGEBORENEN

Vor dem Bade. Die Hebamme zur Göttin der Wasser Chachiuhtlicue:
O Adler, o Tiger, o Tapferer, o mein Enkel!
Du bist in diese Welt eingetreten, wohin dich dein Vater und deine Mutter, der Große Herr und die Große Herrin gesendet haben. Du wurdest erschaffen und gezeugt in deinem Hause, in dem die höchsten Götter, der Große Herr und die Große Herrin, die über den neun Himmeln stehen, weilen. Verbinde dich nun mit deiner Mutter, der Göttin der Wasser, die sich Chalchiuhtlicue und Chalchiuhtlatonac nennt.

Während die Hebamme das Neugeborene das Wasser kosten läßt, indem sie mit den Fingern seine Lippen benetzt:
Nun spürst du, womit du auf Erden leben mußt, wodurch du wachsen und stark werden wirst. Dies ist das Wasser, das wir zum Leben brauchen, das Wasser, durch das wir die Dinge erhalten, die uns das Leben auf dieser Erde ermöglichen.

Dann gießt die Hebamme Wasser auf das Haupt des Neugeborenen:
O mein Enkel, o mein Sohn, empfange und nimm das Wasser des Herrn der Welt, das Wasser, das unser Leben bedeutet, das den Leib wachsen und kräftig werden läßt und zum Waschen und zur Reinigung dient. Ich bete darum, daß es in deinen Leib dringe und daß in ihm dieses himmlische blaue klare Wasser lebe! Ich bete darum, daß es von dir alles Üble und alle die Widerwärtigkeiten entfernt, die dir von Anfang der Welt anhafteten, da wir Menschen ihren Händen anvertraut sind, weil sie unsere Mutter Chalchiuhtlicue ist.

Während sie das kleine Kind mit beiden Armen zum Himmel gerichtet erhebt, nachdem sie es die Erde berühren ließ, betet sie:

Herr, sieh hier dein Geschöpf, das du an diesen Ort des Schmerzes, des Kummers und der Strafe, den die Erde darstellt, geschickt hast. Gewähre ihm, o Herr, deine Gaben und deine Erleuchtung, denn du bist ja der große Gott. Und mit dir verleihe ihm dies alles die große Göttin.

Sie erhebt das Neugeborene ein zweites Mal gen Himmel:
O Frau, die du die Mutter der Himmel bist und dich Citlatonac oder auch Citlalicue nennst, an dich wenden sich meine Worte und meine Bittgebete: Ich bete darum, du mögest diesem deinem Geschöpf deine Stärke, welche sie auch sei, verleihen und einhauchen.

Sie erhebt das Neugeborene ein drittes Mal gen Himmel:
O ihr himmlischen Götter und Göttinnen, Herren und Herrinnen, die ihr dort oben thront, hier ist euer Geschöpf: Laßt euch herab, ihm eure Stärke und euren Atem einzugießen und einzuhauchen, damit es Leben auf dieser Erde habe.

Sie erhebt es ein viertes Mal:
O Herr der Sonne und Tlalteculti, die ihr unsere Mutter und unser Vater seid, seht dieses Geschöpf, das einem Vogel mit reichem Gefieder gleicht, wie der Zacuan oder der Quecotl. Es gehört euch, und ich habe beschlossen, es euch anzubieten, o Sonnenherr, der du dich auch Tonametl und Xipilli und Quauhtli und Ocelotl nennst, braun und schwarzfarben wie ein Tiger, tapfer im Kriege. Haltet im Sinn, daß dies ein Geschöpf von euch ist, das zu eurem Hause und zu eurem Vermögen gehört, ein Geschöpf, das erschaffen wurde, um euch zu dienen und euch Speisen und Getränke darzubieten. Es gehört zu der Familie der Soldaten und Kämpfer, die sich auf dem Schlachtfeld schlagen.

HYMNE AUF TLALOC[1]

In Mexiko erscheint der Gott. Dein Banner ist nach allen Himmelsrichtungen entfaltet. Niemand klagt.
Ich, der Gott, bin zurückgekehrt, bin zurückgekehrt an den Ort, da mir Blutopfer in Fülle dargebracht wurden. Dort, wo der Tag alt wird, werde ich als ein Gott geehrt.
Dein Werk ist das eines edlen Zauberers. Du hast dich wahrhaftig zu unserem Fleisch gemacht, du hast dich selbst zu einem Menschen gemacht. Wer wagt es, dir entgegenzutreten?
Wahrhaftig, wer mich beleidigt, fühlt sich nicht wohl dabei. Die Meinigen haben sich Jaguare und Schlangen als Haupt erwählt. In Tlalocan, der grünen Behausung, treiben sie Ballspiele und schießen ihre Pfeile ab.
Geh, geh dorthin, wo die Wolken sich weit ausdehen, dort, wo der dichte Nebel den wolkenreichen Sitz des Tlaloc baut.
Dort erhebe ich mich mit starker Stimme und rufe:
Kommt und sucht mich, sucht die Worte, die ich gesprochen habe, wenn ich Furchtbarer mich erhebe und rufe.
Nach vier Jahren werden sie sich erheben, nicht, um bekannt zu werden, nicht, um gezählt zu werden, sie werden zur schönen und großen Priesterin strömen, um sich zu vereinigen und die große Lehre kennenzulernen.
Geht, geht dorthin, wo die Wolken sich weit ausdehnen, dort, wo der dichte Nebel den wolkenreichen Sitz des Tlaloc baut.

HYMNE AUF IXCOZAUHQUI[2]

Möge ich im Tempel, im Palast des Feuers meinen Ahnen keine Schande machen! Hinuntersteigend dort möge ich meinen Ahnen keine Schande machen!
Ich befestige ein Tau am heiligen Baum, ich schlinge es in acht Schlingen, damit ich, der Zauberer, darauf in das Haus meines Zaubers niedersteigen kann.

Beginnt euren Gesang im Hause des Feuers, stimmt den Gesang im Hause des Feuers an und ruft: »Warum erscheint der göttliche Zauberer nicht?« »Warum erhebt sich der göttliche Zauberer nicht?«
Sein Volk soll ihm beistehen im Haus des Feuers. Er erscheint! Er erscheint! Sein Volk soll ihm beistehen.
Daß seine Diener im Hause des Feuers den Gesang nie verstummen lassen! Daß sie mit Macht jubeln! Daß sie köstlich tanzen!
Rufet die Herrin mit den üppigen Haaren an, durch deren Macht Nebel und Regen sind; rufet die Herrin an.

HYMNE AUF CIUACOATL[3]

Möge Latzli, mit Adlerfedern befiedert, geschmückt mit dem Adlerkamm, bemalt mit dem Blut der Schlange, mit ihrer Hacke kommen und auf ihrer Colhuacan Trommel schlagen.
Sie allein, die unser Fleisch ist, Göttin der Felder und Wälder, ist imstande, uns mit ihrer Hacke zu verteidigen, mit ihrer Hacke, mit ihren reichen Händen, mit ihrer Hacke, mit ihren starken Händen. Die Göttin der Felder besitzt die Kraft, uns zu verteidigen.
Mit einem Besen in den Händen verteidigt uns die Stärke der Göttin. Unsere Mutter ist so stark wie zwölf Adler, eine Göttin, die die Trommel schlägt und die Felder mit Tzinac und Maguey füllt, wie unser Herr Mixcoatl.
Sie ist unsere Mutter, eine Kriegsgöttin, unsere Mutter, eine Kriegsgöttin, ein Vorbild und ein Gefährte im Hause unserer Ahnen.
Sie tritt vor, sie erscheint, wenn der Krieg ruft, sie beschützt uns im Kriege, daß wir nicht vernichtet werden.
Vorbild und Gefährte im Hause unserer Ahnen ist sie.
Sie wird verehrt auf die alte Weise durch den Adlerkamm, auf die alte Weise durch den Adlerkamm.

AN XIPE-TOTEC[4], DEN GESCHUNDENEN

Du, nächtlicher Trinker, warum zögerst du?
Bereite deine verwandelnde Verkleidung, deinen goldenen Schmuck, mache ihn bereit!
Mein Herr, laß deine smaragdenen Wasser fließen!
Jetzt hat sich der alte Baum mit grünen Federn bedeckt,
die Feuerschlange hat sich in Quetzal verwandelt.
Vielleicht muß ich sterben, ich, die junge Maispflanze.
Wie ein Smaragd ist mein Herz; ich möchte es in Gold sehen.
Ich werde glücklich sein, wenn er zum erstenmal reifen wird,
er, der geboren wurde, um unser Führer im Kriege zu sein!
Mein Herr, wenn auf den Feldern Mais in Überfülle reift,
werde ich auf deine Berge blicken, dein aufrichtiger Anbeter,
ich werde glücklich sein, wenn er zum erstenmal reifen wird,
geboren, ein Kriegshaupt zu sein!

PERU

DIE GROSSE HYMNE AUF VIRACOCHA[5]

O Viracocha, Herr des Universums,
magst du männlich sein,
magst du weiblich sein,
Herr der Wiedererzeugung,
was immer du sein magst,
Herr der Voraussage,
wo bist du?
Du kannst oben sein,
du kannst unten sein,
oder vielleicht um deinen glänzenden Thron oder dein Zepter schwebend!
O höre mich!

Von deinem Himmel da droben,
in dem du vielleicht weilst,
Schöpfer der Welt;
der du alle Menschen erschaffen hast;
Herr aller Herren,
meine Augen verlassen mich
in meiner Sehnsucht, dich zu sehen;
und schon durch mein Verlangen, dich zu erkennen.
Könnte ich dich betrachten,
könnte ich dich erkennen!
O sende deinen Blick auf mich herab,
denn du kennst mich.
Die Sonne, der Mond,
der Tag, die Nacht,
der Frühling, der Winter
sind nicht umsonst geordnet
von dir, o Viracocha!
Sie kreisen alle
auf vorgeschriebener Bahn;
sie langen alle
an ihrem bestimmten Ziele an:
wo immer es dir gefällt.
Dein königliches Zepter
hältst du.
Höre,
erwähle mich!
Laß nicht zu,
daß ich müde werde,
daß ich sterbe…

AN DEN SCHÖPFER ALS VATER DER SONNE

O Schöpfer, der du die Nacht werden läßt,
die Morgenröte, den Tag und den Sonnenuntergang,

gewähre deinem Sohne, dem Sonnengott,
daß er beim Aufgehen alles in Frieden erblickt.
Behüte ihn, daß er den Menschen, die du erschaffen hast, Licht spenden kann.
O Schöpfer, o Gott der Sonne, der du in Heil und Frieden weilst,
erleuchte dieses Volk und erhalte es immer gesund und glücklich.

MORGENGESANG AN DEN SCHÖPFER DES MENSCHEN

Die irdische Morgenröte,
legt ihr Lichtgewand an,
um Ehre zu erweisen
dem Schöpfer des Menschen.
Der hohe Himmel
verjagt seine Wolken,
und demütigt sich
vor dem Schöpfer des Menschen.
Der Herr der Sterne,
unser Vater, die Sonne,
breitet das Haar aus
zu seinen Füßen.
Der Wind auf seinem Wege
schüttelt die Wipfel der Bäume,
fährt durch die Zweige
und schlägt sie zu Boden.
Mitten in den Bäumen
singen die Vögel
und erweisen ihre Ehre
dem Herrn des Landes.
Alle Blumen
bieten prachtvoll und schön
ihre Farben
und ihren Duft dar.
Der Grund des Sees,

ein Spiegel aus Wasser,
ist die glückliche Heimat
der munteren Fische.
Der tosende Sturzbach
mit seinem rauhen Lied
singt das Lob
Viracochas.
Der Fels auch
bekleidet sich mit Grün
und in der Schlucht zeigt
der Wald seine frischen Blumen.
Und die Bewohner des Gebirges,
das Volk der Schlangen
kriecht zu seinen Füßen
schnell daher.
Das Lama auf den Bergeshöhen
und die Feldmaus der Felsen
bauen ihre Höhlen
rings um ihn.
So lobpreist auch mein Herz
bei jeder Morgenröte dich,
meinen Vater, meinen Schöpfer.

Der rauschende Sturzbach
mit seinem muntern Lied

INDIANER

Die erste Berührung mit den religiösen Vorstellungen der Indianer erweckt wohl stets ein Gefühl der Einfachheit und Deutlichkeit, ob es sich nun um das aufgeklärte Europa des XVII. oder XVIII. Jahrhunderts handelt oder um einen jungen Menschen von heute, der unbefangen und unvoreingenommen die echten, alten Indianergeschichten zur Hand nimmt. Dies Gefühl, längere Zeit als romantisch ironisiert, hat durch die verhältnismäßig spät einsetzende eigentliche Erforschung der indianischen Religiosität inzwischen seine Rechtfertigung erfahren und sogar eine Vertiefung im Sinne einer Anerkennung für die Ausdehnung des indianischen Denkens. Schon diese knappe Auswahl indianischer Gesänge und Gebete gibt eine Art Stufenleiter religiöser Haltungen. Sie geht von unbestimmter, dabei intelligenter Primitivität zum völligen Vertrauen der ›Kinder des Lichts‹, die sich auch bei der Bitte um den unentbehrlichen irdischen Regen an ihren Ursprung erinnern.

Dabei finden sich die krassesten Gegensätze, deren Ausspielung, Überwindung, Wiederkehr ganze Bände der Religionsgeschichte füllt, auf einer Kulturstufe zusammen. Am Anfang steht der Anruf der Wesensgleichheit zwischen dem Esser und dem, was gegessen werden soll, wobei also das spätere Ergebnis, nämlich daß die Verspeisung der Pflanze nährt und wachsen macht, als Grundverhältnis erscheint, das nur aktuell zu machen ist. Der listigen Entschuldigungen an den Jaguar, dessen Erbeutung seiner eigenen Dummheit zugeschoben wird, folgen die Gesänge der – unter den Indianern Nord- und Südamerikas sehr vereinzelten – Kannibalen, in denen gleichermaßen die Erregung zittert über etwas, was doch sehr deutlich als Frevel empfunden wird, wie die wunschvolle Vorstellung, auch diese Nahrung möge eine Gabe der Gottheit sein. Dem schließt sich der Versuch an, sich selbst zu überzeugen, daß der Kannibalismus eine Art Weltmittelpunkt sei und auf der ›rechten‹ Seite des Daseins stehe. Das schmeckt nach Ideologie; ebenso, wie man andererseits nicht mit Unrecht darauf hingewiesen hat, daß der Kannibalismus mit seiner Annahme, sich durch Verzehr eines anderen Menschen dessen Lebenskraft einverleiben zu können, ein erster Ansatz wissenschaftlichen Denkens sei.

Im ›Gebet eines Reisenden‹ kündigt sich eine persönliche Frömmigkeit an, die freilich recht sehr um Ergebnisse besorgt ist; in der Stammeshymne der Prärieindianer wird das Problem der Zeit ergriffen und in gewisser Weise bewältigt, indem die Wurzeln der gemeinsamen Zukunft in der Vergangenheit benannt, gerühmt und dadurch wirkend gemacht werden. Das Gebet der Manitos-Indianer wendet sich in eben diese Vergangenheit, da die Gottheit noch unter den Menschen weilte und in Gestalt des ›Großen Alten‹ sie erleuchtete und beriet. Im Gebet der Prärieindianer zu Sonne, Erde und Morgenstern ist dann die Häuptlingshülle des Großen Geistes gefallen und das reine Kindverhältnis zu ihm als einem ganz körperlich vorgestellten Gotte erreicht; um so beeindruckender, als dies zusammen mit dem Anruf einfacher Naturerscheinungen und in der Furcht vor Hunger und Krankheit als nur allzu wahrheitlichen Zukunftsumständen geschieht.

THOMPSON-INDIANER

GEBET VOR DEM VERZEHREN EINER SONNENBLUMENWURZEL

Ich berichte dir, daß ich die Absicht habe, dich zu essen.
Mögest du mir immer helfen zu wachsen, damit ich bis an die Spitzen der Berge heranreichen kann, und möge ich nicht ungeschickt sein!
Um dieses bitte ich dich, Sonnenblumenwurzel,
die du in geheimer Weise die Wurzel von allem bist.

BRASILIANISCHE INDIANER

GEBET DER FRAUEN AN EINEN JAGUAR, DER IN DIE FALLGRUBE GERATEN IST

Wir bitten dich, nicht an unseren Söhnen dafür Rache zu nehmen, daß du infolge deiner Unwissenheit gefangengenommen und getötet wurdest. Denn nicht wir haben dich getäuscht, sondern du selber. Unsere Gatten legen Fallen nur, um Tiere zu fangen, die gut zu essen sind. Sie wollten dich nicht fangen. Deine Seele möge daher nicht deinen Brüdern den Rat geben, deinen Tod an unseren Kindern zu rächen.

KWAKINTL (BRITISCH KOLUMBIEN)

LIEDER DES KANNIBALENBUNDES

I

Nahrung wird mir gereicht werden, Nahrung wird mir gereicht werden, weil ich diesen Zauberschatz erhalten habe.
Ich verschlinge die Nahrung lebendig: ich esse lebendige Menschen.

Ich verschlinge Reichtum; ich verschlinge den Reichtum, den mein Vater gibt.

II

Jetzt gehe ich zum Essen.
Mein Gesicht ist entsetzlich blaß.
Ich werde essen, was mir von Baxbakualamichsiwae gegeben wird,
dem ersten, der Menschen aß an der Mündung des Flusses.

III

Du wirst auf der ganzen Welt bekannt werden; du wirst auf der ganzen Welt bekannt werden, bis zum äußersten Ende der Welt, du Großer, der sicher von den Geistern zurückkehrte. Du wirst auf der ganzen Welt bekannt werden; du wirst auf der ganzen Welt bekannt werden, bis zum äußersten Ende der Welt.
Du gingst zu Baxbakualanuchsiwae, und dort aßest du als erster getrocknetes Menschenfleisch.
Du wurdest zu seinem Kannibalenpfahl geführt, der die Milchstraße unserer Welt ist.
Du wurdest zu seinem Kannibalenpfahl geführt auf der rechten Seite unserer Welt.

SIOUX (NORDAMERIKA)

ABENDGEBET DER KEKCHI-INDIANER AUF DER WANDERUNG

Du, o Gott, du Herr der Berge und Täler! Ein klein wenig deines Essens, deines Trinkens habe ich dir gegeben. Jetzt gehe ich vorüber unter deinen Füßen, unter deinen Händen, ich, ein Reisender.
Es schmerzt dich nicht, es macht dir keine Mühe, mir zu geben allerlei große Tiere, kleine Tiere, du mein Vater! Du hast eine

Menge Tiere, den wilden Pfau, den wilden Fasan, das Wildschwein; zeige mir also, öffne mir die Augen, nimm sie und setze sie auf meinen Weg!
Ich sehe, ich schaue sie dann; ich bin unter deinen Füßen, unter deinen Händen; ich bin im Glücke, du Herr der Berge und Täler.
In deiner Macht, in deinem Sinn ist alles Mögliche im Überfluß; von allem möchte ich haben!
Heute muß ich vielleicht meinen Maiskuchen trocken essen und ich bin doch in einem reichen Jagdgelände; es möge Gott sehen, daß es hier nichts Lebendes gibt, vielleicht nur einen wilden Pfau bringe ich, schleppe ich her. Jetzt sehe, schaue ich auch, du mein Gott, du meine Mutter, du mein Vater!
Nur das ist es, was ich sage, was ich denke: Es ist ja nicht Vieles und Gutes deines Essens, deines Trinkens, was ich hergeschleppt habe.
Und mag es nun so oder so sein, was ich sage, was ich denke, ist: Gott, du bist meine Mutter, du bist mein Vater.
Jetzt werde ich also schlafen unter deinen Füßen, unter deinen Händen, du Herr der Berge und Täler, du Herr der Bäume, du Herr der Schlinggewächse.
Morgen ist wieder der Tag, morgen ist wieder das Sonnenlicht. Ich weiß nicht mehr, wo ich dann sein werde. Wer ist meine Mutter, wer ist mein Vater? Nur du, o Gott, du siehst mich, du beschützest mich auf jedem Wege, in jeder Dunkelheit, vor jedem Hindernis, das du verstecken, das du beseitigen mögest, du o Gott, du mein Herr, du Herr der Berge und Täler!
Nur das ist es, was ich sage, was ich denke, sei es nun, daß es mehr, sei es, daß es nicht mehr sein sollte, was ich gesagt habe: Du erträgst, du vergissest meine Verfehlungen.

PRÄRIE-INDIANER (NORDAMERIKA)

STAMMESHYMNE VON VERGANGENHEIT UND ZUKUNFT

Zum Sonnenaufgang
versammelten sich Menschen aller Art
und große Tiere aller Art.
Sie scharten sich wahrhaftig alle umeinander, wirklich wie ein Volk.
Auch Insekten aller Art,
sie scharten sich wahrhaftig dort umeinander,
durch welche Mittel und auf welche Art wissen wir nicht.
Wahrhaftig, einer von all diesen war am größten
und begeisterte alle Versammelten,
der große, weiße Fels.
Er stand da und reichte bis in den Himmel, von Wolken umhüllt,
wahrhaftig, hoch aufragend bis zum Himmel.
So werden meine Kinder von mir sprechen müssen,
so werden sie von mir sprechen.
Dies waren seine Worte, so wurde gesagt.
Dann, als nächster dem Range nach,
standest du, männlicher Kranich, mit deinem langen Schnabel
und deinem Nacken, keiner kam ihm an Länge gleich,
da wühltest du mit deinem Schnabel die Erde auf.
Das wird die Geschichte des Volkes von damals sein, des roten Volkes,
so werden meine Kinder von mir sprechen.
Als nächster dem Range nach stand da der,
dessen Brüllen, obwohl er es ohne Kraftanstrengung ausstieß,
die Erde erzittern ließ,
sogar das Festland erzittern ließ.
Das wird die Geschichte des Volkes sein.
Als nächster dem Range nach stand da Hega,
der Bussard, mit seinem roten Nacken.

Ruhig stand er da, seine großen Flügel ausgebreitet,
und ließ die heiße Sonne seine Flügel durchdringen.
Langsam schlug er mit seinen Flügeln,
dann flog er fort, gleichsam schwerelos,
so zeigte er seine Kraft, von der die alten Menschen in ihren Berichten oft erzählten.

GEBET ZU DEN GESTIRNEN UND ZUM GROSSEN GEIST

O große Macht der Sonne! Ich bete für mein Volk, daß es glücklich sei im Sommer und daß es in der Kälte des Winters sein Leben bewahre. Viele sind krank und in Not. Habe Mitleid mit ihnen und lasse sie überleben. Gewähre ihnen, daß sie lange leben und alles in reichem Maße haben. Mögen wir diese Zeremonie in rechter Weise begehen, wie es unsere Ahnen in vergangenen Tagen lehrten. Wenn wir Fehler begehen, so verzeih uns. Hilf uns, Mutter Erde! Denn wir rechnen auf deine Güte. Laß es regnen, damit unsere Prärien das nötige Wasser erhalten, daß das Gras hoch wachse und wir eine reiche Beerenernte bekommen.
O Morgenstern! Wenn du auf uns herabschaust, gib uns Frieden und einen erquickenden Schlaf.
Großer Geist! Segne unsere Kinder, Freunde und Besucher, indem du ihnen ein glückliches Leben schenkst.
Unsere Wege mögen gerade und eben vor uns liegen. Schenke uns ein langes Leben. Wir sind alle deine Kinder, und wir erbitten dies reinen Herzens.

MANITOS-INDIANER (NORDAMERIKA)

GEBET ZUM GROSSEN ALTEN

O du, Großer Alter, ich flehe dich an!
Zu der Zeit, da wir hier zu sieben Personen[1] versammelt waren,

setztest du dich auf den siebten Platz, wie uns überliefert, und von den Sieben wußtest du allein über alle Dinge Bescheid. O Großer Alter, ich flehe dich an.
Wenn die Menschen in ihrer Sehnsucht nach Schutz und Geleit ihr Herz erforschten, um einen Weg zu finden, dann erblickten sie dich, wie du an einem festen Platz, sicher und beharrlich, weiltest, wo alle Wege hinführen.
Dort, der Gewalt der vier Winde ausgesetzt, saßest du, mit der Macht ausgestattet, unsere Bitten entgegenzunehmen. O Großer Alter, ich flehe dich an!

PUEBLO-INDIANER (ARIZONA)

AUFRUF ZUM BEGINN DES REGENFESTES

Das ganze Volk erwache. Öffnet eure Augen, erhebt euch.
Kinder des Lichts, seid stark, tätig und mutig!
Wolken, eilet aus allen vier Himmelsrichtungen herbei,
der Schnee komme in Mengen, damit reiche Wasservorräte vorhanden sind, wenn der Sommer kommt.
Das Eis komme und bedecke die Felder,
daß Pflanzen in reichem Maße hervorsprießen.
Alle Herzen sollen sich freuen.
Alle, die es hören, sollen in vier Tagen zusammentreffen.
Sie sollen das Dorf umgeben und tanzen und ihre Lieder singen.
Regen möge in Fülle kommen.

CHINA

Bereits bei den Völkern des altasiatischen Hochlandes zeigte sich das Streben, betend und denkend den gesamten Kosmos mit Himmel und Erde zu umfassen und anzurufen. In China steigert sich das zum Staatsgrundsatz, zu einer jahrtausendelang wirksamen institutionellen Frömmigkeit, an deren Spitze der Kaiser, dem Himmel gegenüber Sohn und Enkel, für seine Untertanen Vater und wiedergekehrter Ahn, als verantwortliches Mittelglied zwischen den großen Gottheiten und dem Irdischen waltet. Auch die mongolische Ahnung eines höchsten, gänzlich jenseitigen Gottes, dem der Himmel nur ein Gewand bedeutet, ist ebenso wie die Ansätze jener Nomaden zum staats- und stammeszeremoniellen Gebet als ›Höchster Geist‹, der Materie und Leben, Kraft und Stoff entstehen läßt, in den Staatskultus eingegangen. Der Bogen dieses Kultes reicht also von der schlichten Bitte und dem Dank an die Ahnen über die allen Völkern urtümlichen ›realen‹ Opfer bis zur sublimsten Philosophie. Das Abstrakte und das Konkrete stehen ohne Widerspruch zusammen. Auch der Bereich der Erde wird nicht als ein bloßer vergöttlichter Begriff gefeiert und angebetet. Er ist von deutlich ausgeprägten, außermenschlichen Persönlichkeiten erfüllt, den einzelnen Flüssen und Bergen, die als solche verehrt und angerufen werden, die Flüsse mit dem Bewußtsein der stets von ihnen drohenden Gefahr, die Berge als segnende, schützende, ja heilende Wesen. Hier fühlen wir den Hintergrund der großen chinesischen Landschaftsmalerei und Dichtung. Gerade wegen ihrer umfassenden Allgemeinheit können diese ›gesellschaftlichen‹ Gebete, diese staatlichen musikalischen und tänzerischen Zeremonien den Anspruch erheben, nicht nur China, sondern den Menschen überhaupt zu vertreten, solange er in einem eher unpersönlichen Verhältnis zu den Göttern bleibt.

GEBETE DES KAISERS

AN DEN HIMMEL UND DIE ERDE

O Himmel, edler und erhabener Schöpfer,
o Erde, reiche und fruchtbare Mutter,
Firmament und Sonne, deren unaufhörliche Wirkung und Rückwirkung die vier Jahreszeiten hervorbringt,
Sonne, Mond und Sterne in ihrem festen und vorbestimmten Lauf,
Yin und Yang[1] und ihr fünf Naturkräfte, die ihr immer wieder die kaum vollendete Umdrehung neu beginnt,
Stürme, Winde, Donner, Blitze, Regen und Tau,
die ihr in Fülle den Menschen beschenkt...
denn euer rechtes Aufeinanderfolgen ließ mich wiederum den höchsten Thron besteigen,
ich habe die Pflicht, euch den Dank der ganzen Welt abzustatten,
euch für eure Wohltaten zu danken.
Ich habe euch daher dieses Gastmahl bereiten lassen, ich biete euch die Opfergaben an in der Hoffnung, daß ihr sie huldvoll annehmt und von meinem Reich jede Geißel fernhaltet und alles wohl gedeihen laßt.
Dröhnt, ihr Trommeln, spielt auf, ihr Flöten;
Tänzer, bewegt eure Fächer.
Durch die hinreißende Kraft eurer Fahnen sollen die fremden Völker ihren Blick auf uns richten!

AN DEN HIMMEL

Der erhabene Herrscher dort oben
hat, als er wohlgefällig seine Kräfte sah,
unseren ruhmreichen Ahnen an den Himmel gesetzt
und hat unsere Dynastie im Zeichen des Ruhmes und des Friedens eingerichtet.

Es ziemt sich also, daß wir, mit kindlicher Dankbarkeit seiner
Gunsterweisungen gedenkend,
ihm unsere Gaben und Anerkennung erweisen.
Wenn der Herrscher des Himmels uns sein Ohr leiht,
wird uns alles Glück zuteil werden.
Rein sind unsere Opfergaben,
reich sind die dargebotenen Fleischopfer,
die Messer der Zubereiter sind vorzüglich,
Blut und Fett werden dargebracht.
In Ehrfurcht bieten wir unsere Grüße und Seidenstoffe dar,
der Wohlgeruch unserer Gaben steigt empor.
Der Herrscher des Himmels läßt sich zu ihnen herab,
er nimmt unser Geschenk an und freut sich über unsere Tugend.

OPFERGEBETE

OPFERGEBET AN DIE AHNEN UND AN DEN HIMMEL

Vor dem Opfer:
Das Blau breitet sich am gewaltigen Himmelszelt aus
und bedeckt die Erde hier unten.
Dieser runde Altar ist der Punkt des Reiches,
in dem sich alle Geister vereinigen.
Kleine Ameisen, die wir sind,
empfangen wir sie mit Verehrung!
Ihre Antlitze strahlen wie Gold und Jade.
Ihre Wagen, von Drachen gezogen, rollen über die Nebelschleier.
Sie gelangen zu diesem Altar.
Euch, ihr Hochvornehmen, unsere Verehrung.

Während des Opfers:
Wie ein kleines Kind
erflehe ich, der Kaiser, die Gnade des Himmels, meines Vaters.

Ich vertraue mich der Liebe des Himmels an.
Ich habe alles getan, was ich konnte.
Hier sind die wohlduftenden Trankopfer!
Hier sind erlesene Speisen!
Nach Vollzug dieses Opfers
möge euer Segen auf mir ruhen!

Während die Opfergaben vom Feuer verzehrt werden:
Auf dem Altar brennen die Opfer und die Seidenstoffe.
Wir hoffen, daß sie zum Palast des Obersten Herrn emporsteigen.
Wir haben ihm das Opfer des Altares dargebracht:
Wir hoffen, daß er es in seinem Lichtpalast erfahren wird.

Abschied der Genien:
Die Banner werden entfaltet.
Die Wagen, von Drachen und Phönixen gezogen,
setzen sich in Bewegung.
Vorwärts, steigt an himmelwärts!
Verleiht uns mit eurem Segen dauerhaftes Glück!

AN DEN HÖCHSTEN GEIST

Am Anfang aller Dinge herrschte das große, dunkle und formlose Chaos. Die Offenbarung der fünf Elemente hatte noch nicht begonnen, die Sonne, der Mond schienen noch nicht. Mitten in diesem Chaos waren weder Form noch Laut wahrzunehmen. Da tatest du, o Höchster Geist, deine Macht kund und begannst, das Grobe und das Feine voneinander zu trennen. Du hast den Himmel erschaffen, du hast die Erde erschaffen, du hast den Menschen erschaffen. Alle Wesen haben von dir ihr Dasein und die Kraft sich fortzupflanzen erhalten.

AN DEN HIMMELSGEIST ALS HÖCHSTEN HERRN

O Herr, nachdem du der passiven (yin) Kraft und der aktiven (yang) Kraft der Materie freien Lauf gegeben hast, hast du dein Werk fortgesetzt. Du hast, o Geist, den Himmel und den Mond und die fünf Planeten erschaffen; und ihr Glanz war rein und von großer Schönheit. Das Himmelsgewölbe breitete sich wie ein Zelt aus, und die Erde in der Gestalt eines Quadrates trug dies alles, und alle Geschöpfe waren glücklich. Ich, dein Diener, erlaube mir, dir meinen ehrfürchtigen Dank abzustatten und, während ich dich anbete, dir, o Herr, zu verkünden, daß wir dir den Namen des Höchsten Herrn verleihen.

»TON IN DES TÖPFERS HAND«

Die Gesänge sind beendet, aber unser armes Gefühl der Dankbarkeit läßt sich nicht völlig ausdrücken. Deine Herrschergüte kennt keine Grenzen. Wie der Töpfer seine Töpfe macht, so hast du alle Lebewesen erschaffen. Große und Kleine werden von dir in der Gefahr behütet. Dein demütiger Diener bewahrt tief in seinem Herzen seinen Dank für all deine Güte, aber ich vermag nicht, meine Gefühle in rechter Weise ganz zu äußern. Du verzeihst uns sehr großmütig und verleihst uns trotz unserer Vergehen Leben und Gesundheit.
Wir haben die Opferhandlung während der Zeremonien, von Verehrung erfüllt, vollzogen, und du hast dich herabgelassen, o Höchster Geist, unsere Huldigungen anzunehmen. Alle mimischen Darbietungen sind nun erfolgt, und die Musikinstrumente erklangen neunmal. Die Instrumente aus Metall und die tönenden Steine ließen neunmal ihre Melodie erklingen, und die edlen Steine, die die Gürtel der Offiziere schmücken, erklangen. Die Menschen und die Geister freuen sich, den Herrn zu loben. Verträgt die Feier seines großen Namens vielleicht ein Maß, eine Grenze? Er hat endgültig dem Himmelsort oben einen festen

Platz gegeben und die feste Erde errichtet. Ewig ist seine Macht. Ich, sein demütiger Diener, beuge mein Haupt im Staube und koste die göttliche Gnade und Seligkeit.

GEBET UM GUTE ERNTEN IM NEUEN JAHR

Ich, dein Untergebener, durch Erbfolge Sohn des Himmelsgottes, der ich von oben den freundlichen Auftrag erhalten habe, die Bewohner aller Gebiete zu ernähren und zu trösten, denke in Mitgefühl an all die Menschen und wünsche ihnen wirklich Glück.

Nun, da die Frühjahrsbestellungen bevorstehen, wende ich meinen Blick ehrfurchtsvoll nach oben, barmherzigen Schutz erhoffend.

Mit meinen Untergebenen und meinen Dienern richte ich zusammen mit reichen Speiseopfern einen ehrfürchtigen Gruß an Gott.

Ich bitte dich in Demut, deinen Blick in Gnaden auf uns hier unten zu richten und uns Regen zu gewähren, um alle Arten von Kornfrüchten hervorzubringen und Erfolg bei unseren Feldfrüchten.

BEI ENTSENDUNG EINER FESTGESANDTSCHAFT ZUM BERGE T'AIN SHAN

O göttliches Gebirge, Gipfel, der du das Land beherrschst und in dir die Lebenswurzeln birgst und wie eine himmlische Gottheit das Volk ernährst, deine Verdienste sind vielseitig und groß. Nun, da der zweite Monat des Herbstes gekommen ist, ziemt es sich, wie es die Riten vorschreiben, dir ein Dankopfer darzubringen. Daher habe ich einen meiner Boten beauftragt, Opfergaben, Gebete und Seidenstücke mit sich zu nehmen und zu deinem Tempel zu kommen, um die Gaben zu deiner Ehre zu opfern. Mit Ehrfurcht bitte ich dich, du mögest sie annehmen.

DANKGEBET DES VOLKES AN DIE AHNEN NACH GLÜCKLICHER ERNTE

Reich ist das Jahr, mit viel Hirse und viel Reis;
und voll sind unsere Getreidespeicher
mit Zehntausenden und Hunderttausenden und Millionen von Getreidebündeln in ihnen:
für die Geister, die lieben Geister,
damit sie es unseren Vorfahren, den männlichen und weiblichen, darbieten
und all unsere Opferfeiern unterstützen.
Der Segen, der auf uns herabkommt, ist mannigfaltigster Art.

JAPAN

Religion als Staatskultus war auch in Japan herrschend, ist es teilweise noch und kann es wieder sein. Wie in anderen Bereichen japanischer Kultur, waren auch hier Einfluß und Vorbild Chinas am Werke. Aber sie trafen dabei auf Vorstellungen und Überlieferungen, welche dem Staats- und Nationalkultus des ›Shinto‹, des ›Weges der Götter‹, seine eigene, unverwechselbare Art gaben. Verglichen mit der chinesischen, erscheint diese nationale und ›amtliche‹ Religion Japans näher und dichter; sie zieht das Göttliche weitaus mehr in die Welt hinein. Der chinesische Kaiser etwa ist nur durch seine Würde ›Sohn des Himmels‹, Mittler zwischen oben und unten, zwischen Gottheit und Mensch. Der Inhaber dieser Würde aber wechselt nicht nur; er kann auch aus neuem, fremdem, ja zunächst feindlichem Stamme sein. Der japanische Kaiser hingegen wird im Sinne einer wirklichen Abstammung oder diese gültig vertretenden Adoption als ›erhabener Enkel‹ einer Götterreihe angesehen, nicht anders als die auf Götter zurückgeleiteten Stammbäume des indoeuropäischen Adels, der vornehmen Hindus und Iranier, der Griechen und Römer, Kelten und Germanen. Und die Götter, deren ›Weg‹ der Shinto ist – ›Weg‹ im Sinne des Angewiesenwerdens und des Gehorsams auf seiten der Menschen, des helfenden, überzeitlichen Daseins auf der andern –, besitzen in Japan mit der Vorstellung der ›Kami‹ eine Form des Geglaubt- und Gedachtwerdens, die ganz diesem Lande eigentümlich ist.

Kami, das sind die Geister der Vorfahren; aber es können auch überfamiliäre Ahnen der gesamten Nation sein, Seelen von Männern und Frauen, die sich um den Staat und das als göttlich verehrte Herrscherhaus besonders verdient gemacht haben und dadurch eine segnende, anrufbare Fortdauer gewinnen. Dies gilt besonders, wenn sie ihre Tugenden durch einen freiwilligen Opfertod besiegelt haben. Verstorbene solcher Art können nachträglich in ihre Kamieigenschaft hineinwachsen; andere erhalten sie, wie es auch in China ›Götterernennungen‹ gab, durch einen staatlichen Verleihungsakt. ›Kami‹ sind aber auch außermensch-

liche Geister, ›Naturseelen‹, würde man vielleicht im Westen sagen, die in Fels, Baum, Gebirge hausen und manchmal einfach diese sind, jedoch auch als das Reich und den Staat schützende Götter angerufen werden können, wie eben in dem folgenden Gebet. Im japanischen Buddhismus können verstorbene Heilige, die selber längst ihr Selbst aufgelöst haben, zu Kamis werden und mit denen hervorragender Berge und Landschaften gleichgesetzt. Ein solcher Begriff, der das erste und Einfachste mit dem Letzten, Schwierigsten, der Selbstauflösung des Ichs und seinen außermenschlichen Helfern, in einer einzigen Vorstellung zusammenfaßt, spricht für die Intensität einer religiösen Überlieferung, die sich nicht in einem zeitlichen Nacheinander, einer ›Entwicklung‹ empfindet, sondern alles in einem wirken läßt.
So sind die Kami, die in der nachstehenden Zeremonie zum Schutz von Fürsten und Land aufgerufen werden, erste, anfängliche: die Göttergeister der Kreuzwege und Weggabelungen, deren Zeichen das allerschlichteste ist, ein in den Boden gestoßener Stab, das alte Sinnbild des männlichen Gliedes, wie es sich in Griechenland aus denselben, fast rohen Anfängen her zur künstlerischen Vollendung der Hermesstelen gestaltete. Der Priester aber, der dieses Gebet im Namen von Volk und Herrscher spricht, ist einer der höchsten Beamten in der sorgfältig ausgedachten, für andere Völker überkompliziert erscheinenden, in der göttlichen Person des Kaisers gipfelnden Rang- und Standesordnung, durch welche eine hochkultivierte, durch ein ästhetisch-strenges Dasein ausgezeichnete Gesellschaft sich selber das Gesetz gibt.

ANRUFUNG DES OBERPRIESTERS DES SHINTO-KULTES AN DIE KAMIS, WELCHE DAS ÜBEL ABWEHREN

Ich gebe diese Erklärung in Gegenwart der höchsten Götter ab, deren Wirken in den Gefilden des höchsten Himmels begann, als sie die Lobpreisungen des erhabenen Enkels feierlich entgegennahmen, während sie die großen Gabelungen der acht Wege bewachten wie eine Ansammlung von Felsen[1].

Und während ich ihre Ehrennamen verkünde, also Yachimata-hiko, Fürst der acht Straßenkreuzungen, Yachimata-hima, Fürstin der acht Straßenkreuzungen, und Kunado, ›Dieser Weg ist dir nicht erlaubt‹, mache ich mich bereit, euch zu huldigen.

Wenn aus dem Land des Unbekannten, wenn aus der Tiefe Feinde und Wilde kommen sollten, dann gesellt euch nicht zu ihnen, dann verhandelt nicht mit ihnen, sondern steht unten Wache, wenn sie herabsteigen, und oben, wenn sie hinaufsteigen sollten. Beschützt uns vor Entweihung und Befleckung, beschützt uns am Tage und in der Nacht.

Die Opfergaben, die ich zu eurer Ehre bereite, bestehen aus glänzenden Stoffen, leuchtenden Stoffen, aus weichen und harten Stoffen. Ich öffne die Deckel der Bierkrüge. Ich opfere euch das Korn als Saft wie als Ähren. Von den Lebewesen, die auf den Bergen und im Heidekraut wohnen, opfere ich euch die mit weicher Haut und die mit struppigem Fell. Von den Lebewesen, die auf dem blauen Meeresgrunde leben, opfere ich euch die, die lange Gräten haben, und die mit kurzen Gräten, die Algen des Meeres und die Algen der Küste.

In der Gesinnung des Friedens vereinige ich mich mit diesen reichen Opfergaben, die ich in großer Zahl vor euch ausbreite, der Zickzacklinie einer Kette von Berghügeln gleichend. Bewacht die großen Straßen des Reichs wie ein zahlreiches Felsenheer in sicherer und fester Art vor jeder Entweihung und segnet seinen Herrscher, auf daß seine Herrschaft eine glückliche Herrschaft sei!

Geruht in gleicher Weise die kaiserlichen Prinzen, die anderen Prinzen, die Staatsminister und die Beamten vor jeder Versündigung und Befleckung zu bewahren, und schließt in dieses Gebet das Volk aller Regionen unter dem Himmel ein. Ich, als verordneter Diener des Amtes für die Dinge der Religion, zelebriere in Demut euer Lob in der erhabenen und himmelsgleichen Formel dieses Gebets.

INDIEN

Wie das Land Indien die größten geographischen Gegensätze umfaßt, die höchsten und einsamsten Berge der Erde und ihre feuchtesten, heißesten, dichtesten Dschungel, sonnengleißende Meere an zwei unabsehbar langen Küsten, unendlich anmutende fruchtbare Ebenen und dürre Wüsten, so enthält seine Religion in einem immer wieder erstaunenden Maß oder Übermaß alles, was dem Menschen bis jetzt an religiösen Möglichkeiten gegeben scheint.

Eine reiche, ja unermeßliche Götterwelt neigt sich nicht nur von unvordenklichen Zeiten her zu den Menschen herab und ist in den einzelnen Daseinsbereichen waltend und wirkend, sondern wandelt sich auch unaufhörlich in sich selbst, wechselt die Stellungen, die Höhen und Tiefen oder bringt neue Gestalten hervor, die jeweils andere Seiten der göttlichen Substanzen und Kräfte zur Geltung bringen. Aus anfänglichen ›Naturgöttern‹ werden Hochgötter und diese können wieder den Thron des höchsten Gottes einnehmen. So wird Agni, der Gott des Feuers, zum Gott der Weisheit und Erkenntnis; Rudra, der alte arische Gott der Blitze, aber gar zu Shiva, dem Weltenkönig, der mit seinem Tanz das All erschafft, in Gang erhält und zerstört, dem Zeuger und dem Töter, dem grimmen, sinnenfeindlichen Asketen und dem Herrn aller irdischen Lust.

Aus den daseinsbestätigenden Göttern eines aristokratisch fühlenden Hirtenvolkes, dem die Kuh das heiligste Wesen ist und auch unter gänzlich veränderten wirtschaftlichen und sozialen Verhältnissen bleibt, einem Gefüge herrscherlicher Stammesgruppen, deren Angehörige wie ihre iranischen Vettern ganz unbefangen um Reichtum, Glück, Kraft, Söhne und langes Leben bitten, löst sich die große indische Theologie ab, die als älteste der Erde bis heute trotz gelegentlicher Verschüttung und Selbstvergessens als unangegriffene Gesamtheit fortbesteht. Aus der Götterschar, welche einst das Milchmeer quirlte, daraus die Erde entstehen ließ und dies nach indischem Glauben in jedem neuen Weltzyklus wieder tun wird, erhebt sich die Einheit der Großen

Drei, der ›trimurti‹ von Brahma, Vishnu und Shiva. Diese ihrer Herkunft nach einheitliche Dreiheit stellt die erste, dreifaltige Offenbarung des allerhöchsten oder allertiefsten Göttlichen, des unerkennbaren, unverstehbaren, eigentlichen Weltgrundes, des gänzlich überpersönlichen und gestaltlosen Brahma dar.

Bei diesem Namen, heißt es, ›erzittern die Götter‹. Denn auch sie sind ja nur Schöpfungen jenes Brahman, das, selber unerschaffen, alles schafft und, jenseits jeder Gestalt, doch in allen Gestalten anwesend, vom Insekt bis zum Gestirn, sie in ihrer gemäßen Lebensspanne erhält und danach wieder sich zurücknimmt. Und doch kann, wie es ein schönes Gebet in dieser Sammlung zeigt, dieses überpersönliche Göttliche, das alles andere als ›unpersönlich‹ ist, weil es ja die Möglichkeit alles personalen Daseins von Göttern und Menschen in sich birgt, durchaus persönlich mit Innigkeit als ein Du angerufen werden.

Doch ist dies, wenngleich als stete Möglichkeit hinter aller ausgestalteten Religion stehend, nicht so ohne weiteres und nicht jedem realisierbar. Nicht weniger gültig ist darum die Verehrung und ahnende Erkenntnis des Brahman, wenn sie bewußt oder schlicht, gläubiger Überlieferung folgend einem der Götter erwiesen wird, welcher jenes letzte und erste Göttliche aus sich entläßt. Einem Gotte, nicht einem einzigen. Denn wenn auch Shiva als Mahadeva, als ›großer Gott‹, als Weltenkönig gleich nach dem Brahman, in neuerer Zeit von Vishnu mit seinen ›Niederstiegen‹ ins Menschliche, seinen ›avatars‹ als Rama und Krishna, etwas zurückgedrängt erscheint, so bedeutet das nicht, daß nun ein Gott den andern abgelöst hätte oder beide nicht gleichzeitig verehrt werden könnten. Was im Westen eine Spaltung von Kirchen oder sogar Entgegensetzung von ganzen Religionen geworden wäre, gliedert sich in Indien in gestufte Huldigungen an verschiedene Aspekte der Gottheit, die im Grunde immer nur eine ist, aber etwa den Vishnuiten und Shivaiten und nicht nur ihnen gnädig erlaubt, jene Aspekte gesondert zu verehren. Mögen auch beide Gruppen des modernen Hinduismus – wobei ›modern‹

dort ebensogut einige Jahrtausende wie einige Jahrhunderte umfassen kann – jeweils den Preis ›ihres‹ Gottes auf die Spitze treiben, so tritt doch immer wieder Besinnung darüber ein, daß es sich nur um Unterschiede in Zeit, Welt und Geschichte handelt, die sich das Göttliche in seiner Erscheinung selber auferlegt. Solche Besinnung äußert sich etwa in einem beliebten Kultbild, das je aus der Hälfte einer Shiva- und einer Vishnufigur mit ihren Attributen und Sinnbildern zusammengesetzt ist.
Auch diesen hohen Göttern, diesen personenhaft gewordenen Erscheinungen des namen- und gestaltlosen, ganz und gar jenseitigen Göttlichen naht sich der Beter immer noch, wenn auch nicht mehr mit dem Rauschtrankopfer oder der Bitte, seine Feinde vernichtet zu sehen, mit seinen allerindividuellsten Anliegen, ja banalsten Dingen des Alltags von der Abwehr unheilbedeutender Vorzeichen bis zur richtigen Verarbeitung der Nahrung in diesem doch so vorübergehenden Leib. Ist doch, wenn auch nicht alles heilig, so doch alles göttlich. Gerade bei den Speisegebeten, gelten sie nun der eigenen Nahrung oder einer Spende für andere Wesen, Tiere oder hungernde Mitmenschen, erscheint die schon bei den ›Primitiven‹ als Ahnung spürbare Gewißheit, daß der göttliche Gewährer der Nahrung und Behüter ihrer richtigen Einschmelzung in den lebendigen Leib, der Essende und die Nahrung selber ein und dasselbe sind: Vishnu und durch ihn das Brahman. Hier ist, mitten in den Alltagsgebeten, eine Querlinie aufgezeigt, welche durch alle Götterordnungen steil hindurchgeht.
In diesem elastisch-dynamischen Götterwandel, in dem kein Seins- und Daseinsgebiet selbst einschließlich des Bösen und Schlechten unbehütet, unbenannt und undurchwirkt bleibt, sinkt Indra, der frühere Götterkönig der arischen Eroberer Indiens, zu einem bloßen Weltregenten ab, der weit unter Vishnu, Shiva und Brahma steht. Dieser wiederum, wahrscheinlich wegen seiner Namensnähe zu dem völlig transzendenten höchsten Brahman, bleibt merkwürdig, besonders für das indische Be-

dürfnis nach Bildhaftigkeit, blaß und allgemein. Er gewinnt nicht die so persönlichen Züge Vishnu-Ramas, Vishnu-Krishnas oder Shivas, wie dieser sie etwa in Gesprächen mit den Heiligen zeigt, die seine Gunst erwarben. Doch befindet sich zwischen den ›drei Häuptern der trimurti‹ und der unerkennbaren Jenseitigkeit des Brahman noch eine andere Macht, von deren Lächeln sie belebt und von deren Zorn sie vernichtet werden können. Es ist die ›Große Mutter‹ der Welten, der Götter, der Menschen und Tiere. Die ›Große Mutter‹, in gnädigen und schrecklichen Aspekten verehrt, erscheint als Gattin Vishnus oder Shivas. Aber diese spielen nur die Rolle eines Prinzgemahls neben der wahren Herrscherin. Neben diesen doch vorübergehenden Weltlenkern mit nach menschlicher Vorstellung unermeßlicher, nach Göttereinsicht aber durchaus beschränkter Lebens- und Amtszeit steht sie als das ewige, dauernde Sein. Darum wird sie auch dargestellt, wie sie auf dem Leibe des entthronten Vishnu oder Shiva tanzt, die, am Ende einer ihrer Wanderungen durch die Jahrmillionen angelangt, vor ihr zusammengesunken sind.

Mit einer Ausschließlichkeit, für die es in keiner anderen Religion ein Gegenstück gibt, wohl aber manche Nähe, wird alle sonstige göttliche Erscheinungsform zugunsten dieser weiblichen beiseite gerückt. Sie wird verehrt nicht nur als Schützerin, sondern auch als die Schöpferin der irdischen Welt, als die große und allgemeine Mutter im wahrsten Sinn. Zugleich aber ist sie auch alle Weisheit, die Lehrerin der metaphysischen, ethnischen und praktischen Wissenschaften.

Zu den wüsten Strecken in der indischen Religion gehören die Eintönigkeiten religiöser Begriffebildung um ihrer selbst willen und die Mühe einer Scholastik, welche die christliche und islamische in ihren negativsten Seiten erreicht, wenn nicht übertrifft. Es gehört dazu ferner eine ängstliche Gesetzlichkeit, die jeden Schritt, jede Regung des Lebens mit Geboten und Regeln umstellt und durch den Druck, den sie damit ausübt, nicht geringere seelische Verstimmungen und Verbiegungen erzeugt als die jüdische oder christliche Moral in ihrer Erstarrung. Auch hierfür zeigt diese Sammlung von Gebeten Beispiele und ebenso für die Überhebung einer Priesterschaft, welche, in willkürlicher Auslegung der letzthinnigen Gleichheit des Geschöpfs mit den Weltschöpfern und ihrem unbekannten Auftraggeber, sich selbst die Rolle der segnenden und spendenden Götter zuweist.

Dennoch birgt die indische Religion nicht nur die älteste und inhaltreichste, sondern auch die offenste aller Theologien. Dies erweist sich am schönsten, wenn der Gesetzlichkeit, dem Vorschriftenwesen, dem Ritualismus, Dingen, in welche ein großer Teil der wissenschaftlichen Begabung der Inder geflossen ist, eine Verehrung des Göttlichen gegenübertritt, die alles dieses beiseite schiebt und sich nur noch in Liebe hingeben will. Es ist die Richtung der ›bhakti‹, der Gottesliebe, welche das Unfaßbar-Göttliche in der Gestalt eines einzigen persönlichen Gottes, des ›Ishtvara‹, gleichsam zugespitzt auf sich zukommen fühlt und sich ihm in allen Graden der Anbetung und Ergebung, Versenkung und Entzückung ausliefert.

Diese durch die Glut und auch durch die dichterische Großartigkeit ihrer Äußerungen oft erschütternde indische Gottesminne tritt also wie unversehens neben die demütige, das Ich ganz auslöschende Gottesliebe des christlichen und islamischen Mittelalters. Dennoch darf nicht vergessen werden, daß auch solches Gespräch zwischen Gott und Mensch, bei welchem dieser durch Aufgabe seines individuellen Ichs die Trennung zu überwinden strebt, für den Inder ebenfalls nur eine Wirkungsweise der von den vielen Gestalten der Schöpfung nur verhüllten Wesenseinheit ist.

Alle Gebete, mit denen in Indien der Mensch vor die Götter oder die Gottheit oder seinen persönlichen Gott tritt, müssen aus diesem Hintergrund heraus verstanden werden, welcher den atman, die im Individuum hausende, von Gott wie der Funke vom Feuer entlassene Seele, als gleich erkennt mit dem höchsten Göttlichen, dem Brahman, und also den Kern Gottes Menschen im Herzen sein läßt.

AN BRAHMANASPATI[1]

Erhebe dich, Brahmanaspati! Gottverlangend wenden wir uns an dich. Die gabenschönen Marut sollen herkommen; Indra, sei du als Anführer dabei!
Denn dich, du Sohn der Kraft, ruft der Sterbliche an, wenn Gewinn auf dem Spiel steht. Die Meisterschaft, guten Roßbesitz soll erwerben, wer euer begehrt, ihr Marut.
Brahmanaspati soll sich aufmachen, die Göttin Großmut soll sich aufmachen zu dem mannhaften Herrn, der fünffach beschenkt. Die Götter sollen unser Opfer geleiten.
Wer dem Priester echtes Gut schenkt, der erwirbt unvergänglichen Ruhm. Für ihn erbitten wir den Segen guter Männer, die tüchtig voranstreben und fehlerlos sind.
Jetzt hebt Brahmanaspati das zum Preis bestimmte Dichterwort an, an dem Indra, Varuna, Mitra, Aryaman, die Götter ihr Behagen haben.
Dieses Dichterwort wollen wir vortragen bei den Opfern, das zusagende, fehlerlose, ihr Götter. Und so ihr Herren diese Rede gern aufnehmet, so wird sie alles Gute von euch erreichen.
Rig-Veda

AN SURYA, DIE SONNE

Es fahren den Gott Jātavedas seine Strahlen herauf, auf daß die ganze Welt den Sonnengott schaue.
Wie Diebe schleichen die Gestirne mit dem nächtlichen Dunkel davon vor dem allschauenden Surya.
Seine Vorzeichen, die Strahlen, sind unter den Menschen weit sichtbar geworden, wie Feuer erglänzend.
Pünktlich, allsichtbar, lichtmachend bist du, Surya; du bescheinst den ganzen Lichthimmel.
Den Geschlechtern der Götter zugewandt, den Menschen zuge-

wandt, gehst du auf, der ganzen Welt zugewandt, auf daß sie das Sonnenlicht sehe.
Du durchläufst den Himmel, den weiten Luftraum, indem du die Tage durch die Nächte bemissest und die Geschöpfe beschaust, o Surya. Sieben Falbinnen fahren dich zu Wagen, Gott Surya, den Flammenhaarigen, den Weitschauenden.
Surya hat die sieben reinen Töchter des Wagens angeschirrt. Mit diesen, die sich von selber in das Joch schmiegen, fährt er.
Aus dem Dunkel heraus, das höhere Licht erblickend, den Gott unter den Göttern, den Surya, sind wir zu dem höchsten Lichte gelangt.
Wenn du heute aufgehst, du als Freund Geehrter, und am Himmel höhersteigst, so vertreibe, o Surya, meine Herzkrankheit und Gelbsucht! Auf die Papageien, auf die Ropanakas legen wir meine Gelbsucht ab.
Rig-Veda

AN DIE MORGENRÖTE UND DIE ASVIN

Usas, die Morgenröte, ist die schöne Göttin, die die Tore des Himmels öffnet, von manchen auch als Mutter der Sonne betrachtet. Die Asvin, die ›Pferdebesitzer‹, sind zwei glänzende Brüder, die der Morgenröte vorauseilen, vielleicht Personifizierung der Venus als Abend- und Morgenstern. Als wohltätige Heiler betrachtet.

Es haben die Morgenröten ihr Banner aufgesteckt, auf der östlichen Seite des Raumes legen sie sich Licht als Salbe auf, sich ablösend, wie Tapfere ihre Waffen wechseln. Es kehren die roten Kühe wieder, die Mütter.
Die rötlichen Lichter sind plötzlich aufgeflogen; sie haben ihre rötlichen, leichtgeschirrten Kühe angeschirrt. Die Usas haben wie früher die Zeiten bestimmt; die Roten haben ihr helles Licht aufgesteckt.
Sie stimmen den Lobgesang an; gleich Frauen fleißig an der Ar-

beit, in ein und derselben Fahrt, aus der Ferne kommend, indem sie alle Tage dem werkfrommen und freigebigen, dem Soma bereitenden Opferer Labsal zuführen.
Sie legt sich wie eine Tänzerin bunte Farben auf; sie enthüllt ihre Brust wie die Kuh das volle Euter. Indem sie der ganzen Welt Licht schenkt, hat die Usas die Finsternis aufgeschlossen wie die Kühe die Hürde.
Ihr heller Schein ist wieder sichtbar geworden; sie breitet sich aus, vertreibt das schwarze Ungeheuer. Die Himmelstochter hat ihr buntes Licht aufgesetzt, wie der Priester bei den Opfern den Pfosten aufgesetzt hat, indem er ihm bunte Farben aufsalbt.
Wir sind ans Ende der Finsternis gelangt, die Usas bestimmt aufleuchtend die Zeiten. Schön lächelt sie wie ein Verführer, wenn sie erstrahlt. Schön von Erscheinung, hat sie zum Frohsinn erweckt.
Als glanzvolle Bringerin der Schenkungen wird die Tochter des Himmels von den Gotamas gepriesen. Teil uns Belohnungen zu, in Kindern und Männern bestehend, wobei Rosse den Schluß und Rinder die Spitze bilden, o Usas!
Usas! Solch großen, zum Ansehen bringenden Reichtum an tüchtigen Söhnen möchte ich erlangen, bei dem Sklaven den Anfang und Rosse den Schluß bilden, o Holde, die du Lohn anweisend in tatenschönem Ruhme erstrahlst.
Alle Geschöpfe überschauend erstrahlt die Göttin weithin, jedem Auge zugewandt. Alles, was lebt, zum Gehen erweckend, hat sie die Rede eines jeden Dichtenden gefunden.
Die uralte, immer wieder geborene Göttin, die sich in der gleichen Farbe schmückt, alt machend und die Lebenszeit des Sterblichen vermindernd wie der geschickte Glücksspieler die schlechten Würfe, des Himmels Enden enthüllend, ist sie erwacht; sie treibt die Nacht, ihre Schwester, weit fort. Die menschlichen Lebenszeiten schmälernd, erstrahlt die junge Frau im Auge ihres Liebhabers.
Ihre Strahlen wie die Rinder ausbreitend, ist die Farbenprächti-

ge, Holde weithin erglänzt wie die Stromflut. Die göttlichen Gebote nicht schmälernd, läßt sie sich erblicken, mit den Strahlen des Sonnengottes erscheinend.
Usas, bring uns das ansehnliche Geschenk, du an Belohnungen reiche, durch die wir Samen und Nachkommenschaft erlangen!
Usas, an Rindern, Rossen reiche, strahlende, leuchte uns heute hier reichlicheres Gut zu, du Gunstreiche!
So schirr denn, o Usas, an Belohnungen reiche, heute die rötlichen Rosse und fahr uns alle Glücksgüter her!
Ihr Asvin, bis zu uns macht eure Umfahrt, die Rinder und Gold bringt, ihr Meister! Hierher lenkend haltet eines Sinnes euren Wagen an!
Die ihr zu dieser Stunde des Tages euren Weckruf erhebt, durch den wir Samen und Nachkommenschaft erlangen!
Hierher sollen die frühwachen Priester die beiden Götter, die heilsamen Meister mit goldenen Rädern zum Somatrunk fahren.
Rig-Veda

AN RUDRA

Rudra, der ›Heulende‹, ein furchterregender und unheilvoller Gott, ist der Vater der Marut. Man ruft ihn an, um nicht von seinen tödlichen Pfeilen getroffen zu werden.
Diese frommen Gedanken tragen wir dem starken Rudra vor, dem Männerbeherrscher mit aufgewundenem Haar, auf daß es Zweifüßlern und Vierfüßlern wohl ergehe und alle Aufzucht in diesem Dorfe gesund sei.
Hab mit uns Erbarmen, Rudra, und mach uns Freunde! Wir wollen dir, dem Männerbeherrscher, in Demut dienen. Welch Wohl und Heil Vater Manu durch Opfer erlangt hat, das möchten wir unter deiner Führung erreichen, Rudra.
Wir möchten durch Gottesdienst deine, des Männerbeherrschers, Huld erlangen, o belohnender Rudra. Wohlwollend komme zu unseren Niederlassungen. Mit heilen Männern möch-

ten wir die Opfer darbringen. Wir rufen den funkelnden Rudra, den Opfererfüller, den fliegenden Seher zur Gnade herab. Weit weg von uns soll er seinen göttlichen Zorn senden; seine Gunst nur erbitten wir.
Des Himmels rötlichen Eber, mit dem aufgewundenen Haar, den funkelnd Erscheinenden rufen wir unter Verbeugungen herab. Er, der die erwünschten Arzneien in der Hand hält, gewähre uns Schutz, Schirm, Zuflucht.
Diese Rede wird für den Vater der Marut gesprochen, diese Rede, die süßer als süß, eine Erbauung für Rudra ist. Und gönne uns, du Unsterblicher, die Menschenzehrung; habe mit uns selbst, mit unserem leiblichen Samen Erbarmen!
Weder den Großen noch den Kleinen unter uns, weder den Heranwachsenden noch den Erwachsenen unter uns, nicht unseren Vater noch die Mutter sollst du töten, noch unsere lieben Leiber schädigen, o Rudra!
Nicht sollst du uns an dem leiblichen Samen, nicht an unsrem Leben, nicht an unseren Kühen und Pferden schädigen. Nicht sollst du im Grimm unsere Männer töten, o Rudra. Mit Opferspenden rufen wir dich immerdar an.
Ich habe dir Loblieder zugetrieben, wie der Hirt die Herde heimtreibt. Schenk uns, du Vater der Marut, deine Huld! Denn segensreich ist dein Wohlwollen, sehr barmherzig. Darum bitten wir uns nur deine Gunst aus.
Fern sei deine Rinder und Männer mordende Waffe; du Männerbeherrscher, bei uns soll deine Gnade sein. Erbarme dich unser und sei unser Fürsprecher, o Gott, und gewähre uns doppelten Schirm!
Rig-Veda

AN VAYU

Dich, Vayu, sollen die schnellaufenden Rennpferde hierher zum Labetrank fahren, um zuerst zu trinken, um zuerst den Soma zu

trinken. Aufrecht bereitstehende Großmut soll deinem Sinne willfahren, den sie kennt. Komm auf dem Niyut-bespannten Wagen zum Schenken, o Vayu, zum Schenken der Gabe!
Berauschen sollen dich die berauschenden Säfte, Vayu, von uns angemacht, wohlbereitet, für die Himmlischen bestimmt, mit der Kuhmilch angemacht, für die Himmlischen bestimmt. Da ja die Hilfen, die bereit sind, sich gewinnen zu lassen, seinem Willen folgen, so vereinigen sich die Gebete, daß er Angebinde schenke, so reden ihm die Gebete zu.
Vayu schirrt die beiden roten, Vayu die rötlichen Rosse, Vayu die beiden linken an den Wagen, die besten Zugpferde, daß sie im Joche ziehen. Wecke die Wunscherfüllung wie der Liebhaber die Schlafende! Erhelle beide Welten, laß die Morgenröten aufleuchten, dir zum Ruhm laß die Morgenröten aufleuchten!
Für dich breiten die reinen Morgenröten in der Ferne ihre schönen Gewänder ... in ihren Strahlen aus, die bunten Gewänder in den neuen Strahlen. Für dich soll die Kuh Sabardugha alle Güter milchen. Du erzeugtest die Marut aus den Eutern, aus den Eutern des Himmels.
Für dich regen sich die klaren, reinen, eilenden, in berauschender Wirkung starken Somasäfte im Gewoge, regen sich im Gewoge des Wassers. Dich ruft der hungrige Jäger um Glück auf der Jagd an. Du schützest, wie es dir zukommt, vor aller Welt, du schützest vor der Asuramacht, wie es dir zukommt.
Du, Vayu, hast als allererster das Anrecht auf den Trunk dieser Somatränke von uns, hast das Anrecht auf den Trunk der ausgepreßten. Und wenn die um die Wette opfernden Stämme dich in Beschlag genommen haben, so geben alle Milchkühe für dich ihre Mischmilch her, geben ihren Buttertrank, ihre Mischmilch her.

Rig-Veda

AN INDRA, SOMA UND DIE ANDEREN GÖTTER

Soma ist das heilige Getränk. Das ganze Gebet ist gegen die dunklen und dämonischen Kräfte (rấksas) der Erde gerichtet.

Indra und Soma! Verbrennt den bösen Geist, fangt ihn ein; streckt die im Dunkeln Erstarkten nieder, ihr Stiere! Zerbrecht die Ahnungslosen, brennt sie nieder, erschlagt sie, jagt sie fort, stecht die Atrins nieder!

Indra und Soma! Rings um den Bösredenden soll die böse Glut sieden wie ein vom Feuer erhitzter Kochtopf. Setzt dem Feind des heiligen Wortes, dem Aasfresser mit dem bösen Auge, dem Kimidin unerbittliche Feindschaft!

Indra und Soma! Stoßt die Übeltäter in die Grube, in die haltlose Finsternis, auf daß auch nicht einer von ihnen wieder herauskomme. Diese eure grimmige Kraft soll zur Bezwingung genügen.

Indra und Soma! Schleudert gemeinsam die zermalmende Waffe vom Himmel und von der Erde auf den Bösredenden. Meißelt aus den Bergen den sausenden Schleuderstein heraus, mit dem ihr den erstarkten bösen Geist vertilgt!

Indra und Soma! Schleudert vom Himmel her die Geschosse! Mit den feuergeglühten, wie Stein schlagenden Geschossen, mit den glutbewaffneten, nie altersschwachen Flammen stoßet die Atrins in die Versenkung! Lautlos sollen sie dahingehen.

Indra und Soma! Dies Lied, das ich euch nach meiner Eingebung als Opfer vorführe, soll euch rings umfangen wie der Gurt die Streitrosse. Ermuntert wie Fürsten diese feierlichen Reden!

Gedenkt seiner; in fliegender Eile erschlaget die Tückebolde, die hinterlistigen Unholde! Indra und Soma, nicht soll es dem Übeltäter gut ergehen, der uns jemals mit Tücke nachstellt.

Wer mich, der ich schlichten Sinnes wandle, mit unwahren Worten beschuldigt, der werde zunichte wie Wasser, das man mit der Hand faßt, als Sprecher von Nichtigem, o Indra.

Welche die schlichte Rede absichtlich verdrehen oder die das

Gute willkürlich schlechtmachen, die soll Soma entweder der Schlange preisgeben oder in den Schoß des Verderbens bringen.
Wer uns den Saft der Speise verderben will, den unserer Rosse, Kühe oder unserer Leiber, o Agni, der Schelm, der Dieb, der Diebstahl begeht, soll dahinschwinden, er soll mit Leib und Kindern eingehen!
Der soll um Leib und Kinder kommen; er soll unter alle drei Erdräume versinken. Sein Ansehen soll verdorren, ihr Götter, wer uns am Tag und wer uns bei Nacht zu schädigen sucht!
Für den kundigen Mann ist das leicht zu unterscheiden; das wahre und das falsche Wort widerstreiten einander. Welches von beiden das wahre, das richtige ist, das bedenkt Soma mit Gunst; das unwahre bekämpft er.
Wahrlich, der Soma fördert nicht den Unredlichen, nicht den Herrscher, der fälschlich die Herrschaft führt. Er bekämpft den bösen Geist, bekämpft den unwahr Redenden. Beide erliegen in der Schlinge des Indra.
Als ob ich je falsche Götter gehabt hätte, oder als ob ich nur zum Schein die Götter anerkannt hätte, Agni – was grollst du uns, Jatadevas? Die Falschredenden sollen dem Tode durch dich verfallen.
Noch heute will ich sterben, wenn ich ein Zauberer bin oder wenn ich das Leben eines Menschen verbrannt habe. Und der soll um zehn Söhne kommen, der fälschlich zu mir sagt: du Zauberer.
Wer zu mir, der ich kein Zauberer bin, sagt: du Zauberer, oder welcher Dunkelmann sagt: ich bin unschuldig, den soll Indra mit mächtiger Waffe erschlagen. Tief unter alle Kreatur soll er sinken!
Die Unholdin, die wie eine Eule des Nachts zum Vorschein kommt, sich hinter einer Truggestalt verbergend, die soll in endlose Tiefe sinken! Die Preßsteine des heiligen Somatrankes sollen mit ihrem Geklapper die Unholde erschlagen.
Verteilet euch, ihr Marut, in den Ansiedelungen, sucht, nehmt fest, zerquetscht die Dunkelmänner, die in Vögel verwandelt des

Nachts fliegen, oder die bei dem göttlichen Opfer Unredlichkeiten verüben.

Schleudre vom Himmel den Stein, o Indra; den somageschärften mach ganz scharf, du Gabenreicher! Von vorn, von hinten, von unten, von oben erschlage die Dunkelmänner mit dem Fels!

Sie schwärmen als Werwölfe umher. Den vor Schädigung sicheren Indra suchen die Schadensüchtigen zu schädigen. Sakra schärft für die Verleumder die Waffe. Möge er jetzt den Stein gegen die Zauberer schleudern.

Indra ward der Zerschmetterer der bösen Geister, die das Opfer stören und die nachstellen. Sakra fährt auf die Dunkelmänner los wie die Axt in den Baum, sie gleichmäßig wie Töpfe zerbrechend.

Den Zauberer in Eulengestalt, in Käuzchengestalt erschlage, den Zauberer in Gestalt des wilden Hundes und den in Kokagestalt, den Zauberer in Adlergestalt und in Geiergestalt, den bösen Geist zermalme wie mit dem Mahlstein die Körner!

Nicht soll des Zauberers böser Geist uns beikommen, die Morgenröte soll das Kimidinpaar wegleuchten. Die Erde soll uns vor irdischem Ungemach schützen, der Luftraum vor Ungemach über der Erde!

Indra, erschlage den männlichen Zauberer und seine Frau, die auf ihr Blendwerk pocht! Mit gebrochenem Genick sollen die Götzenanbeter versinken, nicht sollen sie die Sonne aufgehen sehen.

Schaut hin, schaut aus; seid wachsam, Indra und Soma! Schleudert die Waffe nach den bösen Geistern, den Schleuderstein nach den Zauberern!

Rig-Veda

AN DIE GEWÄSSER

Götterwärts soll der Weg für die feierliche Rede gehen, hin zu den Gewässern wie auf Antrieb des Geistes, zu der großen

Schöpfung von Mitra und Varuna. Für den Breitströmenden möchte ich das Loblied richtig treffen[2].

So haltet denn, ihr Adhvaryus[3], die Opferspenden bereit; geht verlangend zu den Opfer verlangenden Gewässern, auf die der rötliche Adler[4] herabschaut! Diese Welle faßt heute, ihr Handfertigen!

Adhvaryus! Geht zum Wasser, zum See; verehrt den Apam Napat mit Opfern! Er gebe euch heute die geläuterte Welle; für ihn preßt den süßen Soma!

Der ohne Brennholz im Wasser leuchtet, den die Beredsamen bei dem Opfer anrufen, Apam Napat, du mögest das süße Wasser geben, durch das Indra zur Heldenkraft erstarkt ist!

Mit denen Soma sich vergnügt und sich erregt wie der Jüngling an schönen jungen Frauen, zu den Gewässern geh, Adhvaryu, hin! Wenn du sie einfüllen wirst, so sollst du sie mit Pflanzen läutern.

Ebenso ergeben sich die Jungfrauen dem Jüngling, wenn er verlangend zu den Verlangenden kommt. Sie sind im Herzen einverstanden, sie stimmen zusammen: die Adhvaryus, die Dhisana[5] und die göttlichen Gewässer.

Dem, der euch Eingeschlossenen Freiheit schuf, der euch von großer Schande erlöste, für diesen Indra sendet eure süße, götterberauschende Welle, ihr Gewässer!

Ihr Flüsse, sendet diese berauschende, von Indra getrunkene Welle, die beide Welten bewegt, die rauscherregte, aus der Usapflanze gewonnene, wolkengeborene, den dreifältigen, im Kreise wandelnden Quell!

Sie, die im doppelten Fluß sich bewegen, die wie die Kämpfer in doppelten Reihen vorwärts stürmen, sie verehre: die Mütter, die Gattinnen des Alls, die Gewässer, die zusammenwachsen und schwellen und sich des gleichen Ursprungs rühmen.

Beschleunigt das Opfer für unseren Gottesdienst, beschleunigt das Segenswort, um die Siegespreise zu gewinnen! Öffnet eure Euter bei der Ausübung des frommen Brauchs, seid uns willfährig, ihr Gewässer!

Ihr reichen Wasser, da ihr über das Gut schaltet und guten Rat und den Lebensbalsam bringt, und da ihr die Herrinnen des Schatzes an gutem Nachwuchs seid, so soll Sarasvati dem Sänger solche Kraft bringen. Wenn die ankommenden Wasser sichtbar geworden sind, geschlagene Butter, Milch, Honig bringend, sind sie mit den Adhvaryus von Herzen einig, dem Indra wohlgepreßten Soma bringend –

Die reichen Gewässer, tragend die Fülle des Lebens, sind angelangt. O Adhvaryus, ladet sie ein, Platz zu nehmen, ihr Freunde! Bannt sie auf den Barhis, ihr Gläubigen des Soma, sie, die mit dem erhabenen Sohn der Gewässer eins sind.

Die Gewässer sind voll guten Willens zu diesem Barhis gekommen; die Frommen haben sich zum Opfer niedergesetzt. Nun, ihr Opferpriester, spendet für Indra den Soma. Nun ist die Verehrung der Götter für euch leicht gemacht.

Rig-Veda

OPFERSPENDE AN DIE SONNE FÜR DIE HEILUNG VON EINER LÄHMUNG

Nach einer brahmanischen Legende errichteten einige Dämonen, kalanga genannt, einen Altar, um zum Himmel aufzusteigen, wurden jedoch von Indra herabgestürzt. Beim Sturz entwichen zwei von ihnen und wurden als ›Himmelshunde‹ ans Firmament gesetzt, wahrscheinlich, um die Sonne und den Mond darzustellen. Zum Verständnis der Formel: Dem Gelähmten wurde der erkrankte Körperteil mit Erde von der Fußspur eines Hundes bedeckt. In diesem Sinne ist der Hinweis auf den ›Himmelshund‹ zu verstehen.

Quer durch die Luft fliegt er und richtet seinen Blick auf alle Lebewesen mit der Majestät des Himmelshundes. Mit dieser Opferspende wollen wir dir unseren ehrfürchtigen Tribut zollen.

Die drei Kalanga, die am Himmel wie Götter blieben, sie alle habe ich angerufen, um von ihnen Hilfe zu erlangen, auf daß dieser Mensch hier von seiner Krankheit erlöst werde.

Aus den Wassern bist du erstanden, am Himmel wohnst du, mitten im Meer und auf der Erde zeigt sich deine Größe. In der Majestät des Himmelshundes, mit dieser Opferspende wollen wir dir unseren ehrfürchtigen Tribut zollen.

Atharva-Veda

WEIHEGEBET UM GESUNDHEIT UND LANGES LEBEN

Diese Hymne gehört zum Ritual der Aufnahme eines jungen Hindu in die brahmanische Gemeinschaft. Sie zerfällt deutlich in zwei Teile. Im ersten werden die Prinzipien der Trennung, im zweiten die der Identifizierung und Einheit aufgezeigt.

Die Götter sind frei von Gebrechlichkeit. O Agni, der Dämon der Feindseligkeit sei entfernt von dir. Ich befreie dich von allem Übel und jeder Krankheit und vereinige dich mit dem Leben.

Vayu, der Reinigende Wind, wird dich von Unheil befreien, Sakra[6] von böser Zauberei! Ich befreie dich von allem Übel und aller Krankheit und vereinige dich mit dem Leben.

Die Haustiere sind von den wilden Tieren getrennt; das Wasser ist fern vom Durst geflossen, Himmel und Erde gehen hier getrennt voneinander; die Pfade laufen in jeder Richtung. Ich befreie dich von allem Übel und jeder Krankheit und vereinige dich mit dem Leben.

Agni vereinigt die Lebensgeister, der Mond wird mit dem Atem des Lebens vereint. Ich befreie dich von allem Übel und jeder Krankheit und vereinige dich mit dem Leben.

Kraft der Geister des Lebens erweckten die Götter die allmächtige Sonne. Ich befreie dich von allem Übel und jeder Krankheit und vereinige dich mit dem Leben.

Lebe kraft des Lebensatems derer, die das Leben haben und Leben erzeugen; stirb nicht! Ich befreie dich von allem Übel und jeder Krankheit und vereinige dich mit dem Leben.

Atme mit dem Lebensatem derer, die atmen. Stirb nicht! Ich befreie dich von allem Übel und jeder Krankheit und vereinige dich mit dem Leben.

Erhebe dich mit dem Leben, vereinige dich mit dem Leben, erhebe dich mit dem Saft der Pflanzen! Dem Regen des Porganya entsprossen, sind wir unsterblich. Ich befreie dich von allem Übel und jeder Krankheit und vereinige dich mit dem Leben.

Atharva-Veda

BITTGESANG FÜR EIN MÄDCHEN UM EINEN MANN

Beim Rezitieren der Hymne ißt das Mädchen einen Kuchen aus Reis und Sesamkraut. Auf einem Altar sind die Opfergaben aus Gold und Gummiharz aufgestellt. Nach Darbringung eines nächtlichen Opfers, aus Reis und Gerste bestehend, entfernt sich das Mädchen und salbt sich mit Fett.

O Agni, möge ein Freier nach unserem Herzen zu uns kommen, möge er zu diesem Mädchen mit unserem Glück kommen! Möge sie, Freiern gefallend, anziehend bei den Festen, bald ihr Glück erfahren durch einen Ehemann!

Soma gefallend, Brahma gefallend, mit der unfehlbaren Sicherheit des Gottes Dhâtar verleihe ich dir Glück und den Gewinn eines Mannes.

Diese Frau soll einen Mann erhalten, da König Soma sie liebenswürdig macht! Möge sie Söhne gebären und eine Königin werden; möge sie, ihrem Manne entgegenkommend, in ihrer Anmut erscheinen.

Wie diese behagliche Hütte, o Maghavan Indra, die ein sicheres Dach bietet, den Tieren eine willkommene Zufluchtsstätte geworden ist, so möge diese Frau, vom Glück begünstigt, geliebt werden und nicht in Zwietracht mit ihrem Ehemann leben. Besteige das volle und unerschöpfliche Schiff des Glücks, auf dieses bringe den Freier hin, der dir gefallen wird. Bringe hierhin durch dein Rufen, o Herr des Reichtums, den Freier, lenke sein Sinnen und Trachten auf sie hin; wende die rechte Seite jedes Gefallen erregenden Freiers ihr zu! Dieses Gold und bdellium[7], dieser Balsam, all diese Mittel haben dich in rechter Weise auf die Ehe mit

einem Mann vorbereitet, auf daß du den einen bekommen mögest, der dir gefällt. Du, Kraut, verleihe ihn ihr!
Atharva-Veda

GEBET BEI DER WAHL DES KÖNIGS

Das Gebet wurde beim Ritual für die Wiedereinsetzung eines Königs gesprochen, wenn ein solcher König in seine Länder zurückkehrte, aus denen er durch einen Usurpator oder Eroberer vertrieben worden war.

Dein Königreich ist zu dir gekommen: erhebe dich, von Glanz umwoben! Schreite daher als der Herr des Volkes, herrsche als Weltenherrscher! Alle Gebiete im Umkreis werden dich, o König, anrufen; hier sei dir unser Dienst und unsere Verehrung erwiesen!

Dich werden die Stämme, dich werden diese Gebiete, fünf Göttinnen durch ihre Wahl zur Herrschaft berufen! Laß deine Wurzeln auf der Höhe, dem Gipfel des Königreiches, verankert sein: dann verteile, du Mächtiger, deine Güter unter uns! Deine Verwandten werden mit ihren Anrufungen zu uns kommen; der behende Agni wird mit ihnen als Bote kommen! Deine Weiber, deine Söhne werden dir ergeben sein; als mächtiger Herrscher wirst du reichen Tribut bewachen. Zuerst werden dich die Asvins, Mitra und Varuna, alle Götter und die Maruts anrufen! Dann richte dein Sinnen und Trachten auf die Verleihung von Wohlstand, dann breite, du Mächtiger, Wohlstand unter uns aus!

Eile hierher aus dem entferntesten Winkel: mögen dir Himmel und Erde gnädig gesonnen sein! So beschloß es der König Varuna; er selbst rief dich hierher, komm hierher!

Die reichen Gottheiten der Wege sind unter mannigfach verschiedenen Gestalten alle zusammengekommen und haben dir ein weites Reich abgetreten. Sie werden alle einmütig den Ruf an dich richten: tritt deine Herrschaft hier an als ein mächtiger, gütiger König bis zum zehnten Jahrzehnt deines Lebens!
Atharva-Veda

GEBET EINES KAUFMANNS

Indra, ich, der Händler, rufe dich an. Mögest du zu uns kommen und unser Wagen sein. Mögest du uns Wohlstand gewähren, die Dämonen der Unzufriedenheit, die Wegelagerer und die wilden Tiere von uns abhalten!

Und die vielen Pfade, die Wege der Götter, die zwischen Himmel und Erde zusammenlaufen, mögen mich mit Milch und geschmolzener Butter erfreuen, so daß ich in überreichem Maße Gewinn erwerben kann.

Ich begehre danach, o Agni, mit Brennholz und geschmolzener Butter dir Opfergaben darzubringen, um Erfolg und Kraft zu erlangen; nach Kräften lobe ich dich mit meinem Gebet, singe ich deinen göttlichen Gesang, auf daß ich hundertmal soviel verdiene!

Verzeih uns, o Agni, die Sünde, die uns auf dem langen Weg, den wir zurückgelegt haben, befallen hat! Mögen unsere Käufe und Verkäufe für uns erfolgreich verlaufen; möge das, was ich im Tauschhandel erlange, mir einen Gewinn bringen! Möget ihr zwei im Einverständnis miteinander an dieser Opferspende Gefallen finden! Mögen unsere Geschäfte und der aus ihnen wachsende Gewinn für uns günstig sein! Das Geld, mit dem ich zum Kaufe gehe in dem Wunsche, o Götter, Geld durch Geld zu verdienen, möge sich vermehren und nicht verringern! Vertreibe, o Agni, zum Dank für das Opfer die Götter, die den Gewinn versperren!

Das Geld, mit dem ich zum Kaufe gehe in dem Wunsche, o Götter, Geld durch Geld zu verdienen, mögen Indra, Pragapati, Savitar, Soma, Agni es für mich mit Ruhm auszeichnen!

Wir loben dich in Ehrfurcht, o Priester Vaisvâhara. Behüte das Leben unserer Kinder, unser eigenes und das unserer Tiere!

Tagtäglich, ohne Unterlaß, werden wir dir Opferspenden darbringen, o Gâtadevas, wie Futter für ein Pferd, das im Stall steht. In der Freude über das Anwachsen unseres Reichtums und der

Mittel zum Leben mögen wir, o Agni, deine Nachbarn, keinen Schaden erleiden!

Atharva-Veda

GEBET UM VERGEBUNG DER SÜNDEN

Von den Sünden, die wir unbewußt und bewußt begangen haben, befreit uns, ihr Götter, durch eine einzige Bestätigung.
Wenn ich wach oder dämmernd, zur Sünde neigend, eine Sünde begangen habe, möge mir das, was ich getan habe, und das, was ich tun werde, fortgenommen werden wie ein Joch aus Holz.
Wie einer, der vom Joch befreit wird, in Schweiß gebadet, sich wäscht und so den Schmutz an sich entfernt, wie ausgelassene Butter durch einen Filter geklärt wird, so mögen alle Götter mich von den Sünden reinigen!

Atharva-Veda

GEBET ZUM HIMMEL NACH DER SÜNDENVERGEBUNG

Wenn wir die Luft oder den Himmel und die Erde, Mutter oder Vater beleidigt haben, dann möge dieser Agni Gârhapatya[8] unfehlbar aus einem solchen Vergehen uns in die Welt des rechten Tuns führen!
Die Erde ist unsere Mutter, das All ist unser Verbündeter, die Luft schützt uns vor feindlichen Plänen. Der Vater Himmel möge uns Glück aus der Welt der Väter bringen! Möge ich zu meinem Bruder zurückkehren, der von mir getrennt ist, und den Himmel nicht verlieren!
In jener glänzenden Welt, wo unsere frommen Freunde in Freude leben, nachdem sie die Leiden des Leibes hinter sich haben, von Schmerzen befreit, ohne Mißbildungen an ihren Gliedern, dort sei ihnen gewährt, unsere Eltern und unsere Söhne zu empfangen.

Atharva-Veda

ANRUFUNG DES VISHNU

OM! Ehre sei Vasuveda[9], Sieg dir, o Pundarikaksha, Anbetung dir, der Augen wie die Lotusblumen hat! Verehrung dir, Hrishikesa, Mahapurusha und Purvaja.

Möge dieser Vishnu, der der lebende, nie untergehende Brahma ist, der Iswara ist, der Geist ist, der mit seinen drei Qualitäten die Ursache der Schöpfung, Erhaltung und Zerstörung ist, der der Vater der Natur, des Intellekts und anderer Bestandteile des Universums ist, – möge er für uns Spender der Einsicht, des Heils und der endgültigen Befreiung sein.

GEBET ZU SRI

Ich beuge mich vor dir, Sri, der Mutter aller Wesen, die auf ihrem Throne von Lotosblumen sitzt, mit Augen wie Lotusblumen in voller Blüte, an die Brust des Vishnu gelehnt. Du bist Siddhi (die übermenschliche Macht); du bist Abend, Nacht und Morgendämmerung; du bist Macht, Geist und Glaube, du bist die Königin der Wissenschaften.

Du, erhabene, schöne Göttin, bist die Wissenschaft der Opfer. Du bist die Wissenschaft der Verehrung des geheimen Weltprinzips. Du bist die Wissenschaft der Gebete und Versenkungen. Du bist die höchste Wissenschaft, welche die vollständige Befreiung bringt.

Du bist die Weisheit des Verstehens. Du bist die drei Veden. Du bist die Kunst und die Wissenschaft. Du bist die Wissenschaft der Moral und der Politik.

Durch dich, o Göttin, ist die Welt mit den schönen und den häßlichen Göttern bevölkert.

Und wer anders als du thront auf dem Leibe des Gottes der Götter, des höchsten Einsiedlers, der sich aus den Opfern erhebt und von den heiligen Asketen meditiert wird?

Von dir verlassen, war die Dreiwelt am Rande ihres Sturzes.

Aber durch dich erhielt sie ihr Leben zurück.
Durch deinen wohlwollenden Blick, mächtige Göttin, mögen die Männer Frauen, Kinder, Behausungen, Freunde, gute Ernten und Wohlstand erlangen.
Gesundheit und Stärke, Macht, Sieg und Glück sind leicht für die zu erreichen, denen du gütig zulächelst.
Du bist die Mutter aller Wesen; wie der Gott der Götter, Vishnu, ihr Vater ist: und diese Welt, ob belebt oder unbelebt, wird von dir und Vishnu durchdrungen.
Du, die du alle Dinge reinigst, vergiß nicht unsere Schätze und Kornspeicher, unsere Behausungen, unsere Diener, unsere Verwandten und unsere Frauen. Laß nicht unsere Kinder, unsere Freunde, unseren Stamm und unsere Edelsteine im Stich, du, deren Heimat am Busen des Gottes der Götter ist. Die, die du verläßt, sind der Wahrheit, der Reinheit, der Güte, jeder liebenswürdigen und hervorragenden Eigenschaft beraubt; während die Niedrigen und Unwürdigen, denen du günstig gesonnen bist, unmittelbar mit allen hervorragenden Eigenschaften beschenkt werden, mit Familien und mit Macht.
Der, auf den sich dein Blick richtet, ist ehrenhaft, liebenswürdig, glücklich, weise, von vornehmer Herkunft, ein Held von unwiderstehlicher Tapferkeit. Aber all seine Verdienste und seine Vorzüge werden wertlos, wenn du von ihnen, Geliebte des Vishnu, dein Antlitz abwendest.
Die Worte selbst des Brahma vermögen nicht, deine Vortrefflichkeit zu rühmen. Sei mir, Lotusäugige Königin, günstig gesonnen und lasse mich nie mehr im Stich!

GEBETE FÜR BRAHMANEN

Wenn ein Vogel ihn mit seinen Exkrementen beschmutzt hat, betet er:
Der Vogel, der in seiner Furcht mit den Zerstörern zusammenfliegt, soll auf mich Glück, günstigen Glanz und Kraft ausschütten.

Wenn ein Wassertropfen einem Brahmanen auf den Rücken fällt:
Vom Himmel, aus der Luft ist ein Tropfen Wasser auf mich herabgefallen, der mir Glück bringt. Ich habe meine Sinne und meinen Geist mit meinem Selbst geeint, beschützt durch das Gebet, das von den Gerechten gebetet wurde.

Wenn unversehens eine Frucht auf ihn herabfällt:
Wenn eine Frucht vom Wipfel des Baumes oder aus der Luft auf mich herabgefallen ist, dann ist es Vayu, der sie fallen ließ. Wo er unseren Leib oder unser Gewand getroffen hat, dort mögen die heiligen Wasser den Verfall davontragen.

Wenn man an einer Wegekreuzung anlangt:
Anbetung dem, der an der Wegekreuzung wohnt, dessen Pfeil der Wind ist, dem Rudra! Anbetung dem Rudra, der an der Wegekreuzung lebt!

An einer Stelle, wo sich häufig Schlangen finden:
Anbetung dem, der unter den Schlangen lebt, dessen Pfeil der Wind ist, dem Rudra! Anbetung dem Rudra, der unter den Schlangen lebt!

Gegen einen heulenden Schakal:
Wenn du deine göttliche Stimme erhebst, unter die Lebewesen tretend, dann vertreibe mit deiner Stimme unsere Feinde. O Tod, führe sie zum Tode!

ZEREMONIE BEIM BADEN EINES KINDES

Von langdauernden Krankheiten, von Vernichtung, von List und Tücke, von Varunas Fesseln befreie ich dich. Ich mache dich unschuldig vor dem Brahman; mögen Himmel und Erde dir günstig gewogen sein.
Möge Agni gemeinsam mit den Wassern dir Segen bringen,

Himmel und Erde gemeinsam mit den Kräutern; möge die Luft gemeinsam mit dem Winde dir Segen bringen; mögen die vier Himmelsrichtungen dir Segen bringen.
Zu Recht haben die Götter die Sonne von der Dunkelheit und vom Griff des Dämons befreit; sie haben sie von jeder Schuld befreit; so befreie ich dieses Kind von langdauernden Krankheiten, vom Fluche, der von seiner Herkunft herkommen könnte, von List und Tücke und von Varunas Fesseln.

WUNSCH FÜR ALLE LEBEWESEN

Mögen Götter, Menschen, Tiere, Vögel, Heilige, Yakshas, Schlangen, Dämonen, Geister, Kobolde, Bäume – alle, die nach Nahrung verlangen, die von mir gegeben wird; mögen Ameisen, Würmer, Motten und andere Insekten, ausgehungert und durch die Fesseln ihrer Taten gebunden, mögen alle gesättigt werden durch die Nahrung, die ich ihnen überlasse, und sie glücklich genießen! Mögen die, die weder Vater noch Mutter, weder Verwandte noch Nahrung noch die Mittel, sie sich zu bereiten, haben, befriedigt werden und ihr Gefallen haben an der Nahrung, die ihnen zur Freude geboten wird! Insofern sind alle Lebewesen und diese Nahrung und ich und Vishnu nicht voneinander unterschieden, ich gebe daher zu ihrem Unterhalt die Nahrung, die eins ist mit dem Körper aller Geschöpfe.
Mögen alle Lebewesen durch die von mir dargereichte Nahrung zu ihrer Freude und Wonne befriedigt werden!

GEBET NACH DER MAHLZEIT

Möge das Feuer, von der Luft entfacht, diese Nahrung in die stofflichen Elemente meines Leibes verwandeln und in dem Raum, dem die ätherische Hülle bestimmt, mir Genugtuung geben!
Möge diese Nahrung zur Stärkung des Festen, des Flüssigen, des

Feurigen, des Luftigen in meinem Leibe einverleibt werden und mir ununterbrochen Segen bringen!
Mögen Agasti, Agni und das unterseeische Feuer die Aufnahme der Speise befördern, die ich gegessen habe! Mögen sie mir die Freude und das Behagen gewähren, das ihre Verwandlung in Nahrung erzeugt, und möge immer Gesundheit meine Gestalt beleben!
Möge Vishnu, der ja das Grundprinzip aller Dinge ist, die mit körperlicher Struktur und Sinnesorganen begabt sind, wegen meines Glaubens an ihn mir günstig sein und die richtige Aufnahme der stärkenden Speise, die ich aß, lenken!
Denn Vishnu ist in Wahrheit der Esser und die Nahrung und die Stärkung durch die Nahrung, und in diesem Glauben möge das, was ich aß, in mich eingehen!

AN DAS BRAHMAN

Höchstes Brahman, höchste Stätte und höchste Läuterung bist du!
Den ewgen Geist, den himmlischen, den Urgott, mächtig, ungeboren –
So nennen dich die Weisen all, – auch der Gottweise Nârada,
Asita, Vyâsa, Devala – und auch du selber sagst es mir.
Dies alles halte ich für wahr, was du mir sagst, o Keçava!
Denn deine Offenbarung ist Göttern und Geistern unbekannt,
Du selber aber kennst dich wohl durch dich selber, o höchster Geist,
Der Wesen Heiland du und Herr, Gott der Götter und Herr der Welt!
Du kannst es künden ohne Rest, denn himmlisch ist ja deine Macht,
Mit welcher Macht du diese Welt durchdrungen hast und stehst so da.
Wie erkenn ich dich, Heiliger, wenn ich auch immer denk an dich?

In welchem Zustand deines Seins soll ich dich fassen, Herrlicher?
Ausführlicher erzähl mir noch von deiner Wunderkraft und Macht!
Hör ich den Nektar deines Worts, dann hör ich mich wohl niemals satt.

Bhagavadgita

DIE VISION DES HÖCHSTEN

Die Götter schau ich all in deinem Leibe,
O Gott, so auch die Scharen aller Wesen,
Brahma, den Herrn, auf seinem Lotussitze,
Die Rishis alle und die Himmelsschlangen.
Mit vielen Armen, Bäuchen, Mündern, Augen
Seh ich dich – allerwärts endlos gestaltet;
Nicht Ende, Mitte, noch auch Anfang seh ich
An dir, du Herr des Alls, du allgestaltger!
Mit Diadem, mit Keule und mit Diskus,
Ein Berg von Glanz, nach allen Seiten strahlend,
So seh ich dich, ringsum schwer anzuschauen,
Wie strahlend Feur und Sonnenglanz, unmeßbar.
Das Unvergängliche, höchst Wissenswürdge,
Der größte Schatz bist du des ganzen Weltalls,
Du bist des ewgen Rechtes ewger Hüter,
Als ewgen Urgeist hab ich dich begriffen.
Ohn Anfang, Mitte, End, unendlich kraftvoll,
Mit Armen ohne End, mond-sonnen-äugig,
Mit einem Mund wie strahlend Opferfeuer
Seh ich mit eigner Glut dies All dich wärmen.
Was zwischen Erd und Himmel ist, erfüllst du
Mit dir allein, und jede Himmelsgegend, –
Die Dreiwelt bebt, wenn deine wundersame
Schreckensgestalt sich ihren Blicken zeigt.
Sieh dort der Götter Scharen zu dir treten,

Furchtsam, die Hände faltend, sie dich preisen;
Hei! ruft die Schar der Seher und der Selgen, –
Sie preisen dich mit prächtgen Lobgesängen.
Die Rudras, Adityas, Vasus und Sâdhyas,
Allgötter, Asvin, Marutas und Manen,
Gandharven, Yakshas, Asuras und Selge,
Sie alle schaun empor zu dir voll Staunen.
Dein Riesenleib mit vielen Mündern, Augen,
Mit vielen Armen, vielen Schenkeln, Füßen,
Mit vielen Bäuchen, Rachen voller Zähne, –
Es bebt die Welt, ihn schauend – ich auch bebe.
Den Himmel rührend, strahlend, mannigfarbig,
Mit offnem Munde, großen Flammenaugen, –
Schau ich dich so, dann zittert meine Seele,
Nicht find ich Festigkeit und Ruh, o Vishnu.
Schau deine Rachen ich mit dräunden Zähnen,
Dem Feuer ähnlich bei der Zeiten Ende,
Dann weiß ich nichts und finde nirgends Zuflucht, –
Sei gnädig, Götterherr, du Weltenwohnstatt!
Und diese Söhne all des Dhritarâshtra,
Zusamt den Scharen königlicher Helden,
Bhîshma und Drona, samt des Lenkers Sohne,
Zusamt den Unsrigen, den besten Kämpfern;
Sie nahen eilend sich zu deinen Rachen,
Den schrecklichen, klaffend mit dräunden Zähnen;
Es stecken manche schon zwischen den Zähnen,
Man kann sie sehen mit zermalmten Köpfen!
Gleichwie der Ströme mächtge Wasserwogen
Zum Meere hin, ihm zugewendet, laufen,
So diese Helden aus der Welt der Menschen
Bewegen sich in deine Flammenrachen.
Wie Schmetterlinge in ein flammend Feuer
In voller Hast zum Untergange eilen,
So eilen auch zum Untergang die Menschen

In voller Hast hinein in deine Rachen.
Du leckst und züngelst rings umher, verschlingend
Die Menschen alle mit den Flammenrachen;
Die ganze Welt mit ihrem Glanz erfüllend,
Glühn deine fürchterlichen Strahlen, Vishnu!
Sag mir, wer bist du, Fürchterlichgestaltger?
Verehrung dir, du höchster Gott, sei gnädig!
Dich Uranfänglichen möcht ich erkennen,
Denn nicht begreifen kann ich die Erscheinung.
Bhagavadgita

BUDDHISMUS

In aller Seligkeit der letztendlichen und erstanfänglichen Wesensgleichheit von Schöpfer und Geschöpf, von Betendem, Gebet und dem Herrn des Gebetes, die als Erkenntnis-, Versenkungs- und eben Gebetsziel das Innere des indischen Glaubens bildet, regen sich doch zweifelnde oder wenigstens fragende Überlegungen. Wie geschah es, wie konnte es geschehen, daß die höchste Gottheit, das Brahman, aus sich heraustrat, aus seinem glücklichen Insichsein, und, wenn auch nur teilweise, zur Welt, zur Schöpfung wurde, die doch so viel Leid enthält?

Das indische Denken hat sich also nicht mit der möglichen Gewißheit begnügt, durch die Wahrnehmung und geistige Verwirklichung der Selbigkeit von individueller Seele, allgemeiner Schöpfung und Gottheit jederzeit aus dem verwirrenden Unmaß von Glück und Unglück, Lust und Leid zurückkehren zu können. Schon an den für uns noch in Dämmerung liegenden Anfängen der indischen Theologie setzt dieses Fragen ein. Es bleibt wach, obgleich man es immer wieder durch Lächerlichmachung, indem man es als ein typisches Zeichen noch bestehender Ich- und Weltbefangenheit erklärt oder gar durch Verbote abzuwehren strebt.

Die Antworten, die sich dieses Fragen gibt, lassen sich in zwei Gruppen einteilen. Die erste kann theologisch-metaphysische genannt werden. Sie geht vom Brahman aus, zu dessen Größe und Fülle es eben gehört, sich auch zur Welt oder nach indischer Annahme zu einer unaufhörlichen Kette von immer neuen Welten zu entfalten. »Zu schmecken die große Täuschung / ward zweifach das große Selbst.« Das meint, die unendliche Zahl der Welten ist ein Spiel, welches das Brahman mit sich selber treibt, eine farben- und gedankenreiche Täuschung, die es sich vorstellt und in der es sich verstellt.

In Form, Ausdruck und Folge sehr anders, weil ja in Indien die grundsätzliche, wesensmäßige Trennung zwischen Schöpfer und Geschöpf fehlt, entspricht diese Antwort doch strukturmäßig auch derjenigen der christlichen Theologie, welche zwar nicht, wenigstens bisher, die Erschaffung mehrerer Welten, aber die der einen und einmaligen Welt als freie Entscheidung Gottes aus seiner Allmacht ansieht. Luther spricht sogar mehrmals von der Welt als von dem Maskenspiel Gottes, was freilich immer vor dem Hintergrund des christlichen Geschaffenheitsgefühls zu verstehen ist. Die andere Antwort geht vom Menschen aus. Und zwar entsteht sie aus der religiösen Praxis. Wenn die offizielle brahmanische Theologie lehrte, daß durch Opfer und Entsagung, Versenkung, innere Reinigung und sogar Kasteiung die Verkettungen von Irrtum, Sünde und Gier, von Lust und Leid aufzulösen seien, so entstand aus dieser sittlichen Anweisung die Vermutung, daß Lust, Gier, Eigenwille vielleicht auch die Ursachen der Spaltung des ursprünglichen Einen seien.

Dieser Gedanke taucht sehr früh auf. Schon in der ältesten, datumsmäßig überhaupt nicht festzulegenden Urkunde der indischen Religion, den Veden, heißt es: »Da ging aus ihm zuerst hervor Verlangen / des Geistes erster Samenguß war dieses. / Des Daseins Wurzelung im Nichtsein fanden / die Weisen forschend in des Herzens Triebe« (Rigveda 10, 129, 4). Immer, wenn besondere Unglückszeiten auftauchen oder ein Übermaß von kultischem Ritualismus und Begriffstheologie jene erste Möglichkeit des Eingehens in die Seligkeit verdeckt, wegrückt oder gar unmöglich erscheinen läßt, regt sich dieses Denken, das den Ansatz zur Erlösung bei der eigenen, leidenden Person nimmt.

Auch in diesem Bestreben lassen sich zwei Richtungen unterscheiden. Die weniger weit gehende bemüht sich, durch fromme Übungen, Bußen und Entsagungen, die schließlich bis zur völligen Enthaltung von allen Lebensbetätigungen, bis zum freiwilligen Tode gehen können, das individuelle Ich zu reinigen und von den Verstrickungen und Verführungen des Weltlaufes frei zu machen. Es gilt, nach möglichst wenigen Wiedergeburten jenem Weltenlauf, dem ›Sansara‹, zu entrinnen und in seliger Entrücktheit, leid- und daseinslos mit anderen erlösten Ichs auf der höchsten Stufe des Alls unter dem Gewölbe des Himmels zu weilen, so wie beim Einzelmenschen ›fromme Gedanken unter der Schädeldecke nisten‹. Die Rückkehr in die Gottheit, die Vereinigung mit dem Brahman, tritt hier als Ziel zurück.

Diese Richtung wird durch die heute noch in Indien bestehende, keineswegs zahlenschwache und gerade wirtschaftlich und sozial einflußreiche Kreise umfassende Dschaina-Religion vertreten. Die zweite Bemühung ist unvergleichlich radikaler. Ihr geht es darum, nicht das Ich zu reinigen und zu erlösen, sondern das Ich selber als ein durch Irrtum, Gier und Schuld zusammengeronnenes, in Wahrheit aber gar nicht Seiendes zu erkennen und diese falsche Konkretion, diesen Klumpen von Leid und Verlangen aufzulösen. Es ist die Lehre, die unter dem Namen des Buddha steht.

Das Ziel ist die große Leere, in der keine Begierde mehr und keine Empfindung, kein Wunsch, Taten zu tun, und seien es selbst gute Taten, mehr vorhanden ist und sich darum auch kein Ansatz zu neuer Gestaltung und damit neuem Leide mehr bilden kann. Die Kette der Wiedergeburten wird durchbrochen, und dies vielleicht schon in demselben Dasein, in welchem das Wort des Buddha von dem Betreffenden zuerst gehört ward. Dieses Ziel wird erreicht durch rechtes Tun, rechtes Denken und rechtes Sichversenken. Zu dem Tun gehört das Mitleid, das Nichtverletzen, das schon eine Forderung der alten indischen Religion bildet, die Fürsorge für andere Wesen und die weitestmögliche Enthaltsamkeit von weltlichen Freuden, Verlockungen und Genüssen. Das Schwergewicht aber beruht dabei immer auf der Erkenntnis; gefallen ist die Meinung, daß eine möglichst schroffe Askese und Selbstpeinigung Verdienst bedeute und Nutzen bringe.

In einer solchen Weltanschauung, denn um eine solche handelt es sich ja zunächst und nicht um eine Religion, erscheint das Vorhandensein von Gebeten widersprüchlich. Es ist ja niemand da, an den sie gerichtet sind. Und doch erscheinen vielleicht gerade darum diese frühen buddhistischen Gebete von so besonderer Reinheit. Es sind gleichsam Gebete an sich, reiner Ausdruck des Dankes und des Wunsches, das auch andere Wesen, von den Tieren bis zu den Göttern, die als bloße gesteigerte kosmische Ichs ebenso der Erlösung bedürftig sind wie die Einwohner der von ihnen regierten Welten, auch des hohen Gutes der Lehre teilhaftig werden möchten.

Wie außerordentlich die Persönlichkeit des Buddha gewesen sein muß, geht schon aus dem Widerspruch hervor, in dem seine Lehre vom Ich als Täuschung zu der festesten Überzeugung des Menschen steht, dem Glauben an seine eigene Realität. Noch merkwürdiger, daß es sowohl eine Weltanschauung wie diese war wie überhaupt eine ›Weltanschauung‹ und keine Religion, bei der sich zum erstenmal in der Geschichte dieser Erde das Phänomen der ›Werbung‹ und der Mission zeigt. Es scheint, daß hier überhaupt erst das ›Ich‹ des Menschen angesprochen erscheint und nicht nur, wie etwa in der indischen Theologie davor, das mit einem anderen, größeren, wesensgleiche ›Selbst‹ – wobei doch gleichzeitig Wahrheit und Wesenhaftigkeit dieses Ichs auf das schärfste bestritten wurde. Die raschen Erfolge des Buddhismus in China und Japan lassen sich jedenfalls auch daraus erklären, daß hier das von den Staatskulten unbefriedigt bleibende religiöse Bedürfnis Antworten fand sowie die Bemühung einer intellektuell hochgebildeten Priesterschaft um den einzelnen und die Wärme einer Gemeinde.

Als der Buddhismus nach China und Japan kam, um sich dort trotz aller Widerstände des einheimischen Kultus, der Gelehrten und der Beamten durchzusetzen und als Macht der nationalen Kultur zu bleiben, hatte er freilich schon weitgehend die Wandlung von der Weltanschauung zur Religion vollzogen. Diese Wandlung konnte an zwei Ansätzen beginnen, die sich schon in der ursprünglichen Lehre fanden. Der erste war die von Buddha selber freilich als müßig verurteilte Frage nach dem Zustand des Erlösten. War dieses ›Nirwana‹, diese ›diamentene Leere‹ nur

die Bezeichnung für das Aufhören der Täuschung des Ichs, in sich selbst aber ein bloßes Nichts? Oder war es doch ein Etwas, das empfunden und gar genossen werden konnte und in das man als in ein Etwas einzugehen vermochte?
Auch die zweite Auffassung erscheint früh; sie ist nicht die Folge einer späteren ›Entartung‹. Sobald man aber in diesem Sinne an das ›Nirwana‹ zu denken begann, schmolzen auch die Grenzen, die es von dem ›höchsten Göttlichen‹ der alten indischen Theologie, dem Brahman, unterschieden. Was als Anderssein blieb, war eine antisinnliche Einstellung, eine ›puritanische‹ Lebenshaltung und vor allem ein Zurückweichen des weiblichen Elements in den religiösen Gestaltungen des Buddhismus, was wiederum eine Parallele zum westlichen Protestantismus bildete. Auch jene Annäherung, die ursprüngliche, mag dazu beigetragen haben, daß der Buddhismus in Indien, das er doch schon einmal ganz zu beherrschen schien, eher zusammensank als verdrängt wurde.
Wie aber das Brahman, das Überpersönliche, das alles Persönliche der Welt in sich enthält und in ihm enthalten ist, dem Gläubigen in der Gestalt eines persönlichen Gottes, des Ishvara, entgegenzutreten wünscht, so erscheint der Buddha schließlich als Verkörperung des Nirwana. Ihn richtig zu verehren, sich in seine Größe unter Aufgabe des eigenen Ichs zu versenken heißt, sich dem Nirwana zu nähern oder es zu erreichen. Mehr noch: gleichwie nach der andern indischen Theologie das Brahman allenthalben ist und nur wahrgenommen werden muß, so ist das Nirwana eigentlich immer schon da, im wildesten Weltlauf verborgen, und muß nur von dem suchenden Individuum herausgeläutert werden. Aus diesem Ziel persönlichen weltverneinenden Strebens wird eine Eigenschaft des seienden Kosmos, die verhüllte ›Buddha-Natur‹ der Welt, der es nicht mehr zu widerstreben gilt.
Der andere Weg der Umformung oder, wie man will, Entwicklung des anfänglichen Buddhismus ist derjenige der schlichten Vergöttlichung. Die Gebete ganz allgemeiner Art, welche die frühe Stufe der Lehre bezeichnen, richten sich nun an den Bud-

dha, zunächst im Dank für die geschenkte Erkenntnis, dann mit der Bitte um Hilfe bei der Bemühung um Erlösung und am Ende um Erlösung als Gnadengeschenk an den Menschen, der sie aus eigener Kraft nicht zu erringen vermag. Aus dem geschichtlichen nordindischen Fürsten, der, die Welt verlassend, zum Lehrer der Erkenntnis wird, aus dem härtesten Psychologen aller Zeiten, welcher die Welt und ihr Leiden als fürchterliches Knüpfnetz der Triebe und des Willens erklärt, wird ein persönlicher Gott, der wie Shiva oder wie Vishnu in seinen Inkarnationen als Krishna oder Rama in immer neuen Wiedergeburten zurückkehrt, den Gläubigen zu helfen, die auf ihn hoffen und harren.
Da aber auch Jünger und Schüler Buddhas diesem Prozeß unterliegen, entstehen ganze Inkarnationsketten von Heiligen, die um der Erlösung der andern willen auf das eigene völlige Eingehen ins Nirwana vorläufig oder sogar ganz verzichten; Wiedergeburtsreihen, die sich in unendlichen Zeiträumen dahinziehen. Wenn aber Heilige zu Göttern werden, so auch Götter zu Heiligen: auch die Götter des alten indischen Glaubens wie später die der chinesischen und japanischen Religion sind ja nach buddhistischer Auffassung durch Unwissenheit und Irrtum in ihrem Dasein wie eingeschlossen und verlangen nach Befreiung. So werden sie dargestellt, wie sie jubelnd die Geburt des Buddha preisen und trauernd sein Sterbelager umstehen.
Belehrt, aber noch nicht erlöst, werden sie doch zu Schutzgöttern der Lehre, an welche sich die Gebete der Gläubigen richten können als Helfer zur Befreiung. Der Buddhismus hat aber auch eigene Götter hervorgebracht, wie etwa in China den Gott der Barmherzigkeit Kwan Yün, der dann ins Weibliche übertragen wurde, womit dann, wie schon spurenweise in der Verehrung der Mutter des Buddha, auch dieses Zurückgedrängte wiedererscheint. Noch deutlicher wird das in der Verehrung der ›göttlichen Mütter‹, denen sich der Gläubige voller Vertrauen hingibt, um durch ihre Huld in das immer paradiesähnlicher vorgestellte Nirwana zu gelangen.

RÜHMUNG BUDDHAS

Du hast das Ende des Leidens erreicht, du bist auf das andere Ufer hinübergelangt, du bist heilig, vollkommener Buddha, ich weiß, daß jede Leidenschaft in dir erloschen ist: Glorreicher, Weiser, Hochverständiger, du hast mich das Ende des Leidens erreichen lassen.

Da du meinen Zweifel verstanden hast und mich die Unsicherheit hast überwinden lassen, gebührt dir, o Asket, Verehrung, der du den höchsten Lohn auf den Wegen der Weisheit erlangt hast: du bist fromm und du bist in allem, was dem Geschlechte unter der Sonne entstammt!

Jenen Zweifel, den ich vordem hegte, hat der Sehende zerstört; du bist wahrhaftig ein Weiser und ein vollkommener Buddha; für dich gibt es keine Hindernisse.

Und alle Ängste werden zerstreut und behoben von dir, du Leidenschaftsloser, Ruhiger, Unbeweglicher, Wahrheitsliebender. Wenn du sprichst, großer Held, unter den Guten Auserwählter, freuen sich alle Götter mit ihren Boten. Ehre dir, Vornehmster, unter allen Menschen Auserwählter; du hast nicht deinesgleichen in der Welt der Götter.

Du bist der Buddha, du der Lehrer, du der siegreiche Überwinder Mâras[1]; von allen Begierden gelöst und auf dem anderen Ufer angelangt, hilfst du den Geschöpfen, dorthin zu gelangen. Du bist über alles Stoffliche, was in deinem Dasein lag, hinausgelangt, du hast die Leidenschaften gebrochen: bei dir gibt es kein Verhaftetsein dem Irdischen gegenüber mehr: du bist ein Löwe, aus dem Furcht und Schrecken geschwunden sind.

Wie das Wasser sich nicht an die herrliche Lotusblume heftet, so läßt du dich weder durch das Gute noch durch das Böse anrühren. Reiche deine Füße, o Held, Sabhiya verbeugt sich vor dem Meister.

ANGULIMAS[2] GEBET UM ERLEUCHTUNG DER FEINDE

Mögen auch meine Feinde das Gesetz hören, wie es mir erklärt wurde, und mögen sie, nachdem sie es vernommen haben, meine Verbündeten werden, um mich am Leben zu erhalten!
Mögen meine Feinde nur friedlichen Menschen dienen, die sich das heilige Gesetz zu Herzen genommen haben!
Mögen meine Feinde immer wieder das Gesetz aus dem Munde derer vernehmen, die von der Hoheit der Liebe sprechen und die Liebe loben und ihr Handeln nach dem, was sie hören, ausrichten.
Denn wahrlich, ein Feind solcher Art würde mir nichts Böses mehr antun noch irgendeinem anderen Geschöpf der Welt. Auch er selbst würde unaussprechlichen Frieden erlangen und, nachdem er ihn erreicht hätte, die Guten wie die Bösen lieben.

DAS GROSSE GEBET DER BHARDRA-KARI-HYMNE

Das Üble, das ich habe begehen können aus Liebe oder aus Haß oder in einem Zustand der Besessenheit, mit meinem Leibe, mit meinen Worten oder mit meinen Gedanken, von all diesem Üblen sage ich mich los.
Und durch alles Gute, das in der Welt der Lebenden im Norden oder im Süden, im Osten oder im Westen oder in Richtung irgendeiner der zehn anderen Himmelsgegenden getan wurde, durch alles Gute, das die Strebenden und die vollkommenen Heiligen und die Helden der Lehre, die keine Jünger gesammelt haben, wie die Helden, die Jünger gesammelt haben, getan haben, durch alles, was die Söhne Buddhas getan haben, erhebe ich mich in mir selbst.
Und alle die Buddhas, die wie die Lichter der Welt nach allen Himmelsrichtungen zu dem höchsten Wissen erwachend sich von jeder Form der Beherrschung durch die Sinne frei gemacht

haben, all diese Schutzgeister Buddhas bitte ich, das unvergleichliche Rad der Lehre in Bewegung zu setzen.
Und alle Buddhas, die ihre Seligkeit zu offenbaren wünschen, flehe ich mit gefalteten Händen in dieser Weise an: Jahrhunderte um Jahrhunderte, den Atomen von Staub der Reiche Buddhas vergleichbar, mögt ihr zum Heil und Glück der gesamten Welt der Lebenden ausharren.
Und das Verdienst, das ich mir so erwerbe, indem ich die Buddhas verehre, ihnen Opfergaben darbringe, meine Sünden verschmähe, mich des Guten rühme, die Buddhas bitte und anflehe: dieses Verdienst, sei es auch noch so bescheiden, ich führe es an, um die höchste Offenbarung des Wahren zu erlangen. Mögen alle Lebewesen, die nach allen zehn Himmelsgegenden verstreut sind, immer glücklich und ohne Krankheit sein; möge die gesamte Welt der Lebenden leicht das Ziel der Tugend erreichen und ihre Hoffnung bestätigt sehen.
Befreit vom bösen Tun, der Leidenschaft und vom Pfade des Mâra[3], möge ich meine Wanderschaft durch den Kosmos antreten, rein wie eine Lotusblume, die das Wasser nicht berührt, rein wie die Sonne und der Mond, welche die Luft nicht befleckt.
Und möge mir mit allen Gefährten meines religiösen Lebens das Zusammenleben in künftigen Existenzen gewährt sein; möge ich mit dem Leib, mit den Worten und dem Denken dem frommen Trachten nach einem Leben in Gemeinschaft mich hingeben können.
Und möge in mir, in meinem Leib, in meinen Worten und in meinem Denken, in meiner Lebensführung und in meiner Selbstbeherrschung die Reinheit des weisen Samantabhadra selber sein. Und mein frommes Trachten reiche bis dorthin, wo die Atmosphäre beginnt, bis dorthin, so weit sich das Leben ausbreitet, so weit, wie die Wirkung der Werke und Leidenschaften sich ausbreitet.
Und jeder, der diese Hymne sich einprägt oder der sie liest oder

lehrt, die die ganze Lehre und das fromme Trachten des Samantabhadra umfaßt, von dem weiß Buddha, welche Belohnung ihn erwartet: die höchste Offenbarung des Wahren. Kein Zweifel möge hierüber aufkommen.
Und wenn ich einst im Kampf mit dem Tode ringe und die Hindernisse und die Schranken gefallen sind, möge ich Amitâbha vor mir sehen und in das Reich seiner Seligkeit eintreten.
Und mein frommes Trachten möge, wenn ich einmal dort angelangt bin, mir wieder bewußt werden; so daß ich, nachdem ich all dieses vollständig erfüllt habe, von dort her auch allen Geschöpfen auf der Welt Heil bringen kann.

GEBET BEIM RITUAL DER BUDDHISTISCHEN JÜNGLINGSWEIHE IN SIAM

Dieses Gebet ist ein eindrückliches Beispiel der Vereinigung der buddhistischen Lehre mit frühen Vorstellungen über Beschaffenheit und Zusammenhang von Leib und Seele, wobei diese Vorstellungen ihrerseits schon durch die Auffassung des Ichs in der indischen Theologie geprägt erscheinen.
Der ›Kwun‹, der hier angerufen wird, erscheint als eine Vervolkstümlichung des ›atman‹, des Funkens der göttlichen Substanz, der im irdischen Individuum eingeschlossen ist. Er wird angerufen an einem besonders ausgezeichneten Zeitpunkt der Lebensbahn: bei der Jungmännerweihe, die im alten Siam wie im modernen Birma heute noch durch den zeitweiligen Eintritt als Mönch in ein Kloster begangen wird, wie anderswo durch ein Examen oder den Eintritt in den Militärdienst.
Dies verbindet sich aber mit der urtümlichen Vorstellung der Seele als eines Stoffes, von dem einzelne Teilchen sich durch unvorsichtiges Verhalten des Kindes und heranwachsenden Menschen zerstreut haben. Diese werden nun aufgerufen, sich wieder zu sammeln, als magische Vorbereitung zu der so andersartigen Sammlung, welche den Beginn des buddhistischen Weges zur Erlösung bezeichnet.
O gütiger Kwun, o unbeständige Substanz, die die Gewohnheit hat, hier und dort umherzuschweifen und sich aufzuhalten! Seit

dem Augenblick, da das Kind im Mutterleib empfangen wurde, hast du jedes Vergnügen erfahren bis zu dem Augenblick, da du, nachdem zehn Monde verstrichen waren und die Zeit der Entbindung gekommen war, Gefahr gelaufen bist zu sterben, als du lebend geboren wurdest.

O huldreicher Kwun, du warst damals so zart, so empfindlich und schwankend, daß du große Sorge um dein weiteres Schicksal verursachtest; du warst wirklich wie ein kleines Kind, ganz jung noch, unschuldig und unerfahren. Die geringste Kleinigkeit erschreckte dich und ließ dich erzittern. In deiner kindlichen Freude hattest du dir angewöhnt, Sprünge zu machen und ziellos umherzuschweifen. Als du begannst zu lernen, dich hinzusetzen und ohne Hilfe dich zu üben, dich schwankend auf allen vieren zu bewegen, fielst du doch weiterhin, flach auf den Bauch oder den Rücken. Als du dann allmählich heranwuchsest und dich sicher auf den Beinen fortbewegen konntest, da begannst du, unbekümmert und unbesorgt durch die Räume, über die Terrasse und über die Bretter der Brücken deines schwimmenden Hauses zu laufen und zu spielen, und bisweilen fielst du ins Wasser, in die Einbuchtung, in die Weiher, unter die vom Wasser getragenen Algen zum großen Schrecken derer, denen dein Leben teuer war.

O edler Kwun, komm in deiner körperlichen Hülle! Verzögere diesen Huldigungsritus nicht! Jetzt bist du ein Erwachsener geworden und mußt die Freude und Bewunderung von allen sein.

Mögen sich alle kleinen Teile des Kwun, die auf die Erde oder ins Wasser gefallen sind, wieder vereinigen und für immer in diesem lieben jungen Menschen Wohnung nehmen. Sie mögen alle zum Schauspiel dieser Zeremonie, dieser Einweihung eilen und die großen Vorbereitungen bewundern, die für sie in diesem Saale getroffen wurden!

GEBETE DES CHINESISCHEN BUDDHISMUS

AN AMITABHA, DEN BUDDHA UNERMESSLICHEN GLANZES

O Amitabha, Licht ohnegleichen...
O Amitabha, unendlicher Glanz...
so rein und so ruhig..
so süß und so trostreich...
Wir begehren danach, bei dir wiedergeboren zu werden!
Du, dessen Macht ohne Grenzen ist...
Du, um den sich die Wesen aller Welten drehen...
Wie schön ist doch dein Reich,
wo die Brise Blumen sät zu Füßen der Glücklichen...
Wie begehren wir danach, bei dir wiedergeboren zu werden!
Wie schön ist doch dein Reich,
wo die schönste Musik ertönt,
wo die kostbarsten Wohlgerüche herrschen,
wo alle Wesen heilig sind,
wie begehren wir danach, bei dir wiedergeboren zu werden!
Törichterweise haben wir während unserer zahllosen Lebensformen
das Karman erneuert, das uns an die Erde band.
O behüte uns von nun an, süßes Licht,
auf daß wir die Weisheit des Herzens nicht mehr verlieren!
Wir preisen dein Wissen und deine Werke,
wir wünschen, daß alle sich an dich wenden.
Keine Schranke möge ein Lebewesen daran hindern,
in Frieden und Glück bei dir wiedergeboren zu werden!
Wir bieten dir alles, was wir haben, was wir sind, an.
Gewähre uns dafür, bei dir wiedergeboren zu werden!
Sei gegrüßt, o unerforschlicher Glanz!
Mit ganzem Herzen und voll Vertrauen werfen wir uns dir zu Füßen.

GEBET BEI DER FREILASSUNG VON TIEREN

Wenn ein frommer Laie lebende Tiere, Vierfüßler, Vögel oder Fische, zum Kloster mitgebracht hat, denen er die Freiheit wiedergeben will, und sie dem Mönch vorgeführt hat, muß dieser zunächst herzlich zu ihnen sagen:
O wie ihr voll Unwissenheit seid!
O wie ich Mitleid mit euch habe!
O wie ich euer Heil wünsche!

Dann wird er folgende Gebetsformel über sie sprechen:
Ich rufe Buddha, sein Gesetz und seine Gebote an. Hier sind Lebewesen, die, als sie im Netz gefangen wurden, bereit waren, getötet zu werden. Zum Glück sind sie einem XY begegnet, einem gläubigen und von Mitleid erfüllten Menschen, der ihnen das Leben gerettet hat.
Jetzt will ich, der Mönch YZ, nach dem Ritual mahâyana, sie führen und Buddha, seinem Gesetz und seinen Ordnungen empfehlen. Aber sie sind, wegen der Strafe für ihre früher begangenen Sünden des Verstandes beraubt, im jetzigen Augenblick nicht in der Lage, mich zu verstehen. Ich bitte daher Buddha, sein Gesetz und seine Anordnung, die Finsternis ihres Verstandes aufzuklären und sie aus Erbarmen zu erleuchten.

Nach einer Pause wendet sich der Mönch dann im Glauben, die Erleuchtung sei nun erfolgt, den Tieren zu und sagt:
Ihr Tiere, die ihr hier vor mir steht, empfehlt euch Buddha, seinem Gesetz und seiner Anordnung.

Wenn der Mönch glaubt, daß die Tiere das Gebot befolgt haben, wendet er sich nunmehr an sie als ›Schüler Buddhas‹. Er lehrt sie den grundlegenden Glaubenssatz, daß die ›Wiedergeburt das große Übel ist‹ und daß man sich diesem Kreislauf durch den Glauben an Buddha und die Befolgung seiner Gebote entzieht. Er ermahnt sie, während ihrer zukünftigen Existenz hieran zu glauben und danach zu leben, Geduld zu üben und sich zu ver-

vollkommnen, sich vor Irrlehren zu hüten usw. Schließlich spricht der Mönch zu den Tieren:

Schüler Buddhas, nun seid ihr zugelassen und unterrichtet! Nun beichte ich für euch eure Sünden, damit sie euch nachgelassen werden. Befolgt in reuevoller Gesinnung meine Worte, die ich jetzt spreche... »Alles Böse, das ich in der Vergangenheit begangen habe infolge meiner Unwissenheit, meiner Begierden, meines Ungehorsams – alle Sünden, die ich mit meinem Leib, mit Worten oder Gedanken begangen haben mag, ich beichte und bereue sie.«

Dann besprengt der Mönch die Tiere mit Wasser, über das er vorher folgenden Spruch gesprochen hat:

O Buddha, der du in der Höhe wohnst, laß deine Kraft in dieses Wasser herabsteigen, auf daß hier eine Kraftquelle gegeben sei, um alle Lebewesen rein zu waschen.

Nach der Besprechung schließt der Mönch mit den Worten:

Ich hoffe, daß nach dieser Befreiung diese Schüler Buddhas nicht mehr in die Hände der Bösen fallen, nicht mehr in Netzen gefangen werden und sich in Fallen verfangen. Ich hoffe, daß sie in Freiheit und Frieden bis an ihr natürliches Ende leben. Ich hoffe, daß sie nach diesem Tode als Menschen wiedergeboren werden, das Rechte tun, auf ihrem Wege vorwärtsschreiten und schließlich zu ihrem Ziele gelangen werden... Ich hoffe auch, daß ihr Wohltäter XY in diesem Leben gesegnet und immer mehr erleuchtet wird.

OPFERGEBET FÜR EINEN VERSTORBENEN

OM.[4] Möge dein Diadem die wahrhafte Seele des verstorbenen Wenju, des Hauptes der Familie Yang... (es folgen die Titel), zu dir rufen! Möge er schnell auf den Sitz des Westens gelangen und nach seiner Verwandlung Freude empfinden und ein glückliches Leben in den Seen voller Lotusblumen führen.

Befreit aus dem schmerzvollen Sansâra möge er diese Schätze und diese Nahrung empfangen und sich ihrer erfreuen!
AHUM.

GEBET AN KUAN-YIN[5], DEN GOTT DER BARMHERZIGKEIT

O! Bei so vielen Übeln, die die Menschen auf der Erde umgeben, rufet oft seinen Namen an, denn er ist der Retter bei allen irdischen Übeln.
Für die, die ihn anrufen, zu welcher Welt sie auch gehören mögen, werden sich die Wege der Züchtigung schließen: sie werden nicht in der Höllenwelt wiedergeboren werden, sondern in der reinen Welt des Amitabha. Sie werden von den Leiden der Krankheit und des Alters befreit werden.
O durchdringender Blick, reiner Blick, mitleidsvoller Blick, dessen, der die Klagelaute der Welt hört!
O ständig wache Sorge!
O Licht ohne die geringste Trübung!
O Sonne der Weisheit, die durch alle Schatten dringt, deren Strahlen alle Übel bezwingen!
Du, der du die ganze Welt erleuchtest, Mitleid, wie ein Licht leuchtend, liebevolles Erbarmen, alle Wesen einer Wolke gleich als Beschützer umhüllend, milder Tau und wohltätiger Regen!
Du, der du Haß und Zwietracht, Streit und Prozeß tilgst, du, der du den Frieden mitten in die Schlachten bringst,
o Kuan-shih-yin!
O daß ich ständig an dich denke! Daß ich nie in meinem Leben an dir zweifle!
Du, so rein und so heilig, beschütze mich in Qual und Leid, in Gefahren und im Tode. Sei meine Stütze und Kraft!
Hilf mir, alle meine Aufgaben zu erfüllen. Du, der du mitleidsvoll alle Lebewesen betrachtest, Ozean wohltätiger Barmherzigkeit!
Ich rufe dich an, indem ich mich dir zu Füßen werfe.

GEBETE DES TIBETANISCHEN BUDDHISMUS

Im höchsten Land der Erde hat auch das religiöse Denken eine eigentümliche Aufgipfelung erreicht. Daß neben den Gebeten der Lebenden und für Lebende der Betende für sich oder andere auch Ruhe oder Förderung nach dem Tode, Glück im Jenseits, die Vollendung, die Seligkeit erbittet, das ist, unabhängig davon, wie diese künftige Wirklichkeit vorgestellt und aus welchen Beweggründen sie erfleht wird, ja einer der Hauptanlässe des Betens in allen Religionen und in einigen von ihnen sogar der weitaus überwiegende. Aber nur in Tibet werden dem Sterbenden oder schon Hinübergegangenen Anweisungen zu einem eigenständigen Verhalten übermittelt, wird versucht, worum schon der Lebende die Schutzgottheiten bittet, sein Bewußtsein an jener außerweltlichen Stätte, dem ›Bardo‹, zu stärken, auf daß er keine falsche Entscheidung trifft. Dies könnte im Sinne des Buddhismus nur das Nachgeben an die Verlockungen zu einer neuen Existenz sein, die von den Gottheiten und kosmischen Formen, Trieben und Gedanken ausgehen, die im ›Bardo‹ in gestufter Ordnung auf den Toten zurücken und doch nur Ausgeburten des eigenen Intellektes sind, die ins Positive gewendet werden können. Es gilt, und dem gelten die Gebete, eben an die Gelegenheit zum Abwerfen alles Karma gelangt, nicht durch zerstreutes Hineingleiten in eine Wiedergeburt in eine neue Karmaverstrickung zu geraten. Das tibetanische Totenbuch, der Bardo Thödol, ist ein Buch der Belehrung des eben Gestorbenen. Es soll ihm als Führer durch die Zeit der Bardo-Existenz – eines Zwischenzustandes von symbolischen 49 Tagen, der Dauer zwischen Tod und Wiedergeburt – dienen. Es gründet auf der Anschauung, daß die Welt und unser physischer Körper keine objektive Realität sind, sondern Projektionen unserer Einbildung. In dem Zwischenzustand nach dem Tod wird nach dieser Anschauung die Seele von Trug- und Schreckensbildern geängstigt, und es ist entscheidend, ob der Verstorbene den Scheincharakter dieser Bilder durchschaut oder ihm verfällt; je nachdem erlangt er das Heil, das Nirwana, oder wird aufs neue ins ›Samsara‹, in die Welt des Irrtums, entlassen. Die folgenden Texte sollen der Befreiung der Gestorbenen von der Illusion des Samsara dienen.

GEBET UM BEHÜTUNG AUF DER JENSEITSWANDERUNG

Ach, daß ich, wandernd im Samsara – gebannt durch die Macht der fünf verderblichen Gifte –,
auf dem hellen Strahlungspfad der Vier Vereinigten Weisheiten geführt werde von den Fünf Siegreichen Eroberern,
daß die fünf Ordnungen der Göttlichen Mütter meine Deckung seien,
daß ich errettet werde von den unreinen Lichtpfaden der sechs Lokas und, gerettet aus den Hinterhalten des gefürchteten Bardo, versetzt werde in die fünf reinen Göttlichen Reiche.

EIN ANDERES GEBET IM SELBEN SINN

O ihr Wissen-bewahrenden Gottheiten, schenkt mir Gehör.
Führt mich auf dem Pfad durch eure große Liebe.
Wenn ich im Samsara wandere ob meiner wuchernden Neigungen,
daß mich die Scharen der Helden, die Wissens-Halter,
auf den hellen Lichtpfad der gleichzeitig-geborenen Weisheit führen,
daß die Scharen der Mütter, die Dakinis, meine Schützer seien,
daß sie mich erretten aus den schreckensvollen Hinterhalten des Bardo und versetzen in die reinen Paradiesesreiche.

EIN DRITTES GEBET

Ach! da ich jetzt im Samsara wandere – überwältigt von Trugbildern,
Daß auf den Lichtpfad des Verlassens von Schrecken, Furcht und Schauer
Mich führen die Scharen der Bhagavans, die Friedlichen und Zornigen,

Daß mich decken die Scharen der Zornigen Göttinnen, reich an Raum,
Und mich erretten aus den schreckensvollen Hinterhalten des Bardo
Und versetzen in den Zustand der Vollkommenen Erleuchteten Buddhas.
Daß, wenn wandernd allein, getrennt von lieben Freunden,
Wenn die leeren Formen der eigenen Gedanken hier erscheinen,
Die Buddhas durch die Kraft ihrer Gnade
Furcht, Schauer und Schrecken im Bardo nicht aufkommen lassen,
Daß, wenn die fünf hellen Weisheitslichter hier scheinen,
Erkenntnis komme ohne Schrecken und Schauer;
Daß, wenn die göttlichen Körper der Friedlichen und Zornigen hier erscheinen,
Die Versicherung der Furchtlosigkeit erzielt und der Bardo erkannt werde,
Daß, wenn durch die Macht bösen Karmas Elend gekostet wird,
Die Schutzgottheiten das Elend zerstreuen,
Daß, wenn die Laute der Natur und der Wirklichkeit wie tausend Donner erschallen,
Sie in die Klänge der heiligen Sechs Silben verwandelt werden.
Schutzlos und dieweil ich hier dem Karma zu folgen habe,
Flehe ich den Gnädig Barmherzigen an, mich zu beschützen;
Daß, wenn ich das Elend Karmischer Neigungen hier erleide,
Die Glückseligkeit Klaren Lichtes dämmere;
Daß die Fünf Elemente nicht als Feinde aufstehen,
Sondern daß ich erblicke die Reiche der Fünf Ordnungen der Erleuchteten.

UNTERWEISUNG AN DEN TOTEN

O Edelgeborener, höre gesammelt zu. Er von der bluttrinkenden Vajra-Ordnung, mit Namen Bhagavān Vajra-Heruka, dunkelblau an Farbe, mit drei Gesichtern, sechs Händen und vier festaufstehenden Füßen, in der ersten Rechten einen Dorje haltend, in der mittleren einen Menschenskalp, in der letzten eine Schlachtaxt; in der ersten der Linken eine Glocke, in der mittleren einen Menschenskalp, in der letzten eine Pflugschar; sein Körper umarmt von der Mutter Vajra-Krotischaurima, deren rechte Hand seinen Hals umklammert und deren linke seinem Mund eine rote Schale gefüllt mit Blut anbietet, kommen vom östlichen Viertel deines Hirnes und scheinen auf dich. Fürchte es nicht. Erschrick nicht. Laß dich nicht einschüchtern. Wisse, daß dies die Verkörperung deines eigenen Inneren ist. Da es deine eigene Schutzgottheit ist, erschrick nicht. In Wirklichkeit ist es der Bhagavān Vajra-Sattva, der dir Vater und Mutter sein wird. Glaube an sie. Wenn du sie erkennst, wirst du sofort Befreiung erreichen. Wenn du sie so nennst, sie als deine Schutzgottheiten erkennst, in Ver-ein-ung mit ihnen eingehst, wirst du Buddhaschaft erreichen.

ÄGYPTEN

Eine Betrachtung der ägyptischen Kunst scheint Land und Kultur, aus denen sie entstand, dem heutigen Menschen des Westens fernzurücken; eine Betrachtung der ägyptischen Geschichte und Geistesgeschichte stellt dann eine überraschende Nähe her. In den drei Jahrtausenden ihrer Geschichte, über welche die Erkenntnis immer genauer wird, haben die Ägypter so ziemlich alle Probleme durchlebt und durchkämpft, welche später, in anderen religiösen und kulturellen Formen, die europäische Staatenwelt einschließlich schon der griechischen Monarchien durchzogen.
Da ist zunächst der große Gegensatz von Norden und Süden. Immer bedarf es außergewöhnlicher Herrscherpersönlichkeiten, um das nach dem Mittelmeer, nach Syrien und Mesopotamien orientierte Unterägypten und das wüstenumgebene, insulare Oberägypten zusammenzuzwingen und zusammenzuhalten; die beiden Landesteile tragen ihren Gegensatz auch in verschiedenen Göttern aus oder doch in der unterschiedlichen Gestaltung derselben theologischen Probleme. Und auch das Diadem der glücklichen Einheitskönige ist immer die weißrote Doppelkrone, an die jederzeitige Möglichkeit des Zerbrechens des in seiner Längserstreckung von den Nilmündungen bis zu den Felsenpforten Abessiniens riesenhaften, doch sonst so schmalen Reiches gemahnend.
Da ist der auseinanderzerrende Kampf zwischen der Zentralgewalt des Pharao und den Teilfürstentümern, der Kampf zwischen wenigstens der Absicht nach sozialer Monarchie, Feudalismus und Korruption, zwischen einem Staatssozialismus, der ebenso sorgt wie gelegentlich erstickt, und privatem Wirtschaften, zwischen einem Beamtentum, das noch sorgfältiger ausgebildet war als das altchinesische, doch im Gegensatz zu diesem auf das Praktische hin ausgebildet, und einer Kriegerkaste, die immer wieder die Tendenz hat, den Einfluß der verhaßten Zivilbeamten einzuschränken, ja sogar die höheren Stellen der Priesterschaft der verschiedenen Götter mit Angehörigen aus ihren Reihen zu besetzen. Dann ist es der Konflikt zwischen Staat und

Kirche, der hier zum ersten Mal in der Weltgeschichte als eine religions-soziologische Macht auftritt. Das Bild wird dadurch noch verwickelter, daß es sich oft um mehrere ›Kirchen‹ handelt, um die von Memphis und Heliopolis, von Theben, Philae und Amarna, die jeweils ihre besonderen Theologien entwickeln.
Um die Heiligtümer der großen Götter und Göttinnen entstehen aber auch Kirchenstaaten mit riesigem Grundbesitz und ganzen Heeren von Sklaven, Beamten, Soldaten. Die altägyptischen ›Gottesreiche‹ der Isis, des Rê oder des Amun sind freilich weniger mit den Kirchenstaaten Roms oder Tibets als vielmehr mit den geistlichen Fürstentümern des deutschen Mittelalters zu vergleichen, die, wie die ägyptischen Kirchengebiete ursprünglich zur Sicherung der Reichseinheit begabt und ausgestattet, dieser Rolle keineswegs stets nachkamen, aber doch niemals den Staatszusammenhang derartig zerrissen wie die ägyptischen Priestertümer, die auch durch ihre Steuer-, Abgaben- und Lieferungsfreiheit die ägyptische Staatswirtschaft immer wieder in gefährliche Krisen brachten.
Vor allem ist es das Kloster, das in Ägypten zuerst seine Ausprägung erfährt, und zwar in einem Umfang, wie er auch von Buddhismus und Christentum nicht wieder erreicht werden sollte. Das christliche Kloster selbst stammt aus Ägypten. Wenn Syrien den ›Mönch‹ schuf im Sinne des Einsiedlers und Einzigartigen, wie es ja der griechische Name andeutet, so fand das Kloster als Lebensgemeinschaft sein Vorbild im Niltal und den umrandenden Wüsten. Hier entstehen denn auch – und bleiben auf Ägypten beschränkt – die Riesenklöster etwa des Mönchsfürsten Schenuhé mit ihren zehntausend bewaffneten und militärisch gedrillten Mönchen und Knechten, welche so gewaltsam in die Geschichte der frühen Konzilien eingreifen.
Manche Zeichen der Würde, manche Zeremonien künden in der christlichen Kirche noch heute von Überlieferungen altägyptischer Religion, etwa der Krummstab, das alte Sinnbild der geistlichen Gewalt des ägyptischen Königs als Völkerhirten, oder die

Pfauenwedel, welche bei Prozessionen den Tragthron des Papstes umgeben.

Es ist aber mehr, was von Ägypten nachwirkt. An erster Stelle steht hier der heute auf der ganzen Welt anerkannte Kalender, der bei allen seinen Verbesserungen durch Julius Caesar und Papst Gregor XIII. immer noch der ägyptische ist. Dieser Kalender ist aber auch der älteste der Erde, mit dem frühesten wirklich festgestellten und nicht nur, wie es die Inder, Juden und Römer taten, willkürlich in die Vergangenheit projizierten Datum, nämlich dem 17. Juli 2772 als der ersten Notierung des Zusammenfallens von Nilschwelle und Aufgang des Sirius am Morgenhimmel.

Eine so früh einsetzende Datierung setzt von vornherein geschichtliches Denken voraus, ebenso wie sie sein Werkzeug ist. In der Tat findet sich ›Geschichte‹ hier noch früher, stärker erhalten als selbst im alten China – Geschichte als Erinnerung und Aufzeichnung von Geschehenem verstanden. Und in dieser Geschichte zeigen sich religiöse Gestaltungen, Bewegungen, Umwälzungen und Wiederherstellungen, von denen gewiß ein Teil spezifisch ägyptisch ist, die Mehrheit aber sich auf die großen Menschheitsthemen des Glaubens bezieht, von denen manche hier zum erstenmal geäußert und bedacht werden. So bildet Ägypten einen wesentlichen, wenn nicht den wesentlichsten Teil des grandiosen vorderorientalischen Religionsbogens, mit dem das Judentum und durch dieses wiederum Christentum und Islam wie mit unzähligen feinen Würzelchen verbunden sind.

Ägyptisch, und doch nicht nur ägyptisch, ist die älteste Auffassung der Pharaonen als einer menschlichen Inkarnation des höchsten Gottes Horus. Diese Inkarnation ist dauernd. Mögen auch immer neue Könige Namen und Leiber wechseln, der Horuskönig selber bleibt. Die ähnliche Vorstellung des ausgeprägtesten Königskultes, den es je im Westen gab, des französischen, der sich doch in einer christlichen Sphäre vollzog, nämlich daß der König eigentlich nie stirbt, erinnert fast unheimlich daran.

Mehr als ägyptisch ist dabei der Gedanke der Inkarnation des höchsten Gottes zwar nicht in einer einzigen und einmaligen menschlichen Person, aber doch in einer wiederkehrenden Reihe von Personen desselben hohen Ranges, die im Grunde nur eine sind. Damit unterscheidet sich Ägypten, man möchte fast sagen ›westlich‹, von der indischen Anschauung einer Entfaltung der Gottheit in die Gesamtheit der Menschen und der anderen Geschöpfe des Kosmos.

Für die Pharaonen hat sich jener auf den König gesammelte Inkarnationsgedanke nicht halten können. Innerer Reichszerfall, Herrscherschwäche, äußere Niederlagen brachten jene Annahme ins Wanken. Denn wenn die Ägypter groß im Glauben waren, so waren sie auch groß im Zweifeln. Die ägyptische Literatur enthält Anklagen gegen Gott, daß er sich nicht um seine Welt kümmere und sie verderben läßt, ja daß er sie überhaupt gemacht hat, deren Rückhaltlosigkeit in ähnlichen Ausbrüchen in der jüdischen und christlichen Sphäre nicht ihresgleichen findet, vermutlich aber als Vorbild gedient hat, so wie die Ratschläge des ›Gespräches eines ägyptischen Lebensmüden mit seiner Seele‹ auf unbedenklich-gesteigerten Lebensgenuß, da alle religiösen Erwartungen doch nichtig seien, ihre Nachfolge in der entsprechenden Weisheit des ›Prediger Salomos‹ gefunden haben.

Aber das sind dunkle Einschübe in der großen Macht der Spiritualisierung alles Religiösen, die in Ägypten vorschnellend und wieder zurückgeschlagen, vergessen und wieder erinnert, ohne wirkliche Unterbrechung am Werke ist. Vielleicht am schönsten, weil so unerwartet, zeigt sich das bei der Verehrung des Nils, der Gottheit, von deren regelmäßig wiederkehrender Huld das Leben des ägyptischen Volkes abhing und abhängt. Was aber angerufen und wem gehuldigt wird, das ist nicht nur der materielle Fluß mit seinen Segnungen und ihrer gefürchteten Verweigerung: es ist etwas an und über ihm, das sich mit Bildern und Worten nicht ausdrücken läßt. Verhältnismäßig früh entwickelt sich auch aus einem Gott des Windes, der gelegentlich, oder die beiderseitigen Priesterschaften tun es, mit dem Sonnengott Rê um die Herrschaft über Ägypten kämpft, ein unsichtbarer, rein geistiger Gott, der die Welt mit seinem Hauch, seinem Atem regiert. Auch die Vorstellung des ›göttlichen Wortes‹ selber, das weltenschöpferisch ist, aber zugleich als Lehre an die Menschen ergeht und von dem daher kein Tüttelchen geändert werden darf, ist, wie von den Griechen her der ähnliche Gedanke des ›Logos‹, eine ägyptische Gabe an spätere Religionen.

Der gleiche Vorgang, unterbrochen, unterirdisch werdend, wiederaufgenommen, zeigt sich in der Sphäre persönlicher Religiosität. So im Auftauchen des Problems der Rechtfertigung einer durchaus individuell verantworteten Sünde, die durch keinerlei sonst in Ägypten auch reichlich herrschende Magie und Riten, sondern nur durch gottgelenkte Einsicht und Umkehr vom Herzen her aufgehoben werden kann. Auf gleiche Weise wandeln sich die Vorstellungen von Unsterblichkeit. Kam es am Anfang darauf an, sich in den großen Totenstädten der alten Zeit eine Beisetzung in möglichster Nähe der Pyramide oder des Grabhauses des Gott-Königs zu sichern, der allein die Fortdauer für die Seinen zu gewähren vermochte – Beamter zu sein war im frühen Ägypten eine Sicherheit über den Tod hinaus –, so tritt an Stelle der Vorstellung einer einfachen, durch Mumifizierung und reiche Grabausstattung zu sichernden Fortdauer des irdischen Daseins ›in einem andern Land‹ der Glaube an ein qualitativ verschiedenes vergeistigtes Jenseits. Scharf unterschieden wird schon von den Ägyptern, und auch das wirkt bis heute weiter, zwischen dem ersten, dem körperlichen, und dem zweiten, eigentlichen, dem geistlichen Tode, der den unvorbereiteten Menschen trifft, den Menschen, ›der nichts für seine Seele getan hat‹. Doch geschieht diese Wandlung unter einer ganz eigentümlichen Bedingung und Hoffnung, für die bisher nirgends in der Geschichte der alten Religionen eine Parallele gefunden wurde und wie sie dann auch später nur in Israel und im Christentum wiederkehrt. Der Ägypter begnügt sich nicht mit der Fortdauer einer von ihrer einmal oder mehrmals innegehabten körperlichen Form unabhängigen Seele. Er verlangt und erhofft nach dem Durchschreiten des Schattentals die Wiederherstellung der ganzen menschlichen Person. Es erhebt sich die Lehre von der Auferstehung des Fleisches.

Für den Ägypter vollzog sich das zuerst mythisch im Schicksal des leidenden, sterbenden und wiederauferstehenden Gottes Osiris, des Brudergatten der Isis. Aber auch der Mensch gewann diese volle, geistig-leibliche Wiederauferstehung, wenn er sich als Osiris erkannte und ihm gleichsetze. Wie sehr dies die Intimreligion des Ägypters wurde, das erhellt am wirkungsvollsten daraus, daß schließlich der alte Welt- und Allgott Horus, der höchste und alle anderen bedingende Gott des anfänglichen Ägypten, auch in diesem Zusammenhang wiedererscheint, aber neugeboren als Kind des Osiris und der Isis, die ihn auf ihrem Schoße hält. Von daher wird auch die erstaunliche Schnelligkeit und Vollständigkeit begreiflich, mit der die Ägypter zum Christentum übertraten, in betontem Gegensatz zu den vielen Griechen in ihrem Land und noch mehr den ebenso zahlreich dort angesiedelten Juden.

Im Sinnbild des Osiris, des menschlichen Gottes – oder vergöttlichten Menschen, wenn man seine vermutliche mythengeschichtliche Herkunft aus einem Deltaheros bedenkt –, beginnt dann noch anderes zu sprechen. In einem der Totenbücher, die den sich mit Osiris gleichsetzenden Verstorbenen als Anweisung zum Jenseits mitgegeben werden, verheißt der höchste Gott dem Osiris ein Paradies jenseits der Sinne, in dem Verklärtheit an Stelle von Lust tritt, Seligkeit an Stelle von Brot und Bier und Gottes Antlitz erschaut wird. Darauf aber – wir folgen hier dem Ägyptologen Walther Wolf – wird im Verlaufe des Zwiegespräches ein ganz ungewöhnlicher Gedanke geäußert. Auf die Frage des Osiris: »Wie stet's denn nun mit der Lebenszeit?« antwortete der höchste Gott: »Du wirst länger als Millionen von Millionen von Jahren sein, eine Zeit von Millionen. Ich aber werde alles, was ich schuf, zerstören. Die Erde wird wieder als Urozean erscheinen, als Wasserflut wie in ihrem Anfangszustand. Ich bin das, was übrigbleibt, zusammen mit Osiris, nachdem ich mich wieder in eine Schlange verwandelt habe, die kein Mensch kennt, die kein Gott sieht...«

Das ist indisch, diese Vorstellung des höchsten Gottes, der sich unter Aufhebung der Schöpfung in seine Anfanglosigkeit zurückzieht, die, da der Mensch solches nur in Bildern zu denken vermag, als vorzeitliches Meer gemalt wird, in dem er als Fisch oder Schlange erscheint.

Auch die ägyptische Zeitauffassung in ihrer unerschütterlich linearen Erstreckung von Dynastie nach Dynastie, aber getragen von der ewigen Wiederkehr der drei Jahreszeiten des Frühlings, der Nilschwemme, des Winters, ist hier gesprengt und in eine der nüchternen Geschichtlichkeit des Ägypters fremde Weite von Jahrmillionen gestreckt.

Charakteristisch ist aber dabei zweierlei: Wenn das indische Denken den Gott nach Zerstörungen immer neue Kosmen schaffen läßt, so faßt das ägyptische Schöpfung, Leben der Welt und Weltende als ein einmaliges Geschehen. Berührt schon das wiederum eigentümlich ›westlich‹, so noch mehr der Hinweis auf das Ich und Du Gottes und der Einzelseele als der einzig bleibenden Realität – der Einzelseele, die von jenem geschaffen, erhalten und durch so unermeßliche Zeiträume bewahrt, doch etwas für sich ist, nicht wie in Indien lediglich eine Form, ein durchscheinendes Häutchen der Gottheit selbst.

Es gab in Ägypten aber auch individuelle Entwicklungen religiöser Art, die nur individuell waren, nur in einer einzigen Persönlichkeit aufschienen. Ein solcher Fall von ›Privattheologie‹, aber durchgeführt mit allen staatlichen Machtmitteln, war der des merkwürdigerweise in der Gegenwart vielfach als ›Reformator‹ angesehenen und verherrlichten Amenophis IV.-Echnaton. In Wahrheit handelt es sich, unter der Hülle modernisierender Formen, um einen Rückfall in recht primitive Vorstellungen.

Als die ägyptischen Könige nicht mehr als Inkarnation der Allgottheit Horus, sondern als Söhne der Gottheiten des Himmels und der Erde, mit Vorliebe aber des Sonnengottes Rê aufgefaßt wurden, geschah dies wie in Japan bei dem Glauben an die Abstammung der Dynastie von der Sonnengöttin in einem buchstäblichen, nicht nur übertragenen Sinn. Die ägyptischen Könige gewannen jedoch die Freiheit, sich mit dieser Auffassung zu identifizieren oder auch aus ihr wie aus einem starren Zeremonialgewand herauszutreten zu einem persönlichen Leben mit ihrer Familie, mit Verwandten und Freunden.

Amenophis IV. aber wollte beides: Individuum, menschliche Person sein und als solche geliebt und verehrt, und wirklicher, selbst göttlicher, bevorzugter Sohn eines ganz körperlich mit seiner Erscheinungsform, der strahlenden Scheibe, dem ›aton‹, gleichgesetzten Sonnengottes. Dies als ein Neues und Besseres der Verehrung des Atum-Amun, des unsichtbaren, die Welt durch seinen Hauch und Atem schaffenden und lenkenden Gottes entgegenstellen zu wollen, war eine unglückliche Position, die ihren Begründer auch nicht überlebte. Doch wird ihr die sogenannte Kunst von Amarna verdankt, die Darstellung ägyptischer königlicher Menschen in ihrem ganz privaten, fast gemüthaften Miteinandersein, und die große, vielleicht von dem König selbst stammende Hymne an seinen Gott, deren Nachschwingen im 104. Psalm unverkennbar ist.

Die Hymne schließt, anscheinend ganz ägyptisch traditionell, weil die Königin der Gottheit ebenso nahesteht wie der König, ja meistens als die eigentliche Trägerin und Übermittlerin der Herrschergewalt betrachtet wird, mit einer Fürbitte für Echnatons Gemahlin Nofretete. Aber auch hier ist in der Beteuerung seiner Liebe für sie der persönliche Ton unüberhörbar.

Dennoch ist der große Hymnus Amenophis' IV.-Echnaton nicht lediglich als Ausdruck persönlicher Frömmigkeit zu werten, so individuell und darum auch isoliert der subjektivierte Sonnenglaube dieses Königs neben der Selbstverständlichkeit des mittelägyptischen und altperuanischen, im Herrscher gipfelnden Staat-

sonnenkultus wirkt. Denn wie im Laufe der ägyptischen Religionsgeschichte immer wieder einzelne Götter zur Gottheit selber erhoben werden, so schwillt in der Hymne an die Strahlenscheibe der Sonne der ganze Strom der ägyptischen Frömmigkeit nilhaft auf.
Gerade dies wurde aber von einer inzwischen weitergerückten Religiosität als zu breit, als zu förmlich empfunden. So wird es erklärlich, wie man das den ›Schweigenden‹ rühmende, betont altertümlich einem Einzelgott huldigende Gebet an Toth, den Gott des Mondes und der Weisheit, nicht nur wegen der Entgegensetzung der Nacht gegen das Tagesgestirn als Protest gegen Echnatons ganze Art, als Ausdruck einer männlicheren Frömmigkeit, auffassen zu können geglaubt hat.

HYMNE AUF DEN NIL

I

Heil dir, Hâpi[1], – der du in diesem Lande entspringst und es durchquerst, – um Ägypten Leben zu schenken; – du, der du dein Kommen in der Dunkelheit verbirgst – selbst an dem Tage, da man dein Kommen besingt, – Flut, die sich über die Obstgärten ergießt, die Rê geschaffen hat, – um all denen, die Durst haben, Leben zu geben, – und die sich weigert, die Wüste zu tränken, – von den Wasserfluten des Himmels, da steigst du herab.

II

Herr der Fische, – sobald der Wasserfall vorüberrauscht, – setzen sich die Vögel nicht mehr auf die Felder nieder; – Erzeuger des Getreides, Erschaffer der Gerste, – er verlängert dir das Alter der Tempel. – Ruhen seine Hände, duldet er es? – dann ergeht es all den Millionen von Lebewesen schlecht; – nimmt seine Kraft ab im Himmel? – dann gehen selbst die Menschen und die Götter zugrunde.

III

Die Tiere und die ganze Erde verfallen dem Wahn, – Große und Kleine erleiden Kummer! – Wenn hingegen die Menschen erhört werden, wenn er herabsteigt – und zum Retter wird, – sobald er sich erhebt, jubelt die Erde vor Freude auf, – dann freut sich jeder Bauch, – jeder Rücken schüttelt sich vor Lachen, – jeder Zahn reibt sich am andern.

IV

Er bringt die Lebensmittel herbei, er besitzt reiche Vorräte, – der Schöpfer aller guten Dinge, voller Sanftmut seinen Auserwählten gegenüber, – wenn man sich ihm zum Freunde macht, – er erzeugt das Futter für die Tiere, – und er sorgt für die Opfer, die allen Göttern dargebracht werden, – und der Weihrauch, der von ihm kommt, ist der feinste; – er nimmt die beiden Länder unter seinen Schutz – und die Kornspeicher füllen sich, die Vorratskammern füllen sich, – und der Besitz der Unglücklichen vermehrt sich stark.

V

Jedem Wunsch leiht er huldvoll sein Ohr – und erhört das Flehen, ohne etwas abzuschlagen. Seine Stärke besteht darin, die Menschen dazu zu treiben, Boote zu bauen. – Man macht kein Standbild aus Steinen für ihn – noch Standbilder mit doppelter Krone; – man sieht ihn überhaupt nicht; man zollt ihm keinen Tribut und bringt keine Opfergaben für ihn herbei, – man besingt ihn nicht mit geheimnisvollen Worten, – man kennt nicht den Ort, wo er lebt, – man findet seinen Schrein nicht mit Hilfe magischer Schriften.

VI

Du besitzt kein Haus, das groß genug ist für dich, – niemand erforscht dein Herz ganz! – Dennoch werden die Generationen deiner Kinder Freude an dir finden, – denn du herrschst wie ein König, – dessen Erlasse für die ganze Erde Geltung haben, – der sich im Kreise der Völker des Südens wie des Nordens zeigt, – der die Tränen aller Augen trinkt – und der verschwenderisch in seiner Güte ist.

VII

Wo Schmerz war, dort herrscht große Freude – und jedes Herz ist zufrieden, – Sovkou das Krokodil, das Kind der Nît, hüpft vor Freude; denn die Neunzahl der Götter, die dich begleiten, hat alles in rechter Weise geordnet, – das Wasser, das über die Ufer tritt, ergießt sich auf die Felder – und macht alle Menschen stark; – jeder labt sich an der Arbeit des anderen, – ohne daß man ihm Schwierigkeiten bereitet...

IX

Wenn du gerade während der Gesänge hinzutrittst, um, eben wenn die Freude ihr Zepter schwingt, hervorzukommen, – wenn man fröhlich tanzt, wenn du als Unbekannter hervortrittst, – dann bedeutet deine Schwere Vernichtung und Verderbnis. – So, wenn man dich anfleht, um das Wasser des Jahres zu erhalten, – dann sieht man Seite an Seite die Menschen von Theben und die vom Norden, – man sieht jeden mit den Instrumenten seines Berufes, – niemand steht hinter seinem Nachbarn zurück; – die Kinder des Thot, der Gott des Reichtums, schmücken sich nicht mehr mit Edelsteinen – noch die Neunzahl der Götter, aber es ist Nacht! – Seitdem du durch das Anwachsen der Wasser geantwortet hast, ist jeder voller Wohlgerüche.

X

Gewähr für die Beständigkeit der wahren Güter, Sehnsucht der Menschen, – hier hast du schmeichelnde Worte, damit du antwortetest; – wenn du mit den Wellen des himmlischen Ozeans der Menschheit antwortetest, – dann macht Napri, der Gott des Getreides, seine Opfergabe bereit, – die Götter beten dich alle an, – die Vögel lassen sich nicht mehr auf dem Gebirge nieder; – wenn das, was deine Hand knetet, Gold wäre – oder die Form eines Silberbarrens hätte, – einen Lapislazuli ißt der Mensch nicht, – aber die Getreidefrucht wiegt mehr als Edelsteine.

XI

Man hat begonnen, dich mit Harfenspiel zu besingen, – man feiert dich mit dem rhythmischen Klatschen der Hände, – und die Geschlechter deiner Kinder freuen sich für dich, – man hat dich mit Zeugnissen des Lobes überhäuft; – denn du bist der Gott des Reichtums, der die Erde schmückt, – der die Barken in Gegenwart der Menschen erstehen läßt, – der das Herz der schwangeren Frauen belebt – und der das Wachstum der Herden liebt.

XII

Wenn du dich in der Stadt des Fürsten erhebst, – dann ist der Reiche gesättigt, – der Arme verachtet den Lotus[2], – alles ist fest, straff und von guter Qualität, – alle Weideplätze gehören seinen Kindern, – vergißt du, Nahrung zu gewähren? – dann verläßt das Glück die Behausungen, – die Erde bekommt die Auszehrung.

HYMNE AN AMUN-ATUM

Du bist der Einzige, der das Seiende schuf,
der Einzige, der allein war, als er alles Wesen schuf,
aus dessen Augen die Menschen herauskamen,
auf dessen Mund die Götter entstanden,
der das Kraut für die Herden schuf
und den Lebensbaum für die Menschen;
der hervorbringt, wovon die Fische im Strom leben
und die Vögel, die am Himmel dahinfliegen;
der dem Küken im Ei Luft gibt,
und der das Junge der Schlange ernährt;
der schafft, wovon die Mücken leben,
und ebenso die Würmer und Flöhe;
der schafft, wessen die Mäuse in ihren Löchern bedürfen,
und der die Vögel in jedem Baum ernährt.
Heil Dir, der dies alles schuf, einzig und allein,
Vielarmiger,
der die Nacht durchwacht, während alle Welt schläft,
indem er das Vortrefflichste für sein Getier sucht.
Amun, dauernd in allen Dingen,
Atum, Harachti!

BITTE AN DAS EIGENE HERZ

Inschrift eines Herzskarabäus

O Herz, das ich von meiner Mutter habe! o Herz, das zu meinem

Wesen gehört! tritt nicht gegen mich als Zeuge auf, bereite mir keinen Widerstand vor den Richtern, widersetze dich mir nicht vor dem Wagemeister. Du bist mein Geist, der in meinem Leben ist, ... laß unsern Namen nicht stinken... sage keine Lügen gegen mich bei dem Gotte.

Dieses Gebet stammt noch aus einer recht magischen Welt, in der gehofft wird, durch eine Beschwichtigung des eigenen Herzens vor dem Totenrichter davonzukommen. (Solche ›Herzskarabäen‹ wurden bei der Entfernung der inneren Körperteile zum Zwecke der Mumifizierung an die Stelle des Herzens gelegt.)

Wie sehr unterscheidet sich davon das folgende Gebet, in dem das Magische nur in der Schlußzeile aufscheint, wo die Erfüllung der Bitte um Vergebung und Heilung als bereits vollzogen schon in den Augenblick des Bittens hineingenommen wird.

GEBET EINES MIT BLINDHEIT GESTRAFTEN MEINEIDIGEN

Ich bin ein Mensch, der bei dem Namen von Ptah, dem Herrn der Gerechtigkeit, einen falschen Eid leistete.
Er hat bewirkt, daß ich am hellen Tag in das Dunkel hineinstarre.
Ich muß seine Macht verkünden dem, der sie kennt, und dem, der sie nicht kennt,
dem Kleinen wie dem Großen.
Hütet euch vor Path, dem Herrn der Gerechtigkeit!
Gebt acht, keines Menschen Übeltaten entgehen ihm.
Unterlaßt es, den Namen des Ptah im bösen Sinne auszusprechen.
Seht: der, der seinen Namen im bösen Sinne ausspricht,
den stürzt er ins Verderben.
Er hat mich wie zu einem Straßenhund gemacht.
Ich bin in seiner Hand ausgeliefert.
Er hat aus mir ein Spottbild für die Menschen und die Götter gemacht,
denn ich bin ein Mensch gewesen, der in verabscheuungswürdi-

ger Art gegen seinen Herrn gehandelt hat.
Ptah, der Herr der Gerechtigkeit, ist gerecht gegen mich.
Er hat mich heimgesucht und bestraft.
Erweise mir deine Barmherzigkeit!
Ich habe deine Barmherzigkeit erfahren.

SONNENHYMNE DES AMENOPHIS IV.-ECHNATON

Anbetung dem Horkout[3],
wenn er am Horizont mit seinem Namen Schou[4] aufsteigt,
Anbetung ihm, der in der Sonnenscheibe lebt,
ewig lebend, für immer!
Wenn du in voller Schönheit am Horizont des Himmels aufsteigst,
o lebendige Scheibe,
dann beginnt das Leben.
Dann erstrahlt dein Licht am Horizont im Osten,
mit deiner Schönheit erfüllst du die ganze Erde.
Wenn du Anmut und Kraft erwirbst
und wie ein Bach dein Licht verbreitest, ganz oben, über der Erde,
dann umfassen deine Strahlen jedes Gebiet
und erfüllen alles, was du zu erfüllen verstehst.
Sonne des Mittags, nun richtest du deine Strahlen auf die Menschen,
du umfaßt sie in deiner Liebe.
Wenn du aber deine Strahlen von der Erde fortnimmst
und auf deiner Bahn haltmachst
und zur Ruhe dich am westlichen Horizont ausbreitest,
dann ist die Erde von Dunkelheit durchdrungen,
wie die Toten, die in ihren Gräbern schlafen,
wie die Toten, die ihr Haupt verschleiert haben,
die das Tun derer beobachten, die ihnen die Opfergaben,
die sich bei ihnen befinden, stehlen,

wie die Toten, die nichts mehr essen.
Dann schleichen alle Katzen aus ihren Schlupfwinkeln hervor,
die Schlangen liegen rührungslos vom Schlaf umfangen da,
die Strahlen werden dunkler,
die Erde ist ruhig,
weil der, der alles erschaffen hat, am Horizont ruht.
Am Morgen wieder erhellst du die Erde, strahlend am Horizont,
du machst dich zur Sonnenscheibe
am Tage, der die Finsternis vertreibt,
denn wenn dein Licht erstrahlt, feiern dich die beiden Erden,
gehen die Geschöpfe im Licht ihre Wege, durch dich neu belebt,
ihre Glieder werden gereinigt.
Die Menschen ziehen ihre Festgewänder an,
sie breiten ihre Hände zur Anbetung deiner Erscheinung über die
Erde aus
und jeder geht zu seiner Arbeit.
Die Herden legen sich auf ihren Weiden nieder,
die Bäume und die Kräuter grünen,
die Vögel fliegen aus ihren Nestern, breiten ihre Flügel aus zum
Zeichen der Anbetung deiner sichtbaren Erscheinung,
jedes Tier erhebt sich auf seinen Beinen,
jeder Vogel nimmt seinen Flug auf.
Sie sind voll Leben, weil du ihnen ihr Licht spendest.
Wie du
ziehen alle Kähne den Nil herauf und hinunter;
dir entgegen
schwimmen die Fische des Stromes,
denn deine Strahlen haben das Wasser des Stromes durchdrungen.
Du verleihst dem Wasser Leben bei den Frauen,
du schaffst bei den Männern den Samen,
du gibst dem Kinde Leben im Mutterleib,
gibst ihm zu essen, damit es nicht weint.
Solange es an der Mutterbrust genährt wird,
Du verleihst ihm den nötigen Atem, um all seinem Tun

Leben zu geben:
dort, im Mutterleib bleibt es bis zum Tage seiner Geburt,
und du öffnest ihm den Mund, um ihm die Sprache zu geben,
was es nötig hat, du machst es.
Wenn das Küchlein noch in seiner Schale piepst,
gibst du ihm Luft, um es am Leben zu erhalten,
du förderst sein weiteres Wachstum,
daß es aus der Schale brechen
und austreten kann, um nach der Mutter zu rufen, um flügge zu werden.
Es kriecht auf seinen Pfötchen und tritt heraus.
Wie zahlreich sind die Dinge, die zu zuwege bringst!
Da die Getreidepflanzen dem Einzigen Gott gegenwärtig sind,
opfern wie dir die Früchte davon,
denn für dein Herz hast du die Erde erschaffen.
Für die Menschen bist du der einzige Gott,
für die Insekten bist du der einzige, für die kleinen Tiere,
für all die, die auf der Erde sich auf ihren Füßen fortbewegen,
für alle die, die von ihren Flügeln getragen in den hohen Lüften fliegen,
für die Berglande Syriens,
für Ägypten.
Du stellst jeden an seinen Platz,
du machst alles, was für jeden von ihnen notwendig ist,
und all die, die mit ihnen zusammen wohnen.
Du lehrst sie den Rhythmus ihres Lebens,
du gibst ihrer Zunge das richtige Wort,
du formst sie nach der Farbe ihrer Haut,
da du die Menschen und die Länder
durch ein Unterscheidungsmerkmal voneinander getrennt hast.
Du hast den Nil im Unterland geschaffen,
du lenkst ihn nach deinem Willen, um den Menschen das Leben zu ermöglichen,
denn du hast sie für dich erschaffen,

für dich, den Schutzherrn von ihnen allen.
Unbeweglich bleiben die Menschen,
o Herr der Erde,
solange die Sonnenscheibe nicht leuchtet,
um Wärme zu bringen den Ländern und allen Bewohnern,
die nach deiner Bestimmung leben.
Du hast uns den Nil gegeben,
er steigt herunter zu den Menschen
mit Wasserstrudeln, aus hohen Bergen kommend,
der große Sébile gleichend,
um ihren Feldern, ihren Dörfern Erfrischungen zu bringen.
So sind deine Pläne Wirklichkeit geworden,
o Herr der Ewigkeit,
Himmlischer Nil.
Du bist der König der Länder,
der Menschen,
der Bergebene, wo die wilden Tiere sind,
wo sie auf ihren Tatzen ihres Weges dahinziehen,
o Nil, der du aus dem Unterland kommst,
dem Lande der Kanäle.
Allen Feldern
geben deine Strahlen Nahrung,
du glänzt, und sie leben für dich,
denn du hast die Jahreszeiten geschaffen,
um allem, das da existiert, Leben zu verleihen.
Deine Nahrung verleiht Stärke, kaum berührt sie die Hitze.
Du hast den Himmel erschaffen
und läufst am Firmament in deinem Glanze deine Bahn,
du bewirkst, daß man alles sieht, was du erschaffen hast,
denn du bist der Einzige,
glänzend in allen Formen wie eine lebendige Sonnenscheibe.
Du gehst auf, erreichst deinen Gipfel, kommst und gehst.
Du schaffst in dir Millionen Formen,
denn du bist Einer in der Stadt, in den Dörfern,

auf den Feldern, auf den Wegen und Flüssen.
Du erschaffst alles nach deinem Recht,
denn du gehst deine Bahn wie die Tagessonne auf der Erde.
Du rückst vor auf die Lebewesen, die du geschaffen hast,
und du machst ihr Gesicht dergestalt, daß sie dich nicht sehen können.
Du bist mein Herz.
Niemand kennt dich außer deinem Sohne, dem König.
Mach, daß er gefürchtet wird,
wie es in deiner doppelten Macht, entsprechend deinen Plänen, liegt.
Durch das Werk deiner Hand ist seine Erde geschaffen worden.
Denn du bist ihr Schöpfer,
die Menschen leben, wenn du leuchtest,
sie sterben, wenn du deine Zeit zum Ruhen ausdehnst.
Jede Zeit in dir ist alt,
und die Taten werden vor deiner Schönheit erfüllt,
bis zu dem Augenblick, da du dich zur Ruhe begibst.
Jede Arbeit ist beendet,
wenn du dich am Horizont des Westens zur Ruhe hinstreckst.
Nachdem du die Erde erschaffen hast,
hast du sie wie ein Kind, das dein eigenes Blut trägt, erzogen.
Der König Oberägyptens und Unteräygptens,
er, der in Wahrheit und Gerechtigkeit lebt,
der Herrscher der Zwei Länder,
der Sohn der Sonne, in Wahrheit und Gerechtigkeit lebend,
Herr der Erscheinungen,
der König, groß in seiner Dauer,
wie die große Königin, die er liebt,
die Herrscherin der Zwei Länder, Nofrouoten Nofrit,
sie, die ewig leben und blühen für immer!

STILLES GEBET

Rette den, der schweigt, o Thot,
speise eine reiche Quelle für den, der in der Wüste nach Wasser lechzt.
Sie ist für den Schwätzer geschlossen,
dem Schweigsamen steht sie offen.
Wenn der Schweigsame voranschreitet, findet er die Quelle.
Den, der vor Hitze glüht, erfrischst du wieder.

SUMER UND BABYLON

Die Kulturen Ägyptens und Sumers haben so viel Ähnlichkeiten aufzuweisen, sie besitzen auch so viel nachweisbare Beziehungen zueinander, daß man von Schwesternationen gesprochen hat, die sich in Zwillingskristallen formierten, wenn auch mit verschiedener anthropologischer Substanz: Ägypten, entstanden aus einer Bewegung semitischer Stämme mit eingeborenem nordafrikanischem Volkstum, die babylonische Kultur im umfassendsten Sinne dadurch, daß andere Semiten, die Akkader, das geistige, künstlerische und religiöse Erbe der Sumerer, dieser Rasse unbekannter Herkunft, übernehmen, umgestalten, manchem Emporquellen des Aufgenommenen unterliegen und schließlich als das Babylonische weltgültig und weltmitformend machen. Das Asiatische war für das alte Ägypten das ›Moderne‹, aber damit auch das Verführerische.
Dabei erscheint freilich die sumerisch-babylonische Kultur als die weitaus aktivere, deren Auswirkungen zum mindesten als Spurenelemente bei der Entstehung der ägyptischen mitgewirkt haben. Ein ausdrücklicher Beweis dafür ist die auch später fortdauernde Aufnahmebereitschaft Ägyptens für alles, was von den ›Asiaten‹, aus Syrien und Mesopotamien kommt.
Auch politisch-kriegerisch waren die beiden Mächte miteinander verzahnt, wobei Ägypten im Gegensatz zu dem, was man erwarten sollte, nämlich trotz seiner meistens so einheitlichen Organisation oder vielleicht auch gerade deswegen, der größeren, wenn auch zerstreuteren mesopotamischen Dynamik unterlegen erscheint – genau wie es der politische und soziale Scharfblick der jüdischen Propheten immer wieder warnend aussprach. Fand jener ruhelose Aktivismus eine rücksichtslose Zusammenfassung, wie sie die Hyksos, die Assyrer, aber auch ein babylonisch-medisches Bündnis und zuletzt die Perser gaben, so konnte Ägypten nicht nur seine vorgeschobenen, ihm wirtschaftlich unentbehrlichen Stellungen in Syrien nicht mehr halten, sondern unterlag auch bis tief nach Oberägypten hinein der fremden Herrschaft – bis die griechische Eroberung ihr kulturelles und politisches Netz

über die beiden Gebiete legte, die dennoch ihre Eigenart hielten und sie gerade dadurch betonten, daß sie sich deren Bewegungen öffneten: die Ägypter dem Christentum, die Einwohner Mesopotamiens der Erneuerung der iranischen Religion durch die Sassaniden. Und beide alten Kultur- und Religionsgebiete sind dann zu gleicher Zeit vom Islam überflutet worden, aus dem nur im heutigen Ägypten noch die christlichen Kopten – das Wort selber ist eine hebräische Verkürzung von ›Ägypten‹ – als ein einigermaßen geschlossener Block herausragen.

Auch die Struktur des Religiösen scheint sich zu gleichen. Sein und Wirksamkeit eines höchsten Gottes wird empfunden, der, wie auch in Indien, wechselnd mit oberen und hohen Göttern gleichgesetzt wird. Dabei liegt auch im sumerisch-babylonischen Bereich solchem Wechsel, wie dies in Ägypten erkennbar ist und für Indien aufgehellt wird, die Wirksamkeit von Auseinandersetzungen zwischen verschiedenen Landschaften, Machtballungen, sozialen Schichten zugrunde. Dieselbe Entsprechung in der Intimstruktur der Frömmigkeit: das persönliche Sündenbewußtsein, das Bedürfnis nach Rechtfertigung, das in Mesopotamien ein förmliches Beichtritual hervorbringt, in beiden Kulturen aber schließlich den Menschen übersteigt und das Problem der Verantwortung der Gottheit für das Übel in der Welt, die Frage der Theodizee wachruft. In Babylonien zeigt sich darüber hinaus die auch aus den Anrufungen Kanaans und Israels sprechende Psalmengesinnung, in der sich so merkwürdig vereinen eine schlichte, demütige, sich selbst hingebende Frömmigkeit und höchst realistische Wünsche, nicht zuletzt, vielmehr an erster Stelle auf Vernichtung des Gegners. Da ist dieselbe Dämonenfurcht, die wir in Ägypten bemerkten, und auf der anderen Seite die Mahnung an die Eltern, ihre Kinder nicht zum Zorn zu reizen, und die aus uralten Schichten der Stammesseele aufsteigende Vorstellung, sich der Macht und Kraft des Gottes durch seinen Verzehr bemächtigen zu können.

Indessen wirkt die Ähnlichkeit zwischen beiden Kulturen doch auch wieder trügerisch, insbesondere in der Ableitung ihrer Bedingungen aus der Gemeinsamkeit einer Stromlandschaft. Den zusammenfassenden Einfluß des einen Stromes, des Nils, hat es im Zweistromland von Euphrat und Tigris nie gegeben; was in Ägypten lediglich eine immer wieder überwundene Gefahr war, die Drohung des territorialen Dualismus, hat in Mesopotamien zu der ständigen Rivalität mehrerer kleinerer Völker geführt, deren staatliche Gebilde dennoch ihrer inneren Haltung und ihrem Streben auf Universalität nach die Bezeichnung von ›Weltreichen‹ verdienen, die ihnen eine ältere Geschichtsschreibung verlieh. Dies gilt auch für das Volk, in dem zum erstenmal vor dem Islam der kriegerische Genius der Semiten eine furchtbare Ausprägung gewann, den Assyrern.

Doch ist Mesopotamien und war es damals, vor der Zerstörung seiner großen, bis in die Vor- und Frühgeschichte zurückreichenden Bewässerungsanlagen noch mehr, ein Land der Üppigkeit, feuchtwarmen Treibens und Sprießens. Dies mag sich ausdrücken in der Auffassung der ›Großen Göttin‹ der Sumerer und Babylonier, die ebenso charakteristisch verschieden ist von der Großen Mutter des Alls der Inder wie von der Isis der Ägypter, der durch den Verlust ihres Brudergemahls Osiris doch menschlichem Leid unterworfenen Mutter der Götter, Menschen und Tiere und schließlich des höchsten Gottes, des Horus selber.

Mit Isis und Kali-Durga hat Ischtar die Herrinneneigenschaft über das All gemeinsam und auch die als Spenderin der Weisheit. Mit der ›Großen Mutter‹ Indiens verbindet sie eng die Betonung der Todes- neben der Lebensseite. Wie jene ist sie nicht nur die Gebärerin, sondern auch die Vernichterin der Geschöpfe und darum in einem sehr allgemeinen Sinne Regentin der Gerechtigkeit, während bei Isis die schreckliche Seite des Göttlichen fast völlig hinter Gnade, Milde, Vergebung zurücktritt. Was aber bei der babylonischen Göttin ganz unverwechselbar ist, das ist die ungemeine Steigerung des sinnlichen Aspektes der Liebe als einer gesonderten Weltmacht, oder auch – in Indien gibt es dafür einen eigenen Gott, den eroshaften Kama – dieses hier geradezu überbeleuchteten Aspektes in Verbindung mit der ›Großen Mutter‹. Ischtar, in dieser Hinsicht, das ist ›Astarte‹, wie sie als verführerische Dämonin bis in das europäische Mittelalter nachspukt. Oder, anders ausgedrückt, die Liebe als eine zerstörende und beglückende Weltmacht, die sich nicht um Dauer und Zukunft der von ihr Ergriffenen kümmert, sondern etwas ganz für sich ist, wird hier in den Gebeten und Verwünschungen an Ischtar, in den Ton- und Alabasterstatuetten der Göttin gefühlt und umrissen: Aphrodite kündigt sich an.

Aber noch etwas anderes erscheint neu und einzigartig in Sumer und Babylon: die große Stadt. Die chinesischen, indischen, ägyptischen Städte, so ausgedehnt sie sein mochten, waren im Grunde doch nur Massenansiedlungen um die Tempel, die Residenz des Herrschers, oder, bei fortgeschrittener sozialer und wirtschaftlicher Organisation, um die Verwaltungszentren der Monarchen. Mag es in jenen Ländern, so besonders in Ägypten, schon das ›Bürgerliche‹ gegeben haben: der ›Städter‹ als eine neue Daseinsform des Menschen mit einer spezifischen Geistigkeit, die sich durch Jahrtausende gleichbleiben soll, wird erst hier geboren. Oder, von der andern Richtung her gesehen, könnte man auch sagen, schon hier, denn Ur und Babylon stehen Athen, Paris oder Berlin näher als Memphis und Theben, Harappa und Lojong.

Abscheugeladene und doch wieder heimlich bewundernde Stimmungsinhalte, wie sie die von der Bibel vermittelte Vorstellung ›der großen Babylon‹ bis heute in sich trägt, treffen durchaus das Richtige. Denn in dieser ersten, wirklichen ›großen Stadt‹ regt sich sogleich eine Geistigkeit, welche, ohne deshalb ›unreligiös‹ zu sein, aus dem ›Mythischen‹ herausgeht und die erstaunliche ›Modernität‹ der sumerisch-babylonischen Literatur bedingt. So etwa in der Etana-Dichtung, welche eine die Göttersphären übersteigende menschliche Auffahrt in den reinen Weltraum und damit eine intellektuelle, nicht religiöse Distanzierung von der Erde bringt; oder das Suchen des Gilgamesch, nicht wie es überall auf der Erde geschah, nach der Unsterblichkeit im Sinne eines Fortlebens nach dem Tode, sondern der Möglichkeit, gar nicht zu sterben.

Sinn dieses Buches ist, die Situation des betenden Menschen vor der Gottheit in eben seinen Gebeten zu zeigen. Daher tritt dieses ›Neue‹ Sumers und Babylons hier nicht deutlich hervor; es ist aber als innerer Hintergrund mitzudenken. Beides vereinigt sich repräsentativ in der ältesten Darstellung eines auch als Persönlichkeit feststellbaren Beters, die überhaupt bekannt ist. Es ist die des Königs Gudea von Lagasch, aus dem 22. Jahrhundert vor Christus. Da ist kein Sohn des Sonnengottes, kein zum irdischen König inkarnierter Himmelsherr, sondern ein Mensch, nicht ohne Selbstbewußtsein, ja nicht ohne Eitelkeit, aber doch wieder voller Hingabe und Entferntsein von sich selbst, der sich als ein Beter und als ein menschliches Individuum der Gottheit gegenüber befindet. Dem entspricht, daß in Sumer und Babylon keine Götter in tierischer Gestalt verehrt werden; das Göttliche zieht hier bereits menschliche Form an.

WEIHEGESANG AN DEN ERDGOTT EN-ME-SHAR-RA

O En-me-shar-ra[1], Herr der Erde, Großer des Arallu[2], Herr der Erde und des Landes, aus dem keiner zurückkehrt, Herrscher der Anunnaki,
du, der du die Gesetze der Erde bestimmst, der du das große Band zwischen dem Himmel und der Erde bist,
großer Herr, ohne den Nin-gir-su auf den Feldern und an den Ufern des Kanals das Wachstum der Pflanzen nicht gedeihen läßt und hervorbringt,
Herr der Schöpfung, der kraft seiner Macht die Erde beherrscht,
der den Raum befestigt, der bis an die äußersten Grenzen der Unterwelt reicht,
der Anu und Bel das Zepter und den Thron verleiht,
möge durch deine Ordnung die Grundlage dieses Tempels dank deiner Gegenwart unerschütterlich fest bleiben.
Gepriesen sei sein Turm
wie das Verweilen deiner Herrschaft auf der Erde.
In ihm mögen Anu, Bel und Ea fest gegründet ihre Wohnung errichten,
und ich, XY, der Erhabene, euer Diener, möge vor eurer großen Gottheit
einen günstigen Namen in der Ewigkeit der Tage tragen.
Das Verweilen der großen Götter beherrsche mein Land.
Möge ich ein friedliches Haus bewohnen.

AN DEN SONNENGOTT SCHAMASCH

Zu dem lautern Lugalbanda, Sproß der Berge, will ich meine Stimme erheben!
zu ihm, dessen gnädiger Geist uns zu den Himmeln erhebt,
zu dem Gott, dessen gnädiger Geist nicht bringt in Zorn,
zu dem Gott, dessen Rat uns zur Seite geht,
zu Schamasch, gen Himmel will ich meine Augen erheben,

zu ihm wie zum Vater will ich laut rufen,
dessen gnädige Hand für mich sorgt, zu ihm will ich schauen und emporblicken!
Gott, Hirte des Landes, Vater der Schwarzköpfigen,
schlummerst du, schläft doch dein Auge nicht über dem Lande,
Held Schamasch, erhebst du das Auge, über die Lande blickst du dann;
Schamasch, wie du ist keiner!
Herr der Krone, wer ohne Führung ist, den leitest du!
Des Herrn vom glänzenden Aufgang Begleiter bist du!
Schamasch, dreimal vollkommener Held bist du!

AN SCHAMASCH
Beschwörung

Schamasch, Richter von Himmel und Erde, Herr dessen, was oben, und dessen, was unten ist,
. . . . . .
der du löst den Gebundenen, belebst den Toten,
der du beendest die Finsternis, das Licht verbreitest.
Ich NN., Sohn des NN., dein Diener, wandte mich an dich, suchte dich auf.
An diesem Tage erhebe dich zu meinem Gericht!
In meine Finsternis bringe Licht, meine Unruhe verscheuche!
Meine Wirrsale bringe in Ordnung, von dem Bösen an Kräften und Zeichen,
Zauberwerk und jeglicher Machenschaft der Menschen,
so gegen mein Leben mit Gewalt verübt wurden, errette mich!
Den Bann löse, das Leben verleihe! Wegen des Bösen an Mächten
und schlimmen Zeichen, so in meinem Hause sind, fürchte ich mich,
bin ich in Furcht und Bedrängnis, dem Bösen an Kräften
und Zeichen entrücke mich!
In nichts
sei ich geschädigt, das Böse möge nicht auf mich stürzen!

AN SCHAMASCH UM ABWEHR EINES UNGÜNSTIGEN VORZEICHENS

Schamasch, König von Himmel und Erde,
Herr des Rechts und der Gerechtigkeit,
Fürst der Anunnaki, Herr des Schutzgeistes,
dessen Huld kein Gott beugt,
dessen Befehl nicht geändert wird:
Schamasch, den Toten zu beleben,
den Gebundenen zu lösen, steht in deinen Händen!
Schamasch,
ich, dein Diener,
NN., Sohn des NN.,
dessen Gott Marduk und dessen Göttin
nicht weniger sind als die anderen Götter und Göttinnen
und in ihrem Herzen besonders köstlich sind,
vor dir
erfasse ich dein Obergewand:
bei dem Unheil der Schlange, die in meinem Hause
erschienen ist, und dem Glänzenden,
das sie getan und das ich sah,
bin ich voll Furcht und Angst,
bin ich in Bedrängnis, diesem Übel
entrücke mich!
Deine Größe will ich verherrlichen,
in Gehorsam dir huldigen!
Die, welche mich sehen,
sollen für ewig
dir huldigen!

ZAUBERSPRUCH AN SCHAMASCH BEI SONNENUNTERGANG

Schamasch, wenn in des Himmels Innere du eintrittst,
möge der Riegel des glänzenden Himmels Gruß dir zurufen;
mögen die Türflügel des Himmels dir huldigen!

Möge die Gerechtigkeit, dein geliebter Bote, dich recht leiten;
über E-barra, deine Herrscherwohnstätte, laß deine Hoheit strahlen!
Möge Aja, deine geliebte Gemahlin, freudig dir entgegenkommen,
beruhigt möge sie dein Herz beruhigen!
Dein Göttermahl werde dir bereitet,
Gewaltiger, Held Schamasch, dich möge man preisen!
Herr von E-barra, ziehe dahin, dein Weg sei richtig;
mache recht deinen Weg, auf einer festen Bahn als deinem Grunde
ziehe dahin!
Schamasch, des Landes Richter,
Lenker seiner Entscheidung bist du!

GEBET FÜR DEN KÖNIG

Das Gesetz für die Menschen alle leite du!
Gerechter Gott in den Himmeln ewig bist du!
Gott der Gerechtigkeit und Weisheit der Länder bist du!
Den Frommen kennst du, den Bösen kennst du!
Schamasch, die Gerechtigkeit erhebt zu dir ihr Haupt.
Schamasch, wie von einer Peitsche wird der Böse von dir zerrissen.
Schamasch, der Beistand Anus und Bels bist du.
Schamasch, der erhabene Richter von Himmel und Erde bist du.
Schamasch, das Rechte der Götter entscheide du!
Die erhabene Entscheidung der Götter fälle du!
Schamasch, der erhabene Richter, der große Herr der Länder bist du;
Herr der Geschöpfe, Erbarmer der Länder bist du.
Schamasch, an diesem Tage den König, den Sohn seines Geistes, reinige
und läutere ihn!

Jeglicher böse Spuk, der in seinem Körper ist, möge beseitigt werden!
Wie ein Gefäß mit Alaun werde er gewaschen!
Wie ein Gefäß mit Rahm werde er gereinigt!
Wie glänzendes Kupfer werde er hell!
Seinen Bann löse!
Solange er lebt, möge er deine Größe preisen!
Und ich, der Beschwörer, dein Diener, will unterwürfig dir dienen!

AN DEN VATER DER GÖTTER UND MENSCHEN

Herr, Herrscher unter den Göttern, der im Himmel und auf Erden allein erhaben ist,
Vater Nannar[3], Herr, Ansar[4], Herrscher der Götter,
Vater Nannar, Herr, Anu[5], großer Herrscher der Götter,
Vater Nannar, Herr Sin, Herrscher der Götter,
Vater Nannar, Herr von Ur, Herrscher der Götter,
Vater Nannar, Herr von Egissirgal, Herrscher der Götter,
Vater Nannar, Herr der Tiara, strahlender Herrscher der Götter,
Vater Nannar, der an Königswürde ganz vollkommen ist, Herrscher der Götter,
Vater Nannar, der in fürstlichem Gewande einherschreitet, Herrscher der Götter,
kräftiger Jungstier mit dicken Hörnern, mit vollkommenen Gliedmaßen, mit blauem Barte, voll Üppigkeit und Fülle.
Frucht, die sich selbst erzeugt, von hohem Wuchse, herrlich anzuschauen, an deren Fülle man sich nicht sättigen kann,
Mutterleib, der alles gebiert, der bei den Lebewesen eine heilige Wohnung aufgeschlagen hat,
Barmherziger, gnädiger Vater, der das Leben des ganzen Landes in seiner Hand hält,
Herr, deine Gottheit ist wie der ferne Himmel, ein weites Meer voll von Fruchtbarkeit,

der das Land erschafft, die Tempel gründet, ohne Namen nennt,
Vater, der Götter und Menschen erzeugt, der Wohnungen aufschlagen läßt, Opfer einsetzt,
der das Königtum beruft, das Zepter verleiht, der das Schicksal bis in ferne Tage bestimmt,
gewaltiger Fürst, dessen weites Herz kein Gott durchschaut,
Hurtiger..., dessen Knie nicht ermüden, der den Weg der Götter, seiner Brüder, eröffnet,
der vom Grund des Himmels bis zur Höhe des Himmels glänzend einherwandelt,
der die Tür des Himmels öffnet, Licht schafft allen Menschen,
Vater, Erzeuger aller, der auf die Lebewesen blickt und hinschaut,
Herr, der die Entscheidung von Himmel und Erde fällt, dessen Befehl niemand verändert,
der Feuer und Wasser hält, der die Lebewesen lenkt, welcher Gott kam dir gleich?
Im Himmel – wer ist erhaben? Du allein bist erhaben.
Auf Erden – wer ist erhaben? Du allein bist erhaben!
Erschallt dein Wort im Himmel, so werfen die Götter der oberen Welt sich auf ihr Antlitz nieder,
erschallt dein Wort auf Erden, so küssen die Anunnaki den Boden,
zieht dein Wort droben wie ein Wind dahin, macht es Weide und Tränke üppig,
läßt dein Wort sich auf der Erde nieder, wird grünes Kraut erzeugt,
dein Wort macht Stall und Hürde fett, breitet die Lebewesen aus,
dein Wort läßt Wahrheit und Gerechtigkeit entstehen, so daß Menschen Wahrheit reden,
dein Wort ist der ferne Himmel, die verdeckte Erde, die niemand durchschaut,
dein Wort, wer begreift es, wer kommt ihm gleich?
Herr, im Himmel an Herrschaft, auf Erden an Herrschertum

hast du unter den Göttern, deinen Brüdern, keinen Nebenbuhler,
hoher König der Könige, dessen Befehl niemand gleichkommt,
dessen Gottheit kein Gott gleicht,
glänzender Herr, der Wahrheit und Gerechtigkeit am Himmel
und auf Erden lenkt, der sie hervorgehen läßt,
dein Haus blicke an, deine Stadt blicke an!
Ur blicke an, Egissirgal blicke an!
Deine geliebte Gattin, die gnädige Mutter, möge zu dir sagen:
»Herr, beruhige dich!«
Der Held (Schamasch...) möge zu dir sagen: »Herr, beruhige
dich!«
Die Igigi mögen zu dir sagen: »Herr, beruhige dich!«
Die Anunnaki mögen zu dir sagen: »Herr, beruhige dich!«
Die Riegel von Ur, das Schloß von Egissirgal mögen zu dir sagen:
»Herr, beruhige dich!«
Die Götter Himmels und der Erde mögen zu dir sagen:
»Herr, beruhige dich!«

KLAGEGEBET AN NERGAL[6]

Starker, erhabener Herr, Erstgeborener Nunnamnirs,
Fürst der Anunnaki, Herr der Schlacht,
Sproß der Kutusar, der großen Königin,
Nergal, stärkster der Götter, Liebling der Ninmenna.
Strahlender bist du am lichten Himmel, erhaben ist dein Standort,
groß bist du in der Unterwelt, hast keinen Nebenbuhler,
neben Ea in der Versammlung der Götter ist dein Rat hervorragend.
Neben Sin am Himmel durchschauest du alles.
Es gab dir dein Vater Enlil die Schwarzköpfigen, alles, was Odem hat,
das Vieh des Feldes, das Getier hat er deiner Hand anvertraut.
Ich N. N., Sohn des N. N., dein Knecht:

Groll des Gottes und der Göttin ist mir zuteil geworden,
Not und Verderben sind in meinem Hause,
Rufen ohne Erhörung bedrückt mich.
Weil du schonungsvoll bist, mein Herr, wende ich mich an deine Gottheit,
weil du barmherzig bist, suche ich dich auf,
weil du hinabblickst, schaue ich auf dein Antlitz,
weil du mitleidig bist, stehe ich vor dir.
Treulich blicke mich an, erhöre mein Rufen,
dein zorniges Herz beruhige sich!
Löse meine Schuld, meine Sünde tilge!
Der Grimm deines göttlichen Herzens werde gelöst,
Gott und Göttin, die zürnen und grollen,
mögen sich mit mir versöhnen!
Deine Größe will ich verkünden, will dir huldigen.

KLAGELIED AN ISCHTAR

Ich flehe dich an, Herrin der Herrinnen, Göttin der Göttinnen,
Ischtar[7], Königin aller Wohnstätten, Lenkerin der Menschheit!
Irnini[8], du bist Herrscherin, die größte der Igigi[9],
gewaltig bist du, eine Fürstin. Dein Name ist erhaben!
Du bist die Leuchte Himmels und der Erde, starke Tochter des Sin,
du leitest die Waffen, setzest den Kampf ins Werk,
du verfügst über alle Kulte, mit der Herrscherkrone geschmückt.
Herrin, herrlich ist deine Größe, über alle Götter erhaben!
Du Stern des Kampfgeschreis, die einträchtige Brüder in Streit bringt,
die einander ausliefern läßt Freund und Freundin, Herrin der Schlacht, die niederstößt meine Berge.
Gusea[10], die mit Kampf bedeckt, mit Entsetzen bekleidet ist.
Du vollziehst Strafgericht und Entscheidung, das Gesetz Himmels und der Erde!

Heiligtümer, Tempel, Göttersitze und Kapellen harren auf dich.
Wo ist nicht dein Name, wo nicht dein Kult?
Wo sind deine Bilder nicht gezeichnet, wo deine Kapellen nicht aufgeschlagen?
Wo bist du nicht groß, wo du nicht erhaben?
Anu, Enlil und Ea haben dich erhoben, unter den Göttern deine Herrschaft groß gemacht,
haben dich erhöht unter allen Igigi, haben deinen Platz überragend gemacht!
Beim Gedenken deines Namens erbeben Himmel und Erde,
die Götter erbeben, es zittern die Anunnaki,
deinen furchtbaren Namen verehren die Menschen!
Du bist groß und erhaben.
Alle Schwarzköpfigen, die wimmelnden Menschen, preisen deine Stärke!
Das Recht der Menschen richtest du in Recht und Gerechtigkeit.
Du siehst den Bedrückten und Geschlagenen an, du leitest ihn recht Tag für Tag.
Wie lange noch zögerst du, Herrin Himmels und der Erde, Hirtin der blöden Menschen?
Wie lange noch zögerst du, Herrin des heiligen Eanna, des reinen Vorratshauses?
Wie lange noch zögerst du, Herrin, deren Füße nicht erlahmen, deren Knie dahineilen?
Wie lange noch zögerst du, Herrin der Schlacht und aller Kämpfe?
Du Herrlichste, Löwin der Igigi, die niederwirft die erzürnten Götter,
du Stärkste aller Herrscher, die die Könige am Zügel hält,
die öffnet den Schleier aller Frauen,
du bist erhaben und fest gegründet, Heldin Ischtar, groß ist deine Stärke!
Leuchtende Fackel Himmels und der Erde, Licht aller Lande,
Weitend in unwiderstehlichem Angriff, stark im Kampfe,

Feuerbrand, der gegen die Feinde aufleuchtet, der die Vernichtung der Mächtigen bewirkt,
Bleich machende Ischtar, die die Schar versammelt!
Göttin der Männer, Ischtar der Frauen, deren Ratschluß niemand erfährt,
wo du hinschaust, wird die Tote lebendig, steht der Kranke auf,
wird gerecht, der nicht gerecht, der dein Antlitz erblickt?
Ich rufe dich an, ich dein elender, jammervoller, kranker Knecht!
Siehe mich an, meine Herrin, nimm an mein Flehen,
schau mich in Gnaden an und höre mein Gebet!
Meine Begnadigung sprich aus, und dein Gemüt besänftige sich!
Die Begnadigung meines elenden Leibes, der voller Verwirrung und Unordnung ist,
die Begnadigung meines kranken Herzens, das voller Tränen und Seufzer ist,
die Begnadigung meiner elenden Eingeweide, die voller Verwirrung und Unordnung sind,
die Begnadigung meines betrübten Hauses, das wehleidige Klagen anstößt,
die Begnadigung meines Gemütes, das satt ist von Tränen und Seufzern.
Irnini, erhabne, grimmer Leu, dein Herz beruhige sich!
Zorniger Wildstier, dein Gemüt besänftige sich!
Deine gnädigen Augen mögen auf mir ruhen!
Mit deinem glänzenden Antlitz blicke mich in Gnaden an!
Verscheuche die böse Verzauberung meines Leibes, dein glänzendes Licht will ich sehen!
Wie lange noch, meine Herrin, sollen meine Widersacher nach mir blicken,
in Falschheit und Unwahrheit Böses gegen mich ersinnen?
Wie lange noch soll mein Verfolger, mein Nachsteller, gegen mich wüten?
Wie lange noch, meine Herrin, soll der schwache Tor über mich herfallen?

Gewandt hat sich gegen mich der geringste Schwächling, ich aber würde...
Die Schwachen sind stark geworden, ich aber bin schwach geworden.
Ich woge wie eine Flut, die der böse Sturm bedrängt,
mein Herz fliegt und flattert wie ein Vogel des Himmels.
Ich klage wie eine Taube Tag und Nacht,
ich bin niedergedrückt und weine jämmerlich,
von Weh und Ach ist mein Gemüt gepeinigt.
Was habe ich getan, mein Gott und meine Göttin, ich?
Wie wenn ich meinen Gott und meine Göttin nicht fürchtete, geht es mir.
Zuteil geworden sind mir Schmerz, Kopfkrankheit, Verderben und Untergang,
zuteil geworden sind mir Drangsal, Ungnade und Fülle des Zornes,
Grimm, Wut, Groll der Götter und Menschen.
Ich sehe, meine Herrin, Gericht, Verwirrung und Aufruhr,
es packt mich Tod und Not!
Verödet ist meine Kapelle, verödet mein Heiligtum,
über mein Haus, Tor und Fluren hat sich Trauerstille ergossen.
Meines Gottes Antlitz ist nach einem anderen Orte gewandt,
aufgelöst ist meine Sippe, meine Mauer ist zerbrochen,
ich harre auf meine Herrin, auf dich ist mein Sinn gerichtet.
Ich flehe dich, ja dich an, löse meinen Bann!
Löse meine Schuld, mein Vergehen, meine Missetat und meine Sünde, vergiß meine Missetat, nimm an mein Flehen!
Löse meine Fesseln und bewirke mir Befreiung,
lenke meinen Schritt, daß ich strahlend als Herr mit den Lebenden die Straße ziehe.
Befiehl, daß auf deinen Befehl der erzürnte Gott wieder gut werde,
daß die Göttin, die sich zürnend abgewandt hat, wieder zurückkehre,

mein finsteres, düsteres Kohlenbecken möge wieder leuchten,
meine erloschene Fackel flamme auf!
Meine aufgelöste Sippe sammele sich wieder,
mein Hof werde weit, geräumig meine Hürde!
Nimm an meine kniefällige Verehrung, höre an mein Gebet,
schau mich in Gnaden an.
Wie lange, meine Herrin, zürnest du, ist dein Antlitz abgewandt,
wie lange, meine Herrin, grollst du, ist voll Grimm dein Gemüt?
Wende zurück deinen Nacken, den du abgewendet hast,
zu einem Wort der Gnade richte dein Antlitz!
Wie von dem lösenden Wasser des Stromes beruhige sich dein Gemüt!
Auf meine Feinde laß mich treten wie auf den Erdboden,
die mir zürnen, unterwirf mir, laß sie hocken zu meinen Füßen!
Mein Gebet und mein Flehen gelange zu dir;
deine große Barmherzigkeit ruhe auf mir!
Wer mich auf der Straße sieht, verherrliche deinen Namen,
und auch ich will vor den Schwarzköpfigen deine Gottheit und deine Stärke preisen!
»Ischtar ist erhaben! Ischtar ist Königin!
Die Herrin ist erhaben! Die Herrin ist Königin!
Irnini, die Tochter Sins, die Heldin, hat nicht ihresgleichen!«

BEICHTE UND BITTGEBET

1 *Die Fragen des Priesters*

Hat der Vater sich gegen den Sohn aufreizend verhalten?
Hat der Sohn sich gegen den Vater aufreizend verhalten?
Hat die Mutter sich gegen die Tochter aufreizend verhalten?
Hat die Tochter sich gegen die Mutter aufreizend verhalten?
Hat der Freund sich gegen den Freund aufreizend verhalten?
Hat er sich geweigert, den Gefangenen freizulassen,
dem Gefesselten die Fesseln abzunehmen?
Hat er irgendeine Sünde gegen seinen Gott, irgendeine Sünde

gegen seine Göttin begangen?
Hat er ja statt nein gesagt?
Hat er zum eigenen Vorteil eingestellte Waagen benutzt?
Hat er seinen echten Sohn verjagt,
um dem unehelichen Sohne Platz zu schaffen?

II *Bekenntnis und Gebet des Beichtenden*

Worte der Auflehnung habe ich gesprochen, einen Bösewicht habe ich entkommen lassen,
unfriedliche Worte habe ich ausgesprochen. Du weißt jede böse Tat.
Von Gott, meinem Schöpfer, habe ich die Nahrung gegessen.
Ich habe einen Ort, dessen Betreten verboten ist, verwünscht,
eine böse Sache habe ich getan.
Auf deinen großen Besitz habe ich mein Auge gerichtet...
dein kostbares Silber habe ich begehrt.
Ich habe die Hand erhoben, Unberührbares habe ich berührt;
in unreinem Zustand habe ich das Haus betreten...
Mit Zorn im Herzen habe ich deiner Gottheit geflucht.
Wie lange willst du noch, mein Herr, dein Angesicht von mir abwenden?
Wie lange willst du noch, meine Göttin Inninni, dein Angesicht von mir abwenden?
Herr, demütige deinen Diener nicht.
Er ist in den Schlamm geworfen worden; seine Hand greift nach dem rettenden Ufer.
Wende die Sünde, die ich begangen habe, zum Guten;
die Schuld, die ich auf mich geladen habe, der Wind möge sie mit sich davontragen.
Nimm meine vielen Sünden von mir, wie man ein Kleid auszieht.

III *Gelöbnis von Gaben*

Reichtum im Überfluß wird der Sünder auf dein Heiligtum herabregnen lassen.

Ständig wird er sich um dein Haus bemühen.
Mit Öl wird er deinen Riegel, wie mit Wasser, salben,
Öl in überreichem Maße wird er auf deine Schwelle tropfen lassen.
Die Wohlgerüche der Zeder wird er vor dir aufsteigen lassen,
und auserlesene Granatäpfel, die besten Samenkörner dir weihen.

IRAN

Die beiden Ströme des alten indoeuropäischen Volkes, welche bei ihrem Hinunterfluten nach Süden vom Hindukusch wie von einem senkrecht entgegenstehenden Damm geschieden wurden, haben im Religiösen eine erstaunlich andersartige Entwicklung genommen. Wohl bleibt beiden noch lange die alte anspruchslos-anspruchsvolle Frömmigkeit ritterlicher Nomaden gemeinsam, wie sie die Vorfahren der ihrer Sprachverwandtschaft und dem Raum ihrer späteren Ausdehnung nach als ›indoeuropäisch‹ bezeichneten Völkergruppe einst waren. Es ist eine Frömmigkeit von unbefangenen Adeligen, die nach Glück und Wohlergehen im Leben, nach Siegen und Beute, nach schönen Frauen und Geliebten, nach vielen mutigen Söhnen zur Fortsetzung der Sippe, nach Pferden und Rindern und frischen Weiden und am Ende nach einem Fortbestand all dieser schönen Dinge in einer anderen Welt verlangen – wofür sie durchaus auch Opfer aus ihrem irdischen Besitz zu bringen bereit sind. Die ›Kuh des Daseins‹, ein nur von wohllebenden Viehzüchtern zu prägender Begriff, bleibt den Eroberern Indiens und der iranischen Hochfläche noch lange gemeinsam das Sinnbild einer Welt, um deren Schutz und Wohlergehen zu den Göttern gefleht wird.
Gemeinsam sind auch, optischen Meinungen über indoarische Religiosität zum Trotz, der Gebrauch und die feierliche Verehrung eines von den Indern Soma, von den Iraniern Haoma genannten ›Rauschtrankes‹, hergestellt aus einem Kraut, dessen anregende Wirkungen auf Sympathikus und auch auf das Zentralnervensystem von der modernen Medizin inzwischen wiederentdeckt wurden. Diesem Soma-Haoma wird wegen der durch seinen Genuß verschafften vitalen und seelischen Erhöhung bald selber als göttlich gehuldigt, als Eigenmacht, als zentralem Opfer, das Welt und Himmel vertritt und an dem Götter und Menschen teilnehmen. Später tritt, spiritualisiert, bei den Indern an eine Stelle die Verehrung der heiligen, die Fülle des Brahman andeutenden, die Welt umfassenden und belebenden Silbe ›Om‹. Doch bereits in den älteren Gebeten Irans zeigt sich das Anders-

werden. Die der altindischen Herrenschicht gehen um Erfolg und Sieg, die Bitten schon der frühen Iranier, daß die Himmelsgötter sie mit Tapferkeit und klarer Einsicht erfüllen möchten. Schon zeigt sich Iran als das Land, das sich mit Leidenschaft der Ethik als wichtigstem Inhalt der Religion zuwenden sollte, hierin allein mit Israel vergleichbar. Dann wird die von den öden Gebirgen Afghanistans und Belutschistans geographisch angedeutete Grenze stetig schroffer. Unter dem heißen Tieflandhimmel Indiens sprießen aus dem Denken und Schauen der sich mit den vorgefundenen Völkerschaften und ihren Glaubensüberzeugungen verschmelzenden Erobererschicht immer neue Götterwelten, die dann aber in einen überwältigenden, lückenlosen, gesamthaften Monotheismus einmünden, wie er bisher in der Religionsgeschichte der Erde einzig dasteht. Denn für die Inder ist Gott wahrhaftig einzig und allein, weil außer ihm nichts existiert, selbst nicht in der zeitweiligen, von anderen Religionen zugelassenen Freiheit, und alles Seiende nur Form, Gestaltentwurf, Ausgeburt von ihm selber ist.
Man hat in der Entdeckung und Schau des Brahman, des höchsten und göttlichen Wesens, von dem der innerste Seelenkern des Menschen ein herausgeschleuderter, stets mit Rückkehr trächtiger Funken ist, den Einfluß der Unterworfenen auf ihre neuen Herren gesehen; hat gemeint, daß der in unvordenkliche Zeiten zurückreichende Glaube des drawidischen Südens – der heute zum erstenmal ein Selbstbewußtsein gegen das anders, ›arisch‹ sprechende Indien zeigt – an eine allumarmende Muttergottheit nicht nur in Gestalt der Kali-Durga aufgenommen wurde, sondern auch in das allenthaltende Brahman umgewandelt, das alle Wesen aus sich entläßt und wieder in sich birgt. Die später als ›Iranier‹ geschichtlich werdenden Bruderstämme der Inder fanden bei ihrer Einwanderung in das Gebiet zwischen dem Kaspischen Meer und dem westlichen Indischen Ozean, zwischen Kabul und dem Zagrosgebirge nichts vor, mit dem sie sich auseinandersetzen mußten oder von dem sie beschenkt werden konnten.

So entwickelte sich die den Iraniern bestimmte Religiosität in einem freien, wie leeren Raum. An der Spitze steht immer die Entfaltung des Ethischen. Die große Wendung bringt hier der Mann und Prophet aus Ostiran, Zadruscht, für uns Zarathustra, zeitlich etwa ein Jahrhundert vor dem Auftreten Buddhas in Indien wirkend. Zarathustra eifert gegen die für ihn falsche Frömmigkeit der üppigen Opfermahle mit dem reichlichen Genuß von Fleisch und Rauschtrank. Er erreicht ihre Abschaffung. Reinheit erscheint nun als das höchste Gut, das von den Göttern zu erflehen ist, und zwar als eine Eigenschaft, die zum Werte an sich wird, nicht lediglich Voraussetzung zum Beschreiten anderer religiöser Stufen. Wie es die dauernde Versuchung jeder Religion ist, daß ihre Anhänger sich mit den Guten und Frommen schlechthin gleichsetzen, so sind auch die Iranier ihr nicht entgangen. Darum bedeutet es eine Selbstüberwindung, wenn in einem der hier wiedergegebenen Gebete der göttliche Segen auch für die edlen und reinen Männer und Frauen in ›Turan‹, dem mythisch-geographischen Gegenbegriff für die lichte Welt Irans, erbeten wird.

Das Ideal der Reinheit gilt auch für die außermenschliche Welt, vertreten durch die Elemente: Erde, Wasser, Luft und Feuer tragen ihre große, den Menschen belebende Reinheit in sich und sind vom Menschen, wenn er in Berührung mit ihnen kommt, in dieser ihrer Reinheit zu erhalten. Oberstes Gebot ist ihre Nichtbefleckung, ihre ehrfurchtsvolle Pflege, die sich vor allem in den Gebeten an das Feuer ausdrückt – etwas, was den Iraniern bei ihren islamischen Gegnern und Überwältigern den törichten Beinamen der ›Feueranbeter‹ eingetragen hat.

Die Riten und Vorschriften solcher Achtsamkeit werden heute noch von den Parsen erfüllt, den einst vom Islam aus ihrer Heimat vertriebenen, nun seit zwölfhundert Jahren in Indien ansässigen Emigranten des alten iranischen Glaubens. Bisher fremd anmutend, wird vielleicht, da Erde und Luft und Wasser in seinem Umkreis zu mangeln oder befleckt und krank zu werden beginnen, jene iranische Sorge um die Reinheit der Elemente auch dem modernen Westen eher verständlich sein.

Die andere Möglichkeiten völlig überschattende Rolle der kämpferischen Ethik in der iranischen Religion strahlt am glänzendsten und fast weltgewinnend auf am Zeitpunkt ihrer Begegnung mit dem beginnenden Christentum und der Staatsgesinnung des ausgehenden Römischen Reiches. Mithras, der strahlende Kämpfer und Held, der Herr der Sonne und des Stieres, der Gott, dessen Name Sieg ist, der aber selber Beschwerden, Gefahren, Leiden auf sich nehmen muß, um die Herrschaft über die Welt zu erlangen und gegen die Dämonen zu sichern, wird zur Zuflucht der Soldaten und Beamten, die, beständig Barbaren- und Naturkatastrophen-bedroht, an den Grenzen und Außenposten des Reiches die Dämme zu verteidigen und ständig zu erneuern suchen, einer vom Soldaten- und Intellektuellenkaiser bis zum Provinzschreiber und Söldnerlegionär fanatisch dieser Aufgabe verschworenen Schicht, die erklärlicherweise im Weltüberwindungsgedanken des Christentums die Aufforderung zu allgemeiner Auflösung erblicken mußte.

So finden sich die ›Mithraeen‹, die Heiligtümer des an sich sehr alten iranischen Gottes, in den aus noch fernerer Zeit auch Züge des babylonischen Sonnengottes und Himmelsherrn Schamasch eingeflossen sind, in allen Gegenden, wo für Ordnung und Bestand der spätrömischen Welt, die nun auch die griechische Kultur schützend in sich birgt, gekämpft und gelitten wird. Was Mithras seinen Gläubigen gab, war Mut, Furchtlosigkeit, die eigene Person geringschätzende Ausdauer in oft oder meistens ausweglosen Lagen. Was er von ihnen verlangte, war, was man heute »Härte‹ nennen würde. Dem entsprachen schon die Anforderungen bei der Aufnahmezeremonie in seinen Kult, die Taufe unter dem aus einem geopferten Stier hervorschießenden Blut und die dem Einzuweihenden auferlegten grausamen, gelegentlich tödlich verlaufenden Standhaftigkeitsproben.

Als jene Männerreligion des Mithras in Kraft stand, verdeckte sie die Bedeutung, welche eine andere, höhere Form der kämpferischen Ethik Irans für die ganze Folgezeit gewinnen sollte. Es war die Auffassung des gesamten Weltgeschehens als eines Kampfes zwischen den beiden Prinzipien des Guten und Bösen, vertreten und verkörpert durch die Götter Ahura-Mazda, später Ormuzd genannt, den Herrn des Guten, und Ahriman, den Geist des Bösen. Der Ausgang dieses Kampfes ist mit dem Siege des Ormuzd vorherbestimmt. Dennoch ist jedem während Zeit und Geschichte lebenden Menschen die Pflicht zur Entscheidung auferlegt, auf Grund deren er nach dem Endkampf und dem dadurch gegebenen Aufhören aller Zeit gerichtet wird. Ahriman wird mit den Anhängern des Bösen, zu einer Kugel kalten, leblosen Stoffes zusammengeballt, in den Abgrund des Raumes geschleudert; Ormuzd zieht mit den dann noch lebenden Menschen wie mit den wiederauferstehenden Verstorbenen, die sich in ihrem irdischen Dasein für ihn entschieden haben und die ihm ebenfalls in dem letzten Kampf zwischen Gut und Böse beistehen, in das wiederhergestellte Lichtreich des Anfangs ein, das durch Ahriman gefährdet und fast zerstört wurde. Das heroische Geschichtsbild der Iranier ist letzten Endes optimistisch, weil sich schließlich und in der Gesamtsumme mehr Menschen für das Gute entschieden haben als für das Böse.

Die außerordentlichen Konsequenzen, welche diese iranische Vorstellung in unzähligen, erst allmählich deutlich werdenden Verästelungen für alles Spätere gehabt hat, bis in betont unreligiöse, ja antireligiöse Geschichtsinterpretationen der Gegenwart hinein, auch nur in der Perspektive andeuten zu wollen, würde Zweck und Möglichkeiten dieser Einführung überschreiten. Hingewiesen werden muß aber wenigstens auf zwei der vielen religiösen und außerreligiösen Denk- und Glaubenseinstellungen, die hier im Iranischen ansetzen. Sofort erkennbar ist das erste Auftauchen der Lehre von der Prädestination, der Bestimmung des Menschen zur Erlösung oder Verdammung durch vorherigen Beschluß der Gottheit, der dennoch die Verantwortung des Einzelnen für sein Verhalten nicht aufhebt. Die iranische Überzeugung ist hier gleich- und vorangestimmt den späteren des Islam und des Calvinismus. Vielmehr, sie ist ihr Mutterboden. Die Vermittlung liegt hier sogar ganz offen, weil Augustin, der große Verfechter der Prädestination im christlichen Bereich, als zeitweiliger Gläubiger der manichäischen Religion, einer wirkungsstarken Verbindung von Elementen pessimistischen griechischen Denkens und iranischen Glaubens an den Kampf zwischen dem Guten und dem Bösen, jahrzehntelang in Vorstellungen iranischer Herkunft lebte. Bei Augustin, und das ist das zweite des durch ihn vermittelten iranischen Einflusses auf den späteren Westen, nimmt dieser Glaube die beeindruckende Gestalt einer ständigen, aber mit dem vorherbestimmten Sieg der ersteren endenden Auseinandersetzung zwischen der Civitas Dei, dem ›Reich Gottes‹, und der Civitas terrena, dem Reich der Sünde und des irdischen Zwangs, an.

Auf anderer Ebene ist es im jüdischen, christlichen und islamischen Bereich der Streit Satans gegen Gott, der von Iran strukturell vorgeprägt wird. Denn wenn man auch neuerdings nicht mehr der Ansicht ist, daß der Dualismus, das Zweiheitsdenken im Religiösen, erst in Iran entstand, sondern ihn auf ältere, gesamtindoeuropäische Einstellungen zurückführt, so erscheint er doch in seiner ersten, in die Zukunft hineinmodellierenden Wirkungsgestalt als Religion Zarathustras.

Iran stellt aber auch zuerst die Lehre von einer gemeinsamen Auferstehung des Volkes der Gläubigen und Gerechtbefundenen am Ende der Zeiten auf. Diese Lehre schiebt sich vor die Hoffnung persönlichen Fortlebens nach dem Tode, um die in allen Religionen so viele Bemühungen und Gebete kreisen. Die erste Aufnahme der iranischen ›kollektiven‹ Fortdauer nach dem Aufhören der Welt überhaupt erfolgt durch Israel, als dessen Aristokratie, technische Spezialisten und geistig-theologische Elite in der ›babylonischen Gefangenschaft‹ nach der Eroberung Mesopotamiens durch die Perser (597 v. Chr.) bis zur Rückkehr nach

Palästina für zwei Generationen unter den Einfluß der entwickelten iranischen Religiosität gelangten.
Noch ein drittes oder eigentlich das andere alles Umgreifende ist zu bemerken: die erstmalige Auffassung der Geschichte in Iran nicht mehr nur als einer Folge oder Anhäufung von Begebnissen, wie sie etwa von den chinesischen und ägyptischen Geschichtsschreibern aufgezeichnet wurde, sondern als eines sinnschweren Vorgangs in der Zeit, eines Heilsweges innerhalb und auch mittels der geschichtlichen Ereignisse und ganz allgemein als eines ›processus‹, eines Fortschreitens aus einer Vergangenheit über eine Gegenwart in eine Zukunft. In den mächtigen, zunächst ebenfalls durch das Judentum, dann aber wiederum durch Augustin übermittelten Auswirkungen dieser iranischen Vorstellungen oder Einsichten lebt heute jeder Mensch.

HYMNE AUF HAOMA

Wir huldigen Haoma.
Haoma ist heilig, vollkommen geschaffen und richtig geschaffen,
es ist heilig, heilt alle Krankheiten,
es ist schön, tut wohl,
es ist das stärkste Mittel, und es hat eine goldene Farbe.
Seine Zweige sind weich und biegsam, so daß man sie leicht essen kann.
Es ist ausgezeichnet, es ist der kostbarste Schatz für die Seele.
Du, der du goldfarbig bist,
dich bitte ich um Weisheit, Kraft, Sieg, Gesundheit,
Heilung, Gedeihen, gute Entwicklung,
Stärke am ganzen Körper, die rechte Proportion in allen Körperformen.
Möge ich diese Welten als vollkommener Meister durchlaufen,
Haßgefühle von mir weisend Schurkereien abwürgen,
möge ich über die feindliche Einstellung von denen, die hassen und Böses tun, triumphieren.
Haoma,
gib den Kriegern, die ihre Pferde unter das Joch zwingen,
Kraft und Stärke.
Haoma,
gewähre den unfruchtbaren Frauen eine glänzende Nachkommenschaft, eine reine Erblinie.
Er verleiht den Herren des Hauses, die die Naskas[1] lesen,
Glück und Weisheit.
Er gibt den Mädchen, die lange Zeit gewartet haben, ohne (als Bräute) genommen zu werden, einen rechten und hochherzigen Mann, der schnell um ihre Hand anhält.
Heil dir, Haoma!
Dir, der du aus eigener Kraft unser höchster König bist.
Ruhm gebührt dir, der du die zahlreichen Worte, der Wahrheit entsprechend geäußert, kennst.

Ehre sei dir, der du nicht durch Fragen die wahrheitsliebenden Worte hervorlockst,
sondern sie von dir selbst aus kennst.
Du bist der erste, dem Ahura-Mazda[2] den heiligen Gürtel,
mit Sternen geschmückt, im Himmel gestaltet,
das heilige Gesetz der Mazdei, geschenkt hat.
Du weilst auf dem Gipfel der Berge,
bekleidet mit diesem Gürtel,
um die Riten und die Gesänge des heiligen Gesetzes zu verewigen.
Haoma,
Haupt der Häuser, Haupt der Weiler, der Volksstämme, der Provinzen,
Meister der Wissenschaft kraft deiner Heiligkeit,
ich rufe dich an, mir eine Gunst zu erweisen,
um die Kraft, den Sieg und eine sehr heilsame Nahrung zu erlangen.
Entziehe uns den Haßgefühlen unserer Feinde.
Bewahre unseren Geist vor denen, die Gift streuen.
Wenn es in diesem Hause, in diesem Weiler, in diesem Stamme,
in diesem Lande einen Menschen gibt,
der Freude daran findet, uns zu schaden,
dann nimm seinen Füßen alle Kraft,
verdunkle seinen Verstand,
brich sein Herz,
daß er auf seinen Füßen nicht mehr weitergehen kann,
daß er seine Hände nicht mehr in der Gewalt hat!
Daß er die Erde nicht mehr mit seinen Augen sieht,
daß er die Kuh nicht mehr sieht,
der, der unserem Geist zu schaden sucht,
der, der unserem Leib zu schaden sucht.
Der grünen Schlange,
die Schrecken verbreitet und ihr Gift ausspritzt,
widersetze dich ihr offen

zugunsten des Gerechten, dessen Leib zugrunde geht.
Dem Bösen, der sich erhebt, der verwundet und quält,
widersetze dich offen
zugunsten des Gerechten, dessen Leib zugrunde geht.
Dem bösartigen und tyrannischen Menschen, der Freude daran findet, andere zu quälen, widersetze dich offen
zugunsten des Gerechten, dessen Leib zugrunde geht.

HYMNE AUF ASHI VANUHI

Ashi, du bist schön,
Ashi, du strahlst, und Freude geht von deinen Strahlen aus.
Ashi, du verleihst den Menschen, denen du gut gesonnen bist,
rechten Glanz,
o du, die du einen milden Wohlgeruch verbreitest.
Sie erfüllt mit Wohlgeruch das Haus, das sie betritt,
Ashi Vanuhi, die mächtige Freundin der Eintracht,
um eine dauerhafte Freundschaft zu begründen.
Sie sind voller Macht,
sie haben einen reich gedeckten Tisch,
in reichem Maße verteilen sie Gaben,
sie treiben ihre Pferde, daß ihnen der Schaum vom Munde fliegt,
und die Räder ihrer Wagen klirren
und ihre Blitze schwingen,
und sie machen reiche Beute.
Sie besitzen einen reichen Schatz,
o Ashi,
du, die du Wohlgerüche verbreitest im Hause, in dem sie wohnen,
in ihm errichtest du einen Thron, mit Teppichen bedeckt,
und mit anderen kostbaren, für dich bestimmten Sachen.
Diese Sachen haben die Menschen, denen du gut gesonnen bist.
Glücklich die, denen du gut gesonnen bist!
Erweise auch mir deine Gunst,

o du, die du reich bist an Gütern zahlreicher Art,
reicher Art,
o du, die du stark bist!
Sicher sind sie gebaut,
in gerader Linie stehen sie da,
rein und sauber sind sie,
immer stehen unter deinem Schutz
die Häuser der Menschen, denen du gut gesonnen bist, o heilige Ashi!
Glücklich der, dem du gut gesonnen bist!
Erweise auch mir deine Gunst,
o du, die du reich bist an Gütern zahlreicher Art,
o du, die du stark bist!
Ständig sind bedeckt mit Teppichen, schön geschmückt,
mit einem kunstvoll gemachten Kissen bedeckt
und einem Fußbänkchen mit Goldeinlegearbeit versehen die Throne
der Menschen, denen du gut gesonnen bist, o heilige Ashi.
Glücklich der, dem du gut gesonnen bist!
Erweise auch mir deine Gunst,
o du, die du reich bist an Gütern zahlreicher Art,
o du, die du stark bist!
Dort wohnen die Geliebten dieser Menschen,
sie sitzen auf einem Thron.
Sie liegen da auf einem Kissen ausgestreckt,
das ganz weich ist,
mit Bändern geschmückt,
und tragen lange Ohrringe mit vier Gesichtern
und ein Juwel, in Gold gefaßt.
Wann wird die Hausherrin zu uns zurückkehren?
Wie sollen wir mit Freude das vorbereiten, was ihrem Leibe gefällt?
So sind die Geliebten dieser Menschen, denen du gut gesonnen bist,

o heilige Ashi.
Glücklich der, dem du gut gesonnen bist!
Erweise auch mir deine Gunst,
o du, die du reich bist an Gütern zahlreicher Art,
o du, die du stark bist!
Sie sitzen da, mit hoher Fußbekleidung geschmückt,
ausgestattet mit einem schlanken Körper, einem Körper, berühmt durch seine Schönheit, mit dünn zugespitzen Fingern,
so schön von Gestalt, daß sie Begierde erregen bei allen, die sie sehen,
die Töchter dieser Menschen, denen du gut gesonnen bist,
o heilige Ashi.
Glücklich der, dem du gut gesonnen bist!
Erweise auch mir deine Gunst,
o du, die du reich bist an Gütern zahlreicher Art,
o du, die du stark bist!
Sie verbreiten Schrecken, schnell dahineilend,
ihren Schaum durch die Luft schleudernd,
sie ziehen ihren funkelnden Wagen,
vorstürmend klammern sie sich aneinander,
sie führen den tapferen Krieger, der göttliche Lobeshymnen singt,
die Pferde derer, denen du gut gesonnen bist.
Sie führen den Krieger der schnellen Pferde,
auf sicherem Wagen,
mit spitzer Lanze
und langem Schaft,
mit dem Pfeil, der schnell fliegt und weit trifft,
der Krieger, der sich auf die Verfolgung des Gegners stürzt,
der Krieger, der den Feind vor sich schlägt, o heilige Ashi.
Glücklich der, dem du gut gesonnen bist!
Erweise auch mir deine Gunst,
o du, die du reich bist an Gütern zahlreicher Art,
o du, die du stark bist!

Kräftig sind sie, mit gebogenen Rücken,
gelehrigen Charakters, leicht zu lenken
und ihre Lasten tragend, durcheilen sie schnell das Land,
die Kamele der Menschen, denen du gut gesonnen bist, o heilige Ashi.
Glücklich der, dem du gut gesonnen bist!
Erweise auch mir deine Gunst,
o du, die du reich bist an Gütern zahlreicher Art,
o du, die du stark bist!
Ihr Gold und ihr Silber bringen großen Reichtum,
aus fernen Ländern kommend,
mit prachtvollen Kleidern und Gewändern
für die Menschen, denen du gut gesonnen bist, o Ashi Vanuhi!
Lenke deinen Blick auf mich
und breite dein Erbarmen auf mich aus, o erhabene Ashi!
Du bist wohlgestaltet, von vornehmer Herkunft,
du hast Macht in deiner Hand,
du bist der Glanz, der für den Leib der Menschen geschaffen wurde.

HYMNE AUF DIE FRAVASHI[3]

Ich preise die Fravashi aller Gebiete,
ich preise die wohltätigen Fravashi der ergebensten Landschaften,
die den Himmel erhalten,
die das Wasser und die Erde und das Vieh erhalten
und im Leibe der schwangeren Mütter die wohl eingehüllte Kindesfrucht vor dem Tode behüteten bis zur normalen Geburt,
die Fravashi, die Hilfe gewähren beim schrecklichen Zug,
die, auf Wagen gestiegen, sich aus eigener Kraft vorwärts bewegen auf ihrem schnellen und losstürmenden Zug,
bereit zu den guten Handlungen, bereit zum Siege, bereit zum Kampfe,
die Fravashi, die Sieg dem gewähren, der sie anruft,

die ihre Gunst dem erweisen, der sie liebt,
Gesundheit dem Kranken und gutes Aussehen dem,
der sie darum bittet,
ihnen ein Opfer darbringt und sie befriedet und die Zaothra darbringt,
die Fravashi, die am häufigsten dort erscheinen,
wo die Gerechten am treuesten dem Reinen ergeben sind,
wo ihnen Zeichen der Verehrung bekundet werden,
wo der gerechte Mensch befriedigt wird,
wo der gerechte Mensch nicht der Mißhandlung ausgesetzt ist.
Wir ehren die guten, mächtigen und reinen Fravashi der Gerechten,
die tapfersten unter den Wagenlenkern,
die schnellsten unter den Kriegern auf den Kampfwagen,
die weniger Ungeduldigen unter ihnen,
die ihre Stimme vernehmen lassen,
die stärksten Balken, die das Gewicht unter allen Balken tragen,
Waffen der sicheren Verteidigung,
sichere Schilde, deren Einsatz nie seinen Zweck verfehlt.
Wir ehren die aktiven, angriffsmutigen, siegreichen Fravashi,
Meister der Kämpfe,
die mit Kraft zuschlagen, die treffen, die hier und dort umhereilen,
horchend, ganz Ohr, mit himmlischer, reiner Seele,
die Fravashi, die den Sieg dem gewähren, der sie anruft,
die ihre Gunst dem erweisen, der sie ehrt, und Kraft dem Kranken,
die gutes Aussehen dem verleihen, der sie ehrt nach dem Kult,
der vom reinen Zarathustra stammt,
dem reinen Haupt der körperlichen Welt, Kopf der zweifüßigen Welt,
gekommen, um bei jedem Werk des Gesetzes mitzuwirken,
Schrecken erregend für jeden, der quält.
Wir ehren die Fravashi, die, in rechter Weise angerufen,
als vollendete Geister, in rechter Weise angerufen,

zu Hilfe eilen, ohne gesehen zu werden,
aus der Höhe der Himmel kommend,
eine recht beschaffene Kraft erlangen
und den Sieg, von Ahura geschaffen
und die siegreiche Überlegenheit
und die Nützlichkeit,
die Güter beschafft und Geschenke gewährt,
die reine,
und die Sättigung, würdig des Kultes und der Verehrung,
entsprechend der vollkommenen Reinheit.
Wir ehren die Fravashi der reinen Männer der arischen Länder,
aller reinen Frauen der arischen Länder,
aller reinen Männer der turanischen Länder,
aller reinen Frauen der turanischen Länder,
aller reinen Männer der sarmatischen Länder,
aller reinen Frauen der sarmatischen Länder,
aller reinen Männer der syrischen Länder,
aller reinen Frauen der syrischen Länder,
aller reinen Männer der kaukasischen Länder,
aller reinen Frauen der kaukasischen Länder,
der reinen Männer aller Länder,
der reinen Frauen aller Länder.
Wir ehren Zarathustra,
der der Vater und das Haupt
und der erste Gläubige der ganzen irdischen Welt ist,
der von allen Wesen den höchsten Glauben genießt,
der der mächtigste, der reichste und am meisten des Kultes und
der Verehrung würdig ist, der Lobwürdigste,
der uns als erstrebenswert gepriesen wurde,
würdig des Kultes und der Verehrung durch jedes Geschöpf,
auf Grund seiner vollkommenen Heiligkeit.
Wir ehren dieses Land, diesen Himmel, diese Hilfsgüter,
würdig des Opfers, der Verehrung und des Lobes durch jeden
reinen Menschen.

Wir ehren die Seelen der Ritter und des Fußvolkes,
der reinen Männer und Frauen, die je auf Erden dagewesen sind,
deren heilige Naturen über die Bösen triumphierten, triumphiert haben und triumphieren werden.
Wir ehren den Meister, das Gesetz, den Geist, die Seele,
den Fravashi der reinen Männer und Frauen,
die für die Reinheit
kämpfen, gekämpft haben und kämpfen werden.

HYMNUS AUF GOTTES SCHÖPFUNG

Wir ehren alle Wasser,
die Quellwasser, die Flußwasser und die stehenden Wasser.
Wir ehren alle Pflanzen, die, welche auf der Höhe wachsen
und die sich auf der Erde ausbreiten.
Wir ehren das ganze Land, den ganzen Himmel und alle Sterne,
die Sonne und den Mond.
Wir ehren alle ewigen Lichter.
Wir ehren alle Herden, die Tiere im Wasser und in der Luft,
die unter dem Firmament wohnen.
Wir ehren alle reinen und heiligen Schöpfungen,
o Ahura-Mazda, wundervoller Künstler,
die Schöpfungen, mit denen du eine große Zahl vollkommener Dinge geschaffen hast,
deine Geschöpfe, der Verehrung und des Lobes würdig, auf Grund der vollkommenen Reinheit ihrer Natur.
Wir ehren alle Berge, die von reinem Glanz leuchten,
alle Binnenmeere, die von Mazda erschaffen wurden,
alle Feuer.
Wir ehren alle wahrhaften Worte,
alle die, die die Reinheit und Weisheit begleiten.
Sie mögen mir zum Schutz und zur Verteidigung dienen,
zum Unterhalt und zum Wächter.
Ich rufe sie für mich, für das Wohl meiner Seele an,

ich ehre sie, um Schutz und Verteidigung, Unterhalt und Wache zu erlangen.
So ehre ich die heiligen und reinen gatha[4],
die Häupter der Zeiten des Tages.

AN DAS FEUER

Ich weihe dir das Opfer, die Lobsprüche, die Opfergabe,
die Opfergabe von Gebeten, die Opfergabe von Worten der Verehrung,
o Feuer, Sohn des Ahura-Mazda.
Du bist der Verehrung und des Lobes würdig.
Sei geehrt, sei gelobt in den Behausungen der Sterblichen.
Glück widerfahre dem Menschen,
der dir beharrlich Opfergaben darbringt,
der in seiner Hand das Brennholz hält, die Tasse und den Mörser.
Sei immer, wie es den Vorschriften entspricht, mit Brennholz versorgt,
und mit wohlduftenden Gerüchen der Trankopfer
und mit dem Feuerbock, wie es den Vorschriften entspricht.
Mögest du stets reichliche Nahrung haben, eine Nahrung, den Riten entsprechend,
o Feuer, Sohn des Ahura-Mazda.
Ständig sei Licht in deiner Behausung,
möge es in diesem Hause ständig leuchten.
Errichte dein Licht in diesem Hause
während des langen Laufes der Zeit
bis zur glänzenden Wiederherstellung aller Dinge,
bis zum Augenblick der machtvollen Wiederherstellung der Welt.
Gewähre mir, o Feuer, Sohn des Ahura-Mazda,
lebhaften Glanz, rechtzeitig Nahrung und Lebensmittel.
Gewähre mir solche Gaben in reichem Maße.
Gewähre mir Weisheit, Glück und die leichte Gabe des Wortes.

Gewähre der Seele klaren Blick und Klugheit,
eine ständig wachsende Größe,
Unerschrockenheit und männlichen Mut,
Füße, stets zum Marsch gerüstet,
Freisein vom Schlafe für ein Drittel der Nächte,
flotten Schritt und Wachsamkeit,
eine Nachkommenschaft,
die sich gut entwickelt und bei den Eltern bleiben möge
und die Arbeit auf dem Feld lieben möge,
eine weise Nachkommenschaft,
die zahlreich heranwächst, in heiligen Werken,
eine Nachkommenschaft, die ihre Väter von den Mühen des anderen Lebens befreie,
reich an hervorragenden Menschen,
die mein Haus gedeihen lassen möge
und meine Burg und den Stamm und die Provinz und das Land.
Gewähre mir, o Feuer, Sohn des Ahura-Mazda,
die Tugenden, die mir die bessere Welt der Gerechten zeigen mögen,
die leuchtende Welt allen Glanzes.
Und ich möchte ausgezeichnete Belohnung erhalten
und einen guten Ruf
zur Erlangung eines Zustandes vollkommenen Glücks für meine Seele.

HYMNE AUF MITHRA

Wir ehren Mithra, den wahrhaftigen und weisen,
mit den tausend Ohren, wohlgestaltet, mit zehntausend Augen,
er, der nie schläft und immer wacht.
Wir ehren Mithra,
dem die Krieger im Wagen auf dem Rücken ihrer Pferde opfern,
für ihr Gefolge Kraft erbitten, Heil für den Leib,
die danach verlangen, überall ihre Feinde zu beobachten,

um die Bösen niederzuschlagen,
die Kriegsgegner völlig zu vernichten, darauf brennend, Schaden zuzufügen.
Wir ehren Mithra,
der, mit dem Glanz des Goldes geschmückt,
als erster die goldenen Gipfel berührt,
von denen aus er den Geschöpfen seine Gunst bezeugt und den ganzen arischen Boden umfaßt,
den Boden, wo die starken Führer zahllose Truppen lenken,
wo hohe Gebirge, reich an Weiden und Wassern, alles hervorbringen, was zur Ernährung des Viehs nötig,
wo tiefe, ausgedehnte Seen liegen.
Wir ehren Mithra,
der die Säulen der hochgebauten Behausungen erhält
und sie fest und unerschütterlich macht.
Er verschafft zahllosen Gruppen von Tieren und Menschen Häuser, wo man ihm Verehrung zollt,
aber er zerstört solche, wo er beleidigt wird.
Du bist, o Mithra, das Böse und das Gute, das Beste für die Länder und für die Menschen,
du bestimmst als Herr über die Ruhe und Unruhe des Landes.
Du machst die nmana[5] gerühmt für ihre Frauen,
schön für ihre Teppiche, die dort ausgelegt sind,
groß für die Kissen, die dort niedergelegt.
Du gestaltest gerühmt, schön und hoch die Behausung derer, die, treu dem Gesetz ergeben,
die ihre Verehrung erweisen dadurch, daß sie deinen Namen anrufen,
die rituellen Worte zur rechten Zeit aussprechen und dir Opfergaben darbringen.
Auch ich will dich ehren,
indem ich deinen Namen anrufe, indem ich die passenden Worte ausspreche und dir Opfergaben darbringe,
o mächtiger Mithra!

Ich will dir mit diesem Kult meine Verehrung erweisen,
o gütiger Mithra!
Ich will dich ehren,
o du, der du nicht betrogen werden kannst!
Wir ehren Mithra,
der seine Wohnung auf dieser ganzen Erdfläche errichtet hat,
in dieser körperhaften, großen, grenzenlosen, glänzenden, weiten Welt auf einem gewaltigen Fundament.
Seine ergebenen Diener sitzen zur Beobachtung auf allen Höhen,
sind in allen Tälern, um die zu bemerken, die die Verträge verletzen,
um sie mit ihren Blicken zu verfolgen, an die denkend, die Mithra einmal betrogen haben,
die Wege vor denen bewachend, die die Verletzer der Verträge suchen, um sie zu bestrafen,
derer, die die Bösewichter suchen,
die das Wesen der Heiligkeit zerstören.
Wir ehren Mithra,
für den Ahura-Mazda, der Schöpfer, eine riesengroße, glänzende Wohnung auf dem Gipfel des Hara-berezaiti bereitet hat,
dort, wo weder Tag noch Nacht herrscht,
weder eisiger Wind noch brennende Hitze,
weder Krankheit, die Ursache vieler Todesarten,
noch Unreinheit, die von den Devas stammt;
auf dem Gipfel des Haraiti, wo sich keine Wolke erhebt.
Die geraubte Kuh stößt laute Hilferufe aus, wobei sie an ihren Stall denkt.
Möge Mithra, der über die weiten Felder gebietet, uns also zum Stall zurückführen,
wie die Anführer der Herde, hinter uns herziehend!
Aber Mithra kommt dem zur Hilfe, von dem er ein rechtes Opfer erhielt.
Gegen den dagegen, gegen den er aufgebracht ist,
erhebt er die nmana,

die Burg, den Stamm, das Gebiet, die Macht über seine Gebiete.
Mithra opferte zuerst die Zweige des Haoma
im Mörser, der mit Sternen geschmückt war,
im erhabenen, himmlischen Werk
auf dem Gipfel des Haraiti.
Ahura-Mazda möge ihn ehren,
ihn, dem die Sonne auf schnellen Schlachtrossen eine Ehrenbezeugung erweist.
Ehre dem Mithra,
der aus der Ferne auf seinen weiten Domänen, von seinen Äckern gebildet, regiert,
dem Mithra mit den tausend Ohren und den zehntausend Augen.
Du bist der Ehre und des Lobes würdig.
Du wirst in den Wohnungen der Sterblichen geehrt und gefeiert.
Heil dem Menschen, der dich ständig ehrt,
mit seiner Hand das Holz des Altares berührend.
Schütze uns also in den zwei Welten,
in der, die zum sichtbaren Sein gehört, wie in der Welt des himmlischen Seins,
schütze uns gegen den grausamen Tod,
gegen den boshaften Aeshma,
gegen die Heere der Bösen, die ihre blutige Fahne erhoben haben.
Schütze uns gegen die Angriffe des Aeshma, des bösen,
und des Vidhotus, von den Devas erschaffen.
Wir ehren Mithra mit dem silbernen Helm, dem goldenen Panzer,
der einen Dolch in der Hand hält,
den tapferen, kriegerischen, das Haupt der himmlischen Heerscharen.
Glänzend sind die Wege des Mithra,
wenn er die Lande durcheilt
und die wüsten Schluchten in fruchtbare Felder verwandelt.
Dann wandelt er rundum und leitet nach seinem Gefallen
die Herden und Menschen, die ihm gehören.

Möge uns Mithra zu Hilfe eilen, –
und Ahura mit ihm kommen, –
hohe Meister,
wenn die Schwerter ihre laute Stimme erheben,
wenn die Mähnen der Pferde sich heben und wild werden,
wenn die Schwerteisen zusammenstoßen
und die Bogenspannen ihre spitzen Pfeile schleudern.
Dann mögen die Söhne der schuldigen Opferer,
tödlich getroffen,
mit wilden hängenden Haaren fallen!
Wir ehren Mithra, der zu den Ländern kommt,
wir ehren Mithra, der im Herzen der Länder weilt,
wir ehren Mithra, der die Länder berührt,
wir ehren Mithra, der über den Ländern lebt,
Mithra, der unter, vor und hinter den Gebieten lebt.
Wir ehren Mithra und Ahura, die großen, unsterblichen, reinen.
Wir ehren die Sterne, den Mond und die Sonne, die Zweige des baresman[6] haltend.
Wir ehren Mithra, das Haupt aller Lande.
Ich will durch diese Segnungen Ehre und Ruhm, Macht und Kraft
dem Mithra in den weiten Landen verschaffen,
dem Mithra, der tausend Ohren und zehntausend Augen hat.
Die Reinheit ist das höchste Gut.

ISRAEL

Zwischen zwei äußersten Gegensätzen schwankt das Verhältnis der anderen Völker und der nachjüdischen Religionen zu Israel. Entweder ist es eine behauptete unbedingte, fordernde Nähe, die ihm seinen Platz im Eigenen anweist, von dem es sich aber nicht entfernen und den es nicht überschreiten darf. Israel wird als geistig-theologische Vorform späterer Religionen anerkannt, gepriesen, verehrt, aber zugleich auf diese Rolle des noch unerfüllten, unvollkommenen Vorher festgelegt, und seine Weigerung, dies zu bejahen und sich nun selber zugunsten des Neuen aufzugeben, ihm als Schuld angerechnet. Das gilt zuvörderst für das Christentum. Fast zwei Jahrtausende lang wurde gar nicht empfunden, wie qualvoll und zur Verzweiflung treibend für Israel der seiner ganzen Auffassung von der Gottheit so wesensfremde Glaube an einen leiblichen Sohn Gottes sein mußte. Für den Griechen dagegen lag nicht in dem Ereignis selbst, sondern nur in seiner streng verkündeten Ausschließlichkeit das Befremdliche. Die Verweisung Israels auf eine Ahnenstellung für das Eigene galt dann auch vom Islam, so einig dieser mit ihm in der Ablehnung des christlichen Inkarnationsglaubens war. Wie die Christen sich nun als die wahren Kinder Abrahams und die rechtmäßigen Erben seiner Verheißung fühlten und nach ihrer siegreichen, bis ins XIX. Jahrhundert keinen wesentlichen Widerstand findenden, weltweiten Ausbreitung auch fühlen durften, so erklärten sich die Mohammedaner ihrerseits zu den berechtigten Trägern und Erfüllern des religiösen Anliegens, dessentwegen Abrahams Vater einst aus Ur in Südmesopotamien aufgebrochen war.

Daß Israel auf die Deutungen, Überkleidungen, Zurechtsetzungen, Einschmelzungen seines Glaubens nicht hörte oder zu hören vermochte, sondern bei ihm verharrte, blieb wohl die geheime Verbindungsbrücke zu dem andern Extrem der Einstellung der übrigen Völker zu Israel, dem der unbedingten Feindschaft und des Gegensatzes, und auch wohl sein Hauptmotiv. Was die Feindschaft anbetrifft, so ist ebenso erstaunlich die Vielfalt immer wechselnder Begründungen theologischer, physischer, staatlicher, kultureller, rassischer, intellektueller Art, die Israel zum Sündenbock der Völker und zum Verantwortlichen immer anderer, wenn nicht aller Übel machen wollten, wie die Tatsache seines Weiterbestehens unter sich ständig steigernden, in diesem Jahrhundert den Gipfelpunkt erreichenden Verfolgungen. Die Äußerung Voltaires, daß allein schon das Weiterbestehen des jüdischen Volkes durch die Zeiten hin ein Gottesbeweis sei, gewinnt in der Gegenwart neue Stärke.

Es ist möglich, daß die neue Situation, in welcher die Religionen der Erde zueinandertreten, auch den Extremcharakter der bisherigen Haltungen gegenüber Israel, derjenigen der allzugroßen, zwingen wollenden Nähe und der des Gegensatzes und der Feindschaft, verändert. Der neue politische Tatbestand, nämlich daß ein Teil des Judentums seine staatliche Unabhängigkeit mit solchem Erfolg zurückgewonnen hat, trägt ebenfalls dazu bei. Israel, das die erste aller ›Nationen‹ war, nach deren geheim oder wie in England auch ganz offen befolgtem Vorbild sich die der Neuzeit bildeten, findet heute, in der wahrscheinlich letzten Welle von Nationenentstehungen, die um den Erdball geht, selber auf zurückerobertem Boden seinen Bestand als Nation auch im Äußern wieder. So erscheint es, ohne seinen Vorbild- und Abbildcharakter ganz einzubüßen, nun nicht mehr als das Volk schlechthin, im Vergleich zu dem alle anderen ›Nicht-Volk‹ sind, sondern als Volk unter anderen Völkern. Gleicherweise besteht die Aussicht, daß die jüdische Religion nun auch außerhalb ihrer Vorläufer- und Grundlagenbedeutung für andere Religionen in ihrem eigenen, unabhängigen und unverändert weiter bestehenden Charakter erkannt und anerkannt wird. Dieser Charakter ist als der eines konzentrierten, kompromißlosen, ebenso geschlossenen wie ausschließlichen Monotheismus zu umreißen, der nach der Schöpfung, die Jahwe auch nicht etwa aus der eigenen Substanz, sondern aus dem Nichts vollzieht, kein weiteres Eingehen Gottes in die Welt mehr zuläßt, keine niedersteigende

Entfaltung in göttlichen oder halbgöttlichen Gestalten mehrerer Art oder einer Person. Das Judentum hat auch alle Ansätze zu solchen Entfaltungen, die sich aus seinem eigenen Glauben erheben wollten, wie eine besondere Verehrung der ›Weisheit‹ als Tochter Gottes, des Schöpfungswortes oder der Schöpfungsherrlichkeit, immer wieder zurückgenommen.

Das Steuer dieses Glaubens war unverrückbar gestellt, seit das werdende Israel sich aus der Welt gemeinsamer vorderasiatischer Religiosität ablöste und seinen eigenen Weg nach Westen antrat. Und er blieb unverrückbar ausgerichtet in allen Wechselfällen jüdischer Geschichte: in den Epochen freiwilliger Ausbreitung, so des Zuges von Ur nach Palästina, der ersten und zweiten Auswanderung nach Ägypten, zur Zeit Ramses' I. und später der letzten Pharaonen, die zur Aufrechterhaltung ihrer Macht sich auf jüdische Söldner stützen mußten, dann ihrer Nachfolger, der griechischen Könige über das Nilreich, oder der Ansiedlung in der Weite des römischen Weltreichs vor der Zerstörung des Tempels, in der Freiheit Nordamerikas während der Neuzeit, wie in den Zeiten des erzwungenen Exils, der babylonischen Gefangenschaft, der Vertreibung nach dem Verlust der letzten Selbständigkeit durch Titus und des nun fast zweitausendjährigen Gejagtwerdens von Land zu Land unter immer neuen teilweisen Vernichtungen aus religiöser, ideologischer, staatlicher und rassischer Unduldsamkeit.

Besonders deutlich aber betont wird dieses Unverrückbare in den Zeiten erzwungener oder freiwilliger Rückkehr auf den zuerst eroberten, dann geistig und kämpferisch immer wiederzugewinnenden Boden des ›Heiligen Landes‹. Solche Epochen waren und sind die der Neuansiedlung nach dem Auszug aus Ägypten, der Befreiung aus der babylonischen Gefangenschaft durch die persischen Eroberer Mesopotamiens und endlich in der Gegenwart durch die Wiedererrichtung eines Staates Israel vom Libanon bis zur nordöstlichen Ausbuchtung des Roten Meeres. Bei jeder dieser Rückkehren erfolgt eine Sammlung und Verdichtung jüdischen Wesens, bislang zuvörderst auf religiösem Gebiet. Dabei ist hier eine durch die Geschichte hin steigende Problematik zu beobachten. Die Juden, welche unter der Führung des Moses aus dem Ägypten Ramses' II. im letzten Viertel des zweiten Jahrtausends vor Christus in das gelobte Land zurückkehrten, waren eine durch die Not- und Gefahrengemeinschaft des Wüstenzuges und durch ihren Anführer, den zweiten Stifter der jüdischen Religion, geeinte Gemeinschaft. Bei der zweiten Rückkehr, derjenigen aus der babylonischen Gefangenschaft in der Mitte des ersten Jahrtausends vor Christus, konnte diese Einheit nur um den Preis einer Trennung von den im Lande zurückgebliebenen, inzwischen mit der Umwelt verbundenen Stammesgenossen aufrechterhalten werden. Hieraus entstanden die Samariter.

Bei der dritten Rückkehr im XX. Jahrhundert nach Christus, die sich in der Gründung des Staates Israel ausdrückt, hat sich die Problematik ins Innere verschoben. Sie besteht in der für das Judentum neuen, aus der Zerstreuung, der ›Galuth‹, mitgebrachten, von der Umwelt übernommenen oder von ihr aufgezwungenen Unterscheidung zwischen einer ›weltlichen‹ Nation, welche durch die Gemeinsamkeit der Abstammung, der Kultur und der in diesem Fall erneuerten Sprache bestimmt wird, und einem Volk, das mit der Gemeinschaft seines Glaubens gleich ist. Zum erstenmal gibt es Juden in Palästina, welche wohl der Nation, aber nicht der Religion nach zu Israel gehören wollen. Ob solche Strebungen eines ›weltlichen‹ Judentums auf heiligem Boden, das seine Probleme und Einstellungen von den Wirts- oder Verfolgungsvölkern mitbrachte, sie aber nicht mehr im Kontakt mit ihnen weiterführen und erneuern kann, sich gegenüber der gesammelten Energie eines seit Jahrtausenden in seiner Richtung bewahrten Glaubens zu behaupten vermag, ist eine Frage. Dieser Glaube, nach dem indischen der älteste der Erde, ist ja nicht nur unverändert aus immer neuen Verfolgungen hervorgegangen. Nicht weniger merkwürdig ist, wie unverschmolzen und unverwechselbar der inhaltliche Kern dieses Glaubens von Anverwandlungen blieb, die Israel bei seinen produktiven Begegnungen mit anderen Völkern und Religionen hervorbrachte und die gerade auf die nach ihm kommenden Religionen samt der in ihrem Umkreis entstehenden weltlichen Kulturen einen so bestimmenden Einfluß ausübten.

Dies betrifft sowohl die Vorstellung eines Überdauerns des Todes im persönlichen Sein, die sich in Ägypten einst unter dem Vor- und Sinnbild des Osiris, des Gottes mit dem menschlichen Geschick, entfaltet hatte, wie von der Irans, daß es nur die gemeinsame Auferstehung am Ende der Zeiten gebe. Denn es gehört zu der Großartigkeit des eigentlichen Glaubens Israels, daß es dies Problem sehr lange überhaupt nicht kannte.

Die Unabhängigkeit des Innenkerns jüdischen Glaubens von allem Umschließenden und Angeglichenen gilt aber auch für das, wodurch nicht nur das alte Israel wie spätere Angehörige des jüdischen Volkes vielleicht am mächtigsten auf die Nachwelt gewirkt haben, sondern was immer auch als besonders und eigentümlich jüdisch betrachtet wurde: für den Messianismus, die messianische Erwartung. Denn an sich ist der Glaube an einen künftigen Erlöser, der als ein übermenschlicher Gottgesandter aus den Himmeln herabkommt oder als König aus Davids Geschlecht zum Befreier der Nation wird, oder in der unpersönlichen Form dieses Glaubens an einen künftigen, durch höheres Eingreifen erneuerten und gereinigten Zustand der Erde, nicht wesensnotwendig verbunden mit jenem Kern: dem Glauben an den einzigen Gott, der Liebe zu ihm, dem Gehorsam gegen seine Gebote. Aus der Erstarrung der Gehorsamsforderung zur Gesetzlichkeit erwächst dann in überraschender Süßigkeit zu Jesu Zeiten die neben ihm von Rabbi Hillel ausgesprochene Forderung des allgemeinen Liebesgebotes.

DAS OPFER DER ERSTLINGE

Dies ist das nach dem offiziellen Text übersetzte, für die Darbringung der Erstlinge vorgeschriebene Antwortgebet des Gläubigen an den Priester (5. Mose 26,5–10); bemerkenswürdig, weil hier noch die Abstammung des Judentums aus einem gemeinsam Westsemitischen angerufen wird. Das Aramäische wurde dann wieder die allgemein-jüdische Sprache und so auch diejenige Jesu, das Hebräische aber zur Sakral- und Gelehrtensprache, um erst in diesen Tagen wieder als ›Iwrith‹, der Nationalsprache des Staates Israel, seine Wiederauferstehung zu feiern.

Ein umherirrender Aramäer war mein Stammvater; mit wenigen Leuten zog er nach Ägypten hinab und lebte dort als Fremdling, wuchs dort aber zu einem großen, starken und zahlreichen Volke heran. Weil uns aber die Ägypter mißhandelten und bedrückten und uns harte Knechtschaft auferlegten, schrieen wir zu dem Herrn, dem Gott unserer Väter, um Hilfe, und der Herr erhörte unser Flehen und sah unser Elend, unsere Mühsal und Bedrängnis, und der Herr führte uns mit starker Hand und hocherhobenem Arm, mit schreckenerregender Macht und unter Zeichen und Wundern aus Ägypten hinaus; er brachte uns an diesen Ort und gab uns dieses Land, ein Land, das von Milch und Honig überfließt. Und nun bringe ich hier die Erstlinge von den Früchten des Landes, das du, Herr, mir gegeben hast.

5. Mose 26

GEBET BEI DER ENTRICHTUNG DES ZEHNTEN

Ich habe die heilige Abgabe aus meinem Hause getragen und sie auch den Leviten und Fremdlingen, den Waisen und Witwen genau so übergeben, wie du mir geboten hast; ich habe keines von deinen Geboten übertreten noch vergessen. Ich habe nichts davon gegessen in meiner Trauer und nichts davon weggeschafft, während ich unrein war, und habe nichts davon für die Totenspeisung verwandt; ich habe den Weisungen des Herrn, meines Gottes, gehorcht und mich genau an seine Gebote gehalten. Blicke von deiner heiligen Wohnung, vom Himmel, herab und segne dein Volk Is-

rael und das Land, das du uns gegeben hast, wie du unsern Vätern zugeschworen hast, ein Land, das von Milch und Honig überfließt!
5. Mose 26

SIEGESLIED MOSIS

Singen will ich dem Herrn, denn hoch erhaben ist er;
Rosse und Reiter hat er ins Meer gestürzt.
Meine Stärke und mein Lobgesang ist der Herr,
der mir Rettung geschaffen hat;
er ist mein Gott: ihn will ich preisen,
meiner Väter Gott: ihn will ich erheben.
Der Herr ist ein Kriegsheld, Herr ist sein Name.
Die Wagen des Pharao und seine Heeresmacht hat er ins Meer gestürzt;
seine erlesenen Krieger sind im Schilfmeer versunken.
Die Fluten haben sie bedeckt;
wie Steine sind sie in die Tiefen gefahren.
Deine Rechte, o Herr, ist herrlich durch Kraft;
deine Rechte, o Herr, zerschmettert den Feind.
Durch die Fülle deiner Hoheit vernichtest du deine Widersacher;
du läßt deine Zornglut ausgehen, die verzehrt sie wie Stoppeln.
Durch den Hauch deiner Nase türmten die Wasser sich hoch,
wie ein Wall standen die Fluten,
die Wogen erstarrten mitten im Meer.
Da dachte der Feind: »Ich will nachsetzen, einholen,
will Beute verteilen; meine Gier soll sich letzen an ihnen;
zücken will ich mein Schwert, meine Hand soll sie vertilgen!«
Da bliesest du mit deinem Odem drein: – das Meer bedeckte sie;
wie Blei versanken sie in den gewaltigen Wogen.
Wer ist dir gleich unter den Göttern, Herr?
Wer ist wie du herrlich an Majestät,
furchtbar an Ruhmestaten, ein Wundertäter?
Du hast deine Rechte ausgestreckt: da verschlang sie die Erde.

Mit deiner Huld hast du das Volk geleitet, das du erlöst hast;
mit deiner Kraft hast du es geführt zu deiner heiligen Wohnstatt.
Die Völker vernahmen's und bebten;
Angst erfaßte die Bewohner des Philisterlandes.
Da erschraken die Fürsten von Edom,
Zittern ergriff die Häupter von Moab,
die Bewohner Kanaans verzagten alle.
Schrecken und Angst befiel sie;
ob der Kraft deines Armes wurden sie stumm wie ein Stein,
bis dein Volk hindurchzog, Herr,
bis das Volk hindurchzog, das du dir erworben.
Du brachtest sie hinein und pflanztest sie in das Bergland deines Eigentums,
an die Stätte, die du, Herr, dir zur Wohnung erwählt,
in das Heiligtum, Herr, das deine Hände zugerichtet.
Der Herr ist König immer und ewiglich.
2. Mose 15

DAS LIED MOSIS

Horcht auf, ihr Himmel, denn ich will reden,
und die Erde vernehme die Worte meines Mundes!
Wie der Regen ergieße sich meine Belehrung,
wie der Tau rieselt meine Rede,
wie Regenschauer auf das junge Grün
und wie Regentropfen auf die Pflanzen.
Denn den Ruhm des Herrn will ich verkünden:
Gebt unserm Gott die Ehre!
Er ist ein Fels, vollkommen ist sein Tun;
denn alle seine Wege sind recht;
ein Gott der Treue und ohne Falsch,
gerecht und wahrhaftig ist er.
Übel haben gegen ihn gehandelt, die wegen ihrer Verworfenheit
nicht seine Kinder sind,

ein verdorbnes und verkehrtes Geschlecht.
Durftet ihr dem Herrn so vergelten,
du törichtes und unverständiges Volk?
Ist nicht er dein Vater, der dich geschaffen hat?
Hat nicht er dich gemacht und bereitet?
Gedenke der Tage der Vorzeit,
betrachtet die Jahre von Geschlecht zu Geschlecht!
Frage deinen Vater, der wird es dir kundtun,
deine Greise, sie werden es dir erzählen.
Als der Höchste den Völkern ihre Erbbesitztümer zuteilte,
als er die Menschenkinder voneinander schied,
da setzte er die Gebiete der Stämme fest
nach der Zahl der Kinder Israels.
Denn des Herrn Anteil ist sein Volk,
Jakob der Bezirk seines Erbgutes.
Er fand es im Bereiche der Wüste
und in einer Einöde voll Geheul der Wildnis;
er umhegte es schützend, nahm sich seiner an,
behütete es wie seinen Augapfel.
Wie ein Adler, der seine Brut aus dem Neste hinausführt und
über seinen Jungen schwebt,
seine Fittiche über ihnen ausbreitet, sie aufnimmt,
sie auf seinen Schwingen trägt:
so leitete der Herr allein das Volk,
und kein fremder Gott war mit ihm.
Er ließ es auf den Höhen der Erde einherfahren,
und es aß die Erträgnisse des Gefildes;
er ließ es Honig aus dem Felsen schlürfen
und Öl aus Kieselgestein;
Sahne von Kühen und Milch vom Kleinvieh,
dazu das Fett der Lämmer und der Widder,
Sprößlinge von Basan und Böcke
samt dem Nierenfett des Weizens;
und der Traube Blut trankst du, feurigen Wein.

Da wurde Jeschurun[1] fett und schlug aus
– du wurdest fett, wurdest dick, wurdest feist!–
und verwarf den Gott, der ihn geschaffen hatte,
und verachtete den Fels seines Heils.
Sie reizten ihn zur Eifersucht durch fremde Götter,
durch Götzendienst weckten sie seinen Zorn;
sie opferten den Dämonen, die doch nicht Gott sind,
Göttern, die sie vorher nicht gekannt hatten,
neuen Göttern, die erst vor kurzem aufgekommen waren,
die eure Väter nicht verehrt hatten.
Des Felsens, der dir das Dasein gegeben hat, gedachtest du nicht
mehr und vergaßest den Gott, dem du das Entstehen verdanktest.
Der Herr sah es und verwarf sie,
voll Unwillens über seine Söhne und Töchter,
und sprach: »Ich will mein Angesicht vor ihnen verbergen,
will sehen, welches ihr Ausgang sein wird;
denn sie sind ein Geschlecht voll Verkehrtheit,
Kinder, in denen keine Treue wohnt.
Sie haben mich zur Eifersucht gereizt durch Nicht-Götter,
mich erbittert durch ihre nichtigen Götzen;
so will auch ich sie zur Eifersucht reizen durch ein Nicht-Volk,
durch eine unverständige Nation will ich sie erbittern.
Denn ein Feuer ist durch meinen Zorn entbrannt
und hat bis in die Tiefen des Totenreiches gelodert;
es hat die Erde samt ihren Früchten verzehrt
und die Grundfesten der Berge in Flammen gesetzt.
Ich will Leiden auf sie häufen,
meine Pfeile gegen sie verbrauchen.
Sind sie vor Hunger verschmachtet
und von Fieberglut und giftigen Seuchen verzehrt,
so will ich den Zahn wilder Tiere gegen sie loslassen
samt dem Gift der im Staube kriechenden Schlangen.
Draußen soll das Schwert sie der Angehörigen berauben
und in den Gemächern der Schrecken sie wegraffen,

den Jüngling wie die Jungfrau,
den Säugling mitsamt dem Graukopf.«
Ich hätte gesagt: »Zerschlagen will ich sie,
ihr Gedächtnis unter den Menschen verschwinden lassen«,
wenn ich nicht Verdruß vom Feinde her fürchtete,
daß nämlich ihre Widersacher es falsch deuteten,
daß sie sagen würden: »Unsere Hand hat obgesiegt,
und nicht der Herr hat dieses alles vollbracht.«
Denn ein Volk sind sie, dem alle Einsicht abgeht,
und kein Verständnis findet sich bei ihnen.
Wären sie weise, daß sie dies einsähen,
so würden sie bedenken, welches ihr Endschicksal sein wird.
Wie könnte wohl ein einziger tausend vor sich hertreiben
und zwei zehntausend in die Flucht schlagen,
wenn nicht ihr Fels sie verkauft
und der Herr sie preisgegeben hätte?
Denn nicht wie unser Fels ist ihr Fels;
das müssen unsere Feinde selbst anerkennen.
Ja, vom Weinstock Sodoms stammt ihr Weinstock
und aus den Gefilden Gomorrhas;
ihre Trauben sind Gifttrauben, welche gallenbittere Beeren haben;
Drachengeifer ist ihr Wein
und grausiges Natterngift.
Liegt solches nicht bei mir aufbewahrt,
versiegelt in meinen Schatzkammern?
Mir steht die Rache und die Vergeltung zu
für die Zeit, da ihr Fuß wanken wird;
denn nahe ist der Tag ihres Verderbens,
und eilends kommt das Schicksal heran, das für sie festgesetzt ist.
Denn der Herr wird seinem Volke Recht schaffen
und seiner Knechte sich erbarmen,
wenn er sieht, daß jeder Halt geschwunden
und daß es aus ist mit allen, mit den Hörigen wie mit den Freien.

Da wird er sagen: »Wo sind nun ihre Götter,
der Fels, auf den sie ihr Vertrauen gesetzt hatten?
Wo sind die, welche das Fett ihrer Schlachtopfer gegessen,
den Wein ihrer Trankopfer getrunken haben?
Sie mögen auftreten und euch helfen,
damit ein Schirm über euch sei!
Erkennet jetzt, daß ich allein es bin
und kein anderer Gott neben mir besteht.
Ich töte und mache lebendig,
ich verwunde und heile wieder,
und niemand kann aus meiner Hand erretten.
Denn ich erhebe meine Hand zum Himmel
und gelobe: So wahr ich ewiglich lebe:
Wenn ich mein blitzendes Schwert geschärft habe
und meine Hand zum Gericht greift,
so werde ich Rache an meinen Feinden üben
und denen vergelten, die mich hassen!
Meine Pfeile will ich mit Blut trunken machen,
und mein Schwert soll Fleisch fressen:
vom Blut der Erschlagenen und Gefangenen,
vom Haupte der Anführer des Feindes.«
Jubelt, ihr Heidenvölker, über sein Volk!
Denn er wird das Blut seiner Knechte rächen
und an seinen Feinden Rache nehmen
und entsündigen sein Land, sein Volk.
5. Mose 32

JESAJAS KLAGELIED

O daß du doch den Himmel zerrissest, herabführest, daß vor deinem Angesicht die Berge ins Wanken kämen – wie Feuer Reisig in Brand setzt und Feuer das Wasser zum Sieden bringt –, um deinen Namen deinen Widersachern kundzutun, daß die Heidenvölker vor dir zittern müßten, indem du furchtbare Taten voll-

führtest, die unser Hoffen überstiegen! Ja, führest du doch herab, daß vor deinem Angesicht die Berge ins Wanken kämen! Hat man doch von alters her nicht gehört noch vernommen, hat kein Auge es je gesehen, daß ein Gott außer dir für den auf ihn Harrenden Taten vollbringt.
Du kommst dem entgegen, der Freude daran hat, Gerechtigkeit zu üben, denen, die auf deinen Wegen deiner gedenken. Doch ach! du hast gezürnt, denn wir haben gesündigt durch unsere Untreue allezeit und unsern Abfall. So sind wir denn allesamt einem Unreinen gleich geworden und alle unsere Tugenden wie ein besudeltes Gewand; wir sind allesamt verwelkt wie Laub, und unsere Sünden haben uns mit sich fortgerissen wie der Wind; und niemand hat deinen Namen angerufen, niemand hat sich aufgerafft, an dir festzuhalten; denn du hattest dein Angesicht vor uns verborgen und ließest uns unter dem Druck unserer Sünden vergehen.
Nun aber, Herr, – du bist ja unser Vater; wir sind der Ton, und du bist unser Bildner, und das Werk deiner Hände sind wir alle –: zürne nicht unversöhnlich, Herr, und gedenke nicht ewiglich unserer Verschuldung! Ach, blicke doch her: dein Volk sind wir alle! Deine heiligen Städte sind eine Wüste geworden, Zion ist zur Wüste geworden, Jerusalem zur Trümmerstätte. Unser heiliger und herrlicher Tempel, woselbst unsere Väter dir lobgesungen haben, ist in Flammen aufgegangen, und alle unsere Lieblingsstätten liegen in Trümmern. Willst du bei alledem an dich halten, Herr? willst du schweigen und uns erniedrigen bis zur Vernichtung?
Jesaja 64

DER SEGEN SALOMOS

Gepriesen sei der Herr, der seinem Volke Israel Ruhe verschafft hat, ganz wie er es verheißen hat! Von allen seinen herrlichen Verheißungen, die er durch den Mund seines Knechtes Mose gegeben hat, ist keine einzige unerfüllt geblieben. Der Herr, unser Gott, sei mit uns, wie er mit unsern Vätern gewesen ist! Er verlasse uns nicht und verstoße uns nicht, sondern lasse unsere Herzen auf ihn gerichtet sein, damit wir allezeit auf seinen Wegen wandeln und seine Gebote, Satzungen und Rechte beobachten, zu denen er unsere Väter verpflichtet hat! Und diese meine Worte, mit denen ich den Herrn angefleht habe, mögen dem Herrn, unserm Gott, bei Tag und Nacht gegenwärtig sein, daß er seinem Knechte und seinem Volke Israel jederzeit so, wie es nottut, Recht schaffe, damit alle Völker der Erde erkennen, daß der Herr Gott ist und sonst keiner. Euer Herz aber möge dem Herrn, unserm Gott, ungeteilt ergeben sein, daß ihr nach seinen Satzungen wandelt und seine Gebote so haltet, wie ihr es heute tut.

I. Könige 8

DANIELS SÜNDENBEKENNTNIS

Ach, Herr! du großer und furchtbarer Gott, der seinen Bund und seine Gnade denen bewahrt, die ihn lieben und seine Gebote halten! Wir haben gesündigt und unrecht getan, wir sind gottlos und ungehorsam gewesen und von deinen Geboten und Satzungen abgewichen; wir haben auch nicht auf deine Knechte, die Propheten, gehört, die in deinem Namen zu unsern Königen, unsern Fürsten und unsern Vätern und zu dem ganzen Volk des Landes geredet haben. Auf deiner Seite, Herr, ist die Gerechtigkeit, auf der unsrigen aber die Schamröte im Angesicht, wie es jetzt zu Tage liegt: für die Männer von Juda und die Bewohner Jerusalems und für alle Israeliten, sie seien nahe oder fern, in allen Ländern, wohin du sie verstoßen hast wegen der Untreue, die sie sich gegen dich haben zuschulden kommen lassen. Ja, Herr! uns muß die Schamröte ins Angesicht steigen, unsern Königen, unsern Fürsten und unsern Vätern, weil wir gegen dich gesündigt haben. Doch bei dem Herrn, unserm Gott, ist die Barmherzigkeit und die Vergebung dafür, daß wir uns gegen ihn aufgelehnt ha-

ben und den Weisungen des Herrn, unseres Gottes, nicht gehorsam gewesen sind, um nach seinen Gesetzen zu wandeln, die er uns durch seine Knechte, die Propheten, vorgelegt hat. Ja, ganz Israel hat dein Gesetz übertreten und ist untreu gewesen, ohne deinen Weisungen zu gehorchen. Darum ist auch der Fluch und der Schwur über uns hereingebrochen, der im Gesetz Moses, des Knechtes Gottes, geschrieben steht, weil wir gegen ihn gesündigt haben; und er hat seine Drohung in Erfüllung gehen lassen, die er gegen uns und gegen die Herrscher, die über uns regiert haben, ausgesprochen hat, daß er ein großes Unglück über uns verhängen wolle, so daß unter dem ganzen Himmel sich nirgend etwas so Schlimmes ereignet hat wie in Jerusalem. So wie es im Gesetz Moses geschrieben steht, ist all dieses Unglück über uns hereingebrochen; wir haben den Herrn, unsern Gott, nicht versöhnt, daß wir von unsern Sünden umgekehrt wären und auf deine Wahrheit geachtet hätten. Darum ist der Herr auf das Unglück bedacht gewesen und hat es über uns kommen lassen; denn der Herr, unser Gott, ist gerecht in allem, was er tut; wir haben auf seine Weisungen nicht geachtet.
Und nun, Herr, unser Gott, der du dein Volk mit starker Hand aus Ägypten geführt und dir einen Namen gemacht hast bis auf den heutigen Tag, – wir haben gesündigt, haben gottlos gehandelt. O Herr, laß doch nach allen deinen Gnadenerweisungen deinen Zorn und Grimm sich von deiner Stadt Jerusalem, von deinem heiligen Berge abwenden! Denn um unserer Sünden willen und wegen der Übertretungen unserer Väter ist Jerusalem und dein Volk für alle rings um uns wohnenden Völker ein Gegenstand des Hohns geworden. Nun aber erhöre, unser Gott, das Gebet und Flehen deines Knechtes und laß dein Angesicht über dein verwüstetes Heiligtum leuchten um des Herrn willen! Neige, mein Gott, dein Ohr und höre! Öffne deine Augen und sieh unsere Trümmer an und die Stadt, die nach deinem Namen genannt ist! Denn nicht auf Grund der Erweise unserer Gerechtigkeit bringen wir unser Flehen vor dich, sondern im Vertrauen auf

deine große Barmherzigkeit. Herr, höre! Herr, vergib! Herr, merke auf und handle ohne Verzug um deiner selbst willen, mein Gott! Denn deine Stadt und dein Volk tragen deinen Namen.
Daniel 9

ESRAS BUSSGEBET

Mein Gott! Ich schäme mich und erröte, mein Angesicht zu dir, mein Gott, zu erheben; denn unsere Missetaten sind uns über das Haupt gewachsen, und unsere Schuld ist groß geworden bis an den Himmel. Seit den Tagen unserer Väter sind wir in großer Schuld bis auf den heutigen Tag, und um unserer Missetaten willen sind wir, wir, unsere Könige und unsere Priester, der Gewalt der Könige der heidnischen Länder preisgegeben worden, dem Schwerte, der Gefangenschaft, der Plünderung und schmachvollen Entehrung, wie es noch heutigen Tages der Fall ist. Jetzt ist uns zwar für einen kurzen Augenblick Gnade von dem Herrn, unserm Gott, dadurch widerfahren, daß er uns einen Rest von Entronnenen übriggelassen und uns an seiner heiligen Stätte einen Zeltpflock geschenkt hat, damit unser Gott unsere Augen leuchten mache und uns in unserer Knechtschaft ein wenig aufleben lasse. Denn ob wir schon Knechte sind, hat unser Gott uns doch in unserer Knechtschaft nicht verlassen, sondern uns die Huld der Könige von Persien zugewandt, so daß sie uns ein Aufleben vergönnt haben, um das Haus unseres Gottes wiederaufzubauen und es aus den Trümmern wiedererstehen zu lassen und uns einen sicheren Wohnsitz in Juda und Jerusalem zu gewähren. Jetzt aber, unser Gott, – was sollen wir nach solchen Vorkommnissen sagen? Wir haben ja deine Gebote unbeachtet gelassen, die du uns durch deine Knechte, die Propheten, zur Pflicht gemacht hast mit den Worten: Das Land, wohin ihr kommt, um es in Besitz zu nehmen, ist ein Land, das infolge der Unreinheit der heidnischen Völkerschaften befleckt ist infolge ihrer Götzengreuel, mit denen sie es bei ihrer Unreinheit von einem Ende bis zum andern angefüllt haben. So sollt ihr nun eure Töchter nicht ihren

Söhnen zu Frauen geben und ihre Töchter nicht mit euren Söhnen verheiraten und nun und nimmer auf ihre Wohlfahrt und ihr Wohlergehen bedacht sein, damit ihr stark bleibet und die Güter des Landes genießet und es auf eure Kinder für ewige Zeiten vererbet. Und nun nach allem Unheil, das uns infolge unserer bösen Taten und unserer großen Schuld widerfahren ist, – wiewohl du, unser Gott, größere Schonung gegen uns geübt hast, als unsere Verfehlungen verdient haben, und uns den geretteten Rest hier geschenkt hast –, sollten wir da aufs neue deine Gebote übertreten und uns mit diesen Greuelvölkern verschwägern? Würdest du uns da nicht bis zur Vernichtung zürnen, so daß niemand mehr übrigbliebe noch entrinnen könnte? O Herr, Gott Israels! du bist gerecht; denn wir sind nur noch als ein Rest von Geretteten übriggeblieben, wie es heutigentags der Fall ist. Siehe, wir stehen hier vor dir in unserer Schuld; denn bei solchem Verhalten kann niemand vor dir bestehen.

Esra 9

DER HERR IST MEIN HIRTE

Der Herr ist mein Hirte: mir wird nichts mangeln.
Auf grünen Auen läßt er mich lagern,
zur Ruhestatt am Bache leitet er mich.
Er erquickt meine Seele;
er führt mich auf rechten Bahnen
um seines Namens willen.
Auch wenn ich wandre in finsterm Tal:
ich fürchte kein Unglück;
denn du bist bei mir: dein Hirtenstab und dein Stecken,
die sind mein Trost.
Du richtest einen Tisch mir zu
vor den Augen meiner Feinde;
du salbst mir das Haupt mit Öl
und schenkst mir voll ein.

Ja, Glück und Gnade werden mir folgen
mein Leben lang,
und weilen werd' ich im Hause des Herrn
gar lange Tage.
23. Psalm

DANKGEBET AN DEN HERRN

O Gott, du bist mein Gott: dich suche ich,
es dürstet nach dir meine Seele;
es lechzt nach dir mein Leib
wie dürres, schmachtendes, wasserloses Land.
So habe ich nach dir im Heiligtum ausgeschaut,
deine Macht und Herrlichkeit zu erblicken;
denn deine Gnade ist besser als Leben;
meine Lippen sollen dich loben.
So will ich dich preisen mein Leben lang,
in deinem Namen meine Hände erheben.
Wie von Mark und Fett wird meine Seele gesättigt,
und mit jubelnden Lippen jauchzt mein Mund,
wenn ich deiner gedenke auf meinem Lager,
in den Stunden der Nacht über dich sinne;
denn du bist mir ein Helfer gewesen,
und im Schatten deiner Flügel darf ich jubeln.
Fest hangt meine Seele dir an;
aufrecht hält mich deine rechte Hand.
Doch sie, die nach dem Leben mir trachten, mich zu verderben,
sie werden fahren in die Tiefen der Erde.
Man wird sie der Schärfe des Schwerts überliefern,
eine Beute der Schakale werden sie sein.
Der König aber wird Gottes sich freun:
glücklich preise sich jeder, der bei ihm schwört;
denn den Lügnern wird der Mund verschlossen werden.
63. Psalm

DAS HAUPTGEBET BEI DER SABBATFEIER

I

Ewiger, unser Gott! Großer, Allmächtiger, Hocherhabener! So haben Abraham, Isaak und Jakob dich erkannt, so haben alle unsere frommen Ahnen dich verehrt. Deine Gnade erhält das All. Liebevoll lohnst du das Gute und gedenkst der Väter Verdienst noch den späten Enkeln. Du erlösest sie aus aller Not, daß sie deinen Namen künden fort und fort.
Du warst und bleibst uns Helfer, Beistand und Beschützer! Gelobt seist du, o, Gott, unser Schutz und unser Schirm seit der Vorzeit Tagen!

II

In deiner unendlichen Macht, o Herr, gibst du den Gestorbenen neues Leben – nie versagt deine Hilfe.
Wie du in deiner Gnade für die Lebenden sorgst, so läßt du voll Erbarmen die Toten eingehen zur ewigen Seligkeit. Der du den Wankenden Stütze, den Leidenden Arzt, den in Fesseln Schmachtenden Befreier bist: du bewahrst deine Treue auch denen, die im Staube schlummern. Wer ist wie du, Herr aller Kräfte! Wer gleicht dir, der du tötest und belebst und sprießen läßt das Heil! Wie tröstlich ist's, daß du die Abgeschiedenen erweckest zum ewigen Leben!
Gelobt seist du, o Gott, der Leben hervorgehen läßt aus dem Tode!

III

Heilig bist du, Heiliger ist dein Name und heilige Scharen preisen dich für und für. Gepriesen seist du, o Gott, der du in Heiligkeit waltest!

IV

Einen Abglanz deiner Heiligkeit hast du über den Sabbat ausgegossen, den Tag der Ruhe und Weihe nach Vollendung des

Himmels und der Erde. Ja, reich gesegnet hast du diesen Tag und ihn erhoben über alle andern Tage, denn so verkündet es die Schrift:

Vollendet waren Himmel und Erde und all ihr Heer. Es war am siebenten Tage, als Gott sein Werk vollendet hatte, da ruhete er von aller Arbeit, die er getan. Und Gott segnete den siebenten Tag und heiligte ihn als Ruhetag nach dem Schöpfungswerke. Gott und Vater! Deine Gnade walte über unserer Sabbatfeier! Laß uns den heiligen Tag, der jetzt seinen Anfang nimmt, dazu nützen, daß wir erkennen und tun, was uns zum Heile führt. Sättige uns mit deinem Gute, erfreue uns durch deinen Trost und deine Hilfe und läutere unser Herz, daß wir dir in Treue und Wahrheit dienen. Deine Vatergüte verhelfe uns und ganz Israel zu einer gesegneten Sabbatruhe! Gepriesen seist du, o Gott, der du den Sabbat geheiligt hast!

Gebet der deutschen israelitischen Gemeinden

ZUM ERSTEN TAG DES HÜTTENFESTES

Vom lebendigen Gott will ich singen und sagen,
Solange des Lebens Pulse mir schlagen! –
Nur wer an ihn glaubet, der wird ihn finden.
Wer aber könnte ihn ganz ergründen,
Von dessen Glanz, von dessen Macht
Erzählt der Gestirne leuchtende Pracht?
Sie wandeln am Himmel in kreisenden Bahnen
Und lehren den ewigen Schöpfer uns ahnen.

Wenn die Wetterwolken sich dunkel ballen,
Wenn die Blitze flammen und Donner hallen –
Hörst du den lebendigen Herrscher nicht,
Der droben gewaltige Sprache spricht?
Aus Erde und Meer, aus Tal und Höhen –
Fühlst du den Gottesodem nicht wehen?

Siehst du den Fruchtbaum in herrlichem Prangen –
Wer hat ihn mit Früchten so reich behangen?
Das Gewimmel im Meer und das Würmlein im Staub
Und der furchtbare Leu, wenn er brüllet nach Raub,
Und der Vogel mit leichtbefiederten Schwingen:
Ein Loblied sie alle dem Schöpfer singen.

Du Quell des Lebens, du gabst uns das Leben,
Auf daß wir uns strebend zu dir erheben.
Du schufst uns in deinem göttlichen Bild,
Daß Gottessehnen die Seele uns schwillt.
Und zieht uns die Sünde zum Staube nieder,
Aus dem Staube erhebt deine Gnade uns wieder.

Abraham Ibn Esra
oder Aben Esra, jüdischer Bibelkommentator und Dichter. Geb. 1092 in Toledo, gest. 1167 in Rom (?). Vorläufer der Bibelkritik, beeinflußte Spinoza.

GEBET BEIM JOM-KHIPPUR-FEST

Du hast uns unter allen Völkern auserwählt,
du hast uns geliebt, angenommen und über alle Stämme erhoben,
du hast uns mit deinen Geboten geheiligt
und zu deiner Verehrung geführt.
Dein großer und heiliger Name ist ein Ruhmestitel für uns.
Liebevoll hast du uns, o Herr unser Gott, diesen Khippurtag gegeben,
an dem du Verzeihung, Erlassung und Tilgung
für all unsere Sünden erteilst,
diesen Tag der geheiligten Zusammenrufung, an welchem
des Auszuges aus Ägypten gedacht wird.
Herr unser Gott, Gott unserer Väter!
es erreiche uns, es komme, es erscheine,
es sei mit Freuden aufgenommen, angehört und betrachtet,

das Gedenken an uns, an unsere Väter, an deine Stadt Jerusalem,
an den Messias, der von deinem Diener David stammt,
an dein ganzes Volk, die Familie Israel,
und gebe uns jedes Gut, Gnade, Erbarmen, Barmherzigkeit
und Freude an diesem Tag des Khippur.

Das Jom-Khippur-Fest, ursprünglich ein Entsühnungsfest des kämpfenden Heeres am Vorabend vor der Schlacht, ist die Sühnefeier Israels, an der sich zugleich das religiös-nationale Selbstbewußtsein sammelt.

GEBET UM FRIEDEN

Herr und Vater!
Verherrlicht und geheiligt werde dein Name in der Welt, die du geschaffen nach deinem Willen. Dein Reich komme, bald, in unsern Tagen, daß wir alle seine Vollendung schauen! Amen.
Die ganze Menschheit verkünde mit uns dein Lob durch Zeit und Ewigkeit, daß es in allen Zungen ertöne, jede Freude veredle und jede Trauer lindre! Amen.
Vater im Himmel! Vor dich komme unser Flehen, o erhöre unser Gebet! Amen.
Herr, sende uns deinen Himmelsfrieden und gib uns wahres Leben! Amen.
Friede ist in deinen Höhen, Friede sei bei uns auf Erden, überall laß Frieden werden! Amen.

Deutsche israelitische Gemeinden

ISLAM

Zwischen den Erfahrungen und dem Glauben des Geschlechtes Abrahams und denen Mohammeds und der Seinen wird heute eine stärkere Entsprechung deutlich, als sie früher, im Zeitalter einer die eigenen Voraussetzungen nicht überdenkenden jüdisch-christlich-islamischen Polemik sichtbar sein konnte. Tharah, der Mann aus Ur, und sein Sohn Abraham wie Mohammed der Prophet, der den Islam stiftete, erheben sich in ihrem entschiedenen Bekenntnis zum ausschließlichen und absoluten Monotheismus gegen ihre Umwelt. Tharah und Abraham wenden sich gegen die Götter Sumers und Babylons, Mohammed gegen die Gestirngottheiten seiner arabischen Stammesgenossen. Beide Male wird diese Haltung durch einen äußeren Trennungsstrich, einen Auszug, eine Flucht betont. Tharah wandert mit seinem Sohne Abraham und seinem Enkel Lot aus dem reichen, üppigen Zweistromland nach Haran in dem kargeren Nordwest-Mesopotamien und Abraham wieder von dort durch die Wüste nach Kanaan. Mohammed entweicht aus Mekka nach dem im Unterschied zu seiner Geburtsstadt weniger zivilisierten Medina, um dort sein Prophetenamt recht eigentlich anzutreten.
Trotz der zwanzig Jahrhunderte, die zwischen den beiden Ereignissen verflossen, ist ihre Verwandtschaft nicht zu übersehen. Hier liegt auch der Grund, aus dem der Islam sich als die rechtmäßige Fortsetzung und Erneuerung der Religion Abrahams betrachtet, die der Entartung anheimgegeben zu haben Mohammed den Juden und vor allem den Christen vorwarf. In der Tat läßt sich, setzt man die schroffen, in Asien und Afrika immer wieder blutig aufflammenden Gegensätze zwischen Judentum und Islam für einen Augenblick einmal außer acht, ein Bogen des exklusiven Monotheismus im Sinne der Verehrung des einen und einzigen Gott ziehen, der im südlichen Mesopotamien anhebt, sich über Haran bis zum Mittelmeer dehnt und dann in Arabien nach Osten zurückkehrend dort neu Fuß faßt.
Auch die soziologischen und wirtschaftlichen Konsequenzen der Glaubensentscheidung entsprechen sich. Tharah und seine

Nachkommen verlassen das Städtewesen Babylons und ergreifen um ihres Gottes willen zunächst das Leben primitiver Nomaden. Mohammed wendet sich gegen das hochentwickelte Geld- und Geschäftstreiben Mekkas, eines wichtigen Bankplatzes der damaligen vorderorientalischen Welt. Sobald er zur Macht gelangt ist, sorgt er für eine Re-Primitivierung der Wirtschaft im Sinne eines zentralisierten, auf die Bedürfnisse von Armeen eingerichteten Agrarwesens.

Von Mohammed wissen wir aus seinem eigenen Bericht über die inneren Erlebnisse seiner Bekehrung, Berufung und wiederkehrenden Bestätigung. Von Tharah und Abraham ist uns nur die Tatsache des ersten Aufbruchs und der Verkündung des Befehls zum zweiten überliefert; es ist, wenigstens vorläufig, nicht vorstellbar, ob und welche verwandten religiösen Strömungen dieses zweimalige Verlassen einer alten Welt um des geschlossenen Monotheismus willen umgeben haben können.

Mohammed dagegen erscheint von vornherein vor dem Hintergrund nicht nur des schon lange bestehenden Judentums, sondern auch eines Christentums, das bereits ein halbes Jahrtausend alt war. Diese zeitliche Situation hat in der außerislamischen Welt lange zu einer von Anfang an mit den Vorurteilen der Nachahmung und Übernahme belasteten Fehlschätzung des großen arabischen Propheten geführt. Erst zögernd hat sich Europa bereit gefunden, die Ursprünglichkeit auch seines religiösen Erlebnisses anzuerkennen. In dieser gewandelten Anschauung tritt auch deutlicher hervor, daß Mohammed ursprünglich, nach den ersten Vergleichen seiner neuen inneren Erfahrung mit dem Judentum und dem Christentum, wie er es auffaßte, nämlich einer jüdischen Sekte, die bei manchem Guten wieder in die Gefahr der Vielgötterei geraten war, wohl wirklich nur beabsichtigte, als Fortsetzer und vor allem Reformator der Lehre Abrahams aufzutreten. Erst als die jüdischen und christlichen Autoritäten gegenüber seinen entsprechenden Aufrufen taub blieben, formulierte sich der Islam als Neugründung kämpferischer Natur auch gegen die bisherigen Monotheismen. Die offizielle Beziehung des Islam auf die heiligen Schriften der Juden und Christen blieb theoretisch und nimmt vielleicht erst heute, im Zeitalter der Begegnung der Religionen, wieder Aktualität an. Lebendiger blieb die Beziehung auf die Personen der vorhergehenden Religionen, Abraham und Sarah, Jesus und Maria, und ihren gemeinsamen heiligen Ort, Jerusalem. Von dort aus soll einst der wiederkehrende Prophet das Ende der Zeiten und das Jüngste Gericht verkünden. Wenn der Islam unter dem Vorwurf der Nachbildung blieb, den die älteren, sich als monotheistisch verstehenden Religionen erhoben, so hatte er dafür den Vorteil, daß er ihnen gegenüber als Erneuerer auftreten konnte. Judentum und Christentum hatten Züge ihrer jeweiligen Umwelt aufgenommen: Ausbildung eines besonderen, oft, wie bei den Juden, sogar erblich gewordenen Klerus, intellektualistische Gesetzlichkeit, die am Spiel mit sich selber Vergnügen fand, pseudo-römisches Rechtsdenken, das in das Verhältnis zwischen Mensch und Gottheit eindrang, griechische Logizistik und Metaphysik, römische und byzantinische Staatlichkeit. Zwar hat der Islam mit all diesen Dingen auch zu kämpfen gehabt, etwa mit dem Einfluß der griechischen Philosophie, aber doch in einem unvergleichlich geringeren Grade. Vor allem aber hatte er den Vorzug, von zwei Eigentümlichkeiten der anderen monotheistischen Religionen frei zu sein: der Verbindung des jüdischen Glaubens mit der Lehre von der göttlichen Bevorzugung der blutsmäßigen Kinder Abrahams und der schnell geschlossenen Synthese des Christentums mit einem bestimmten spätantiken Kultur- und Sozialsystem, das immer eindeutiger in eine feudale Klassentrennung auslief.

Demgegenüber erschien der Islam von Anfang an als der Glaube an den einen und einzigen Gott, der wohl Arm- und Reichsein zuteilt, aber keine Schranken der Klasse oder Rasse zuläßt. Und dies nicht nur in der Theorie; hat doch der Islam in allen seinen Staats- und Gesellschaftsbildungen nie einen Adel gekannt und nie die Vermischung der Rassen abgelehnt. Dies sicherte ihm und sichert ihm gerade heute wieder einen unvergleichlich günstigen missionarischen Ausgangspunkt. In der gleichen Richtung wirkt, daß der Islam als einzige unter allen Religionen das Geschlechtliche nicht mit einem grundsätzlichen Tabu belegt, freilich auch nicht erhöht hat, es sei denn in der von der Orthodoxie abgelehnten Mystik der Sufi und der in ihrem Umkreis entstandenen Dichtung.

Dazu kommt die in der Geschichte der Religionen außerordentliche, jederzeit, an jedem Ort und von jedermann bejahbare Einfachheit in der Formulierung des Glaubens und seiner Pflichten: des mehrmaligen täglichen Gebetes, des Almosengebens, des Jahresfastens und wenn möglich der Wallfahrt nach Mekka, dies alles umschlossen und getragen von dem Bekenntnis zu dem einen Gott und seinem Propheten.

DER RUF ZUM GEBET

Gott ist groß! Gott ist groß! Gott ist groß! Gott ist groß!
Ich lege Zeugnis davon ab: Es gibt keinen anderen Gott außer Gott!
Ich lege Zeugnis davon ab: Es gibt keinen anderen Gott außer Gott!
Ich lege Zeugnis davon ab: Mohammed ist sein Prophet!
Ich lege Zeugnis davon ab: Mohammed ist sein Prophet!
Kommt und betet! Kommt und betet!
Kommt zu eurem Heile! Kommt zu eurem Heile!
Es gibt keinen anderen Gott außer Gott!
Gebete sind besser als Schlaf!

AN DEN PROPHETEN

Die Gebete der Lippen sind für Gott,
und auch die Gebete des Leibes und die Spenden von Almosen!
Friede ruhe auf dir, o Prophet, mit der Gnade Gottes und seinem Segen!
Friede ruhe auf uns und auf Gottes gerechten Dienern.

ZUM OPFERFEST

Im Namen Gottes, des Mitfühlenden, Erbarmungsreichen.
Gott ist groß.
Es gibt keinen andern Gott außer Gott.
Gott ist groß.
Gott ist groß und allen Lobes würdig.
Er ist heilig.
Tag und Nacht sollen wir ihn loben.
Gott ist groß!
Gott ist groß!
Es gibt keinen anderen Gott außer Gott!

Gott ist groß!
Gott ist groß, und alles Lob gilt ihm!
O ihr Gläubigen, so sprach der Prophet, auf dem die Gnade und der Friede Gottes ruhen mögen, opfert euer Opferlamm mit euren eigenen Händen. Dies war der Weg, der von Abraham gelehrt wurde, der Friede sei mit ihm!
Er ist ohne Mitregenten, ohne einen Gleichrangigen.
Jedes Lob gebührt ihm.
Heilig ist er, der die Reichen großmütig macht, der die Opfer für die Weisen beschafft.
Er ist groß und keiner kommt ihm gleich.
Hört! Ich bezeuge: Es gibt keinen anderen Gott außer ihm.
Er ist allein, ohne einen Mitregenten.
Dieses Zeugnis ist klar wie das erste Morgenrot,
glänzend wie der ruhmreiche Festtag.
Mohammed ist sein Diener, der uns seine Botschaft überliefert hat.
Auf Mohammed, seiner Familie und seinen Gefährten möge der Friede Gottes ruhen.
Auf Mohammed und seiner Familie und auf seinen Glaubensgenossen möge der Friede Gottes ruhen.
Auf euch, die ihr zugegen seid, Gemeinde Mohammeds, möge die Gnade Gottes für immer ruhen.
O Diener Gottes, eure erste Pflicht ist es, Gott zu fürchten und liebenswürdig zu sein.
Gott hat gesagt: Ich will mit denen sein, die mich fürchten und liebenswert sind.
Wisset, ihr Diener Gottes, daß am Festtag sich zu freuen das Zeichen und Merkmal der Reinen und Guten ist. Sie werden im Paradies erhöht werden; insbesondere am Tage der Auferstehung wird ihnen Würde und Ehre zuteil.
Begeht keine unüberlegten Schritte an diesem Tag. Das ist nicht die Zeit für Vergnügungen und Unbedachtheiten.
Das ist der Tag, an dem es sich geziemt, Gottes Lob zu verkünden.

Möge Gott uns einreihen unter die, die von ihm erwählt sind, die nach seinem Gesetz handeln, deren Verlangen am letzten Tage seine Erfüllung findet. Alle solchen Menschen werden keine Furcht vor dem Tag der Auferstehung haben; keine Sorge vor dem Tag des Jüngsten Gerichts.
Das beste aller Bücher ist der Koran!
O Gläubige! Möge Gott uns und euch durch die Gnade, die vom edlen Koran ausströmt, für immer seinen Segen erteilen. Mögen seine Verse unser Führer sein und seine weise Mahnung an Gott uns auf den rechten Weg leiten.
Ich bitte flehentlich darum, daß Gott allen Gläubigen, Männern wie Frauen, seine Verzeihung gewähre.
O Gläubige, bittet ihn um Verzeihung. Der wahrhafte Gott ist der, der verzeiht, der Erbarmungsvolle, der Ewige König, der Mitleid hat und milde ist.

GEBET UM EINSICHT UND RICHTIGES HANDELN

Ich suche deine gute Hilfe in deiner großen Weisheit. Ich bitte um die Fähigkeit, durch deine Macht zu handeln. Dies erbitte ich von deiner Güte. Du weißt, aber ich weiß nicht. Du bist mächtig, aber ich bin es nicht.
Du kennst Geheimnisse. O Gott, wenn du weißt, daß das, was ich zu unternehmen im Begriff bin, gut ist für meine Religion, für mein Leben und meine Gnade, dann laß es geschehen und verhilf mir dabei zum Glück. Aber wenn es schlecht für meine Religion ist, für mein Leben und meine Zukunft, dann halte es von mir ab und zeige mir das, was recht ist.

GEBET BEIM GOTTESDIENST FÜR EINEN VERSTORBENEN

O Gott, verzeihe unsern Lebenden und unsern Toten wie auch denen von uns, die zugegen, und denen, die abwesend sind, und auch unseren Kindern wie unseren Erwachsenen, unseren Männern und unseren Frauen. O Gott, diejenigen, die du unter uns am Leben hältst, bewahre sie im Glauben des Islam, und laß die, die du sterben läßt, im Glauben sterben.

AN DEN LEBENDIGEN GOTT

Gott! Es gibt keinen anderen Gott außer ihm, dem Lebendigen, dem, der in Ewigkeit lebt. Weder Schlummer noch Schlaf ergreift ihn. Ihm gehört, was auch immer im Himmel und was auch immer auf der Erde ist. Wer ist der, der vor ihm Fürsprache einlegen kann außer mit seiner eigenen Erlaubnis? Er weiß, was vor ihnen gewesen ist und nach ihnen sein wird; und doch begreifen sie nichts von seiner Kenntnis, außer dem, was er will.
Sein Thron reicht über die Himmel und die Erde, und sie beide zu halten ist für ihn keine Belastung; und er weilt in der Höhe, der Gewaltige.

VERHERRLICHUNG GOTTES GEGENÜBER DEN UNGLÄUBIGEN

Ist etwa der, der die Himmel und die Erde erschuf und auf euch vom Himmel Regen herabschickt, durch den wir herrliche Gärten wachsen lassen und die Bäume, die ihr nicht wachsen lassen könntet, wohl irgendein Gott neben dem wahren Gott? Aber sie sind ein Volk, das andere Gottheiten unserem wahren Gott gleichsetzt.
Ist etwa der, der die Erde so fest und sicher gemacht hat, der Flüsse in sie gelegt hat, der unbewegliche Berge auf ihr errichtet hat und der zwischen zwei Meeren eine Schranke errichtet hat, wohl irgendein Gott neben dem wahren Gott? Aber die meisten von ihnen wissen es nicht.
Ist etwa der, der den Bedrängten erhört, wenn er ihn anruft, oder der von ihm das Leid nimmt, das diesen befallen hat, und der euch, die Nachkommen eurer Vorfahren auf dieser Erde, ins Le-

ben gerufen hat, wohl irgendein Gott neben dem wahren Gott? Aber wie wenige denken darüber nach!
Ist etwa der, der euch in der Finsternis zu Wasser und zu Lande führt, der die Winde als Vorboten seines Erbarmens schickt, wohl irgendein Gott neben dem wahren Gott? Weit überlegen ist der wahre Gott dem, was sie mit ihm in ihren Vorstellungen in Verbindung bringen.

LOBESHYMNE

Im Namen Gottes, der Barmherzigkeit und Mitleid zeigt,
Lobpreis gebührt Gott, dem Herrn der Welten,
dem Erbarmungsvollen und Mitfühlenden,
dem Herrn des Tages des Gerichts.
Wir dienen dir und rufen dich um Hilfe an.
Führe uns auf den rechten Weg,
den Weg derer, die du erwählt hast,
über die du nicht erzürnt bist und die nicht in die Irre gehen.

GEBET EINES CHINESISCHEN MOHAMMEDANERS

O verehrungswürdiger und großer Herr, wir bitten dich, hilf uns dir zu dienen,
wir bitten dich, vergib uns unsere Sünden.
Wir glauben an dich.
Auf dich gründen wir all unsere Zuversicht.
Wir preisen dich.
Wir sind von Dankbarkeit gegen dich erfüllt.
Wir rühmen deine Wohltaten.
O verehrungswürdiger und großer Herr, nur vor dir werfen wir uns nieder. Getreulich wollen wir auf deinen Pfaden wandeln. Mit Eifer wollen wir dir dienen. Auf deine Barmherzigkeit hoffen wir. Dein Gericht fürchten wir.

GEBET EINES KARAWANENLEITERS AUS DEM OBEREN SUDAN

O Herr, der du unser Führer bist,
verhilf uns schnell zu tun, was wir begehren,
spende unseren Tieren Wasser, die vor Durst erschöpft sind.

DIE GRIECHEN

Wie Goldfäden in einem sonst derberen Gewebe durchziehen Name und Erinnerung der griechischen Götter noch unser heutiges Dasein. So scheinen auch die folgenden Gebete, die uns auch dadurch gewinnen, daß sie zugleich immer dichterisch schön sind, keiner Erklärung, ja nicht einmal eines Rahmens zu bedürfen. Und dennoch würden diese Gebete nicht richtig aufgefaßt, man täte ihnen Unrecht, wenn man sie einfach so lesen würde, wie sie uns überliefert wurden und wie dies lange geschah, bald ablehnend, bald widerwillig anerkennend, bald sehnsuchtsvoll. Das Unrecht liegt bei dem Begriff des ›Polytheismus‹, unter dem diese Gebete unwillkürlich noch immer aufgefaßt werden. Nach den Ergebnissen der Religionswissenschaft erscheint es höchst fragwürdig, ob überhaupt irgendwo auf der Welt von ›polytheistischen‹ Religionen gesprochen werden kann, das heißt von einem Glauben an verschiedene Götter, die dem Wesen nach durchaus getrennt sind und nicht durch gemeinsamen Ursprung, also eine gewöhnlich in der Sprache der Verwandtschaft ausgedrückte Zusammengehörigkeit, und vor allem durch die gemeinsame Abhängigkeit von einem Höheren verbunden. Dennoch besteht diese Vorstellung noch. Für die indische Religion ist ihre Unsinnigkeit inzwischen klargeworden; niemand würde es noch wagen, die Inder weiter als ›Polytheisten‹ zu bezeichnen. Wie eingefroren aber jene Trennungen der alten Religionsteilungen sind, erweist sich gerade an den Griechen. Hier vollzieht sich der Erhellungsvorgang über das, was eigentlich griechische Religiosität ist, mit viel Mühe und Langsamkeit.

Das mutet zuerst verwunderlich an, weil doch das Griechische dem modernen Westen kulturell, geistesgeschichtlich, wissenschaftlich, sprachlich – man denke an die Prägung der modernen Sprachen vom Altertum her und an die vielen griechischen Wörter in unseren Alltagsausdrücken – weit näher steht. Das so lang andauernde Mißverstehen der griechischen Religiosität ist aber nur zu erklärlich aus der Kampf- und Absetzungs-Situation, in der sich das beginnende Christentum mit seiner großen Neuformung des westlichen Geistes allem Griechischen gegenüber befand. Verschärft wurde die Situation noch dadurch, daß es sich ja nicht nur um Kampf und Absetzung handelte, sondern auch um Weiterführung und Folge. Entstammen doch Mittelpunktbegriffe des neuen Glaubens, wie die Lehre vom Logos als dem menschgewordenen Weltenwort oder vom Heiligen Geist, dem Pneuma, griechischer Religiosität.

Die Mauern, die hier abzutragen waren und immer noch sind, sind recht hoch. Wofür sich in den letzten Jahrzehnten erst ein Gefühl zu entwickeln begonnen hat, ist zunächst das persönliche Verhältnis zwischen den Griechen und ihren Göttern. Derartiges hatte doch, soweit man es nicht übersehen konnte, so in der Sorge der Athene für Odysseus und seinem Vertrauen zu ihr, mehr als Ausnahme gegolten. Erst jetzt beginnt man zu sehen, wie durchgehend und allgemein eine solche Beziehung der Freundschaft, der Philía, zwischen Menschen und Göttern ist, bei allem Abstand zwischen Gott und Mensch und aller Unvoraussehbarkeit des göttlichen Handelns.

Wie sehr war man etwa erstaunt, dieses persönliche Verhältnis des Vertrauens und der Liebe gerade bei dem Dichter zu entdekken, der seit Jahrtausenden trotz seiner Billigung durch das Orakel des Apollon selber und der Huldigung Racines, Goethes, Schillers und Sartres als der erste große Zersetzer in der Weltliteratur galt. Plötzlich aber fällt es wie Schuppen von den Augen und man beginnt zu sehen, daß Euripides nicht nur im Wirken Aphrodites die zerstörende Gottesmacht, sondern auch in der Beziehung des Hippolytos und der Artemis die gott-menschliche Freundschaft, im Ion die glückliche Hingegebenheit des Dienend-Gläubigen, aber auch in dem Aighisteus seines Heraklidenstückes, dem unglücklichen Schützling Heras, die gehorsame Demut eines Menschen darstellt, der trotz aller Enttäuschungen und schließlich zur Vernichtung führenden Unglücksschläge an seiner Göttin festhält und darin Befreiung und Erlösung findet. Was man am Beispiel dieses einen Dichters erfuhr, wird nun als allgemein erkannt: das Vertrauen der Menschen zu Hermes und Athene, dann wieder der Dank an Helios, der sein Werk für die Menschen leistet, oder die Gebärde des Asklepios, der in den von ihm gesandten Träumen verlangt, daß auch die ganz kleinen Kinder zu seinen Festen und Feiern kommen dürfen. Allüberragend steht darüber die große Väterlichkeit von Zeus als Vater der Götter und Menschen. Der Sprache des Mythos entsprechend, drückt sich diese Väterlichkeit auch immer wieder zeugerisch umfassend und gestaltend aus. Dann wieder gipfelt ihr Gefühl und ihre Wahrnehmung, wie in dem großen Zeusgebet des Kleanthes, in einer Allväterlichkeit, die alle Menschen, Griechen oder Barbaren, Sklaven und Freie, Kinder des einen Gottes, des einen Zeus sein läßt. Am verblüffendsten wirkt aber wohl die Entdeckung des riesigen Mißverständnisses, in das man einfach schon durch eine falsche Übersetzung des griechischen Wortes für ›Gott‹ in den Zusammenhängen, in denen es allein vorkommt, geraten war. Wenn es in moderne Sprachen übertragen wird, wird gewöhnlich der Ausdruck ›ein Gott‹ gewählt. Diese Übersetzung, durch bedeutende Denker und große Dichter in den neueren Sprachen festgelegt und gleichsam geheiligt, ist aber doch nichts weniger als eine unbewußt gesteuerte Fälschung. Denn ›ein‹ Gott gibt es im Griechischen nicht; eine solche Formulierung widerspricht geradezu dem Kerne griechischer Religiosität.

Im Griechischen gibt es nur die einfache Anwendung des Wortes ›Gott‹ oder aber mit dem bestimmten, man sollte hier sagen, sehr bestimmten Artikel *der* Gott. Was heißt das? Es bedeutet zunächst, daß der Grieche, auch wenn er zu einem einzelnen Gott betet, diesen nicht als eine der abstrakten, distanzierten Entitäten empfand, wie man ihm dies zuschrieb, Wesenheiten, die etwa nur für einzelne Lebensbereiche Macht und Gültigkeit besessen hätten. Die Beziehung, ob nun ›Gott‹ gesagt wurde oder ›der Gott‹, war unmittelbar und geradeaus. Für einen besonderen Fall drückt dies Platon sehr schön aus, wenn er sagt, daß der Seele, deren Entwicklung durch ungünstige Umstände gehemmt ist, ›der

Gott‹ zu Hilfe kommen muß. Andererseits bezeichnet sich Sokrates schlechthin als ›Helfer Gottes‹.
Dann aber bezieht sich jeder Anruf immer auf eine Gesamtheit. In jedem Gebet an einen einzelnen Gott sind auch die andern ›mit gemeint‹. Dies ist der Sinn, der ungeheuren Zusammenballung von *›der‹* Gott und zugleich der umfassenden Allgemeinheit, welche der Gebrauch des einfachen ›Gott‹ andeutet, wie es dann in den Evangelien erscheint – wie andererseits die griechische Schwingung ›Gott‹ = ›Götter‹ = ›der Gott‹ in dem alttestamentarischen Nebeneinander der Mehrzahl ›Elohim‹ und der Einzahl ›Jahwe‹ ihre Entsprechung findet. Das gleiche glänzt auf in dem griechischen Wort für eine weise Frömmigkeit und gesunde Vernunft, ›Sophrosyne‹, was eigentlich ›Bewußtsein des Ganzen‹ bedeutet. So wird auch Zeus als die Gesamtheit aller Götter angesehen. Wer nur einen Gott verehren will, versündigt sich und stürzt in eine tragische Situation. So eben Hippolytos, welcher der Aphrodite die Huldigung verweigert, auf die sie von jedem Menschen Anspruch hat.
»Jeder Gott repräsentiert das Göttliche und ist aus diesem Grunde nicht nur ›ein‹ Gott, sondern zugleich ›Gott‹ schlechthin« (W. J. Verdenius). Ein anderer Erforscher griechischer Religiosität, H. Fraenkel, spricht anläßlich des frommen Dichters Pindar von »dem goldenen Dämmer einer lichten Sphäre, aus dem einzelne Gestalten hervortreten, um wieder in ihn hineinzutauchen«. Daneben aber steht, und das ist einzigartig griechisch, die Durchdringung von Glauben und Denken, wie sie sich in dem großen Gebet an die ›Natur‹ äußert, die ›Physis‹, genau übersetzt ›die Werdende‹, ›die Wachsende‹, die, in ihrer Göttlichkeit geahnt und angeschaut, doch in ihren Wirkungen und Erscheinungsweisen zugleich rational erfaßt wird. ›Natur‹ wird hier, wie dies später nur Goethe, Giordano Bruno und ihren Geistesverwandten gelang, auf doppelter Linie gesehen.
Dies ist dann wieder, um zu einer ungefähren Vorstellung von der Art der griechischen Frömmigkeit zu kommen, zusammen-

zuhalten mit der außerordentlichen Tatsache, die allein schon für die Innigkeit der griechischen Frömmigkeit zeugt, nämlich daß über eines der größten Feste des griechischen Glaubens, die Mysterien von Eleusis in der Nähe von Athen, an denen im Verlaufe über eines Jahrtausends insgesamt mehrere Millionen Menschen teilgenommen haben, niemals das Schweigegebot verletzt wurde, so daß wir heute so viel oder so wenig über sie wissen wie die barbarischen Zeitgenossen der Griechen.

Merkwürdig ist dies besonders bei der Redelust der Griechen und ihrem Bedürfnis, das Geschaute und Geahnte auch verstandesmäßig zu erörtern. Wahrscheinlich kommt dies große alte Schweigen daher, daß hier die tiefste Seite ihrer Religiosität berührt war: das Mysterium des leidenden Gottes, der durch die Pforte des Todes geht und dadurch den Menschen nahe wird, ja sich ihnen gleichsetzt. So Dionysos und Persephone, Asklepios und Herakles. Persephone kann durch ihr zweiweltiges Schicksal, Dionysos durch sein Leiden, sein Zerrissenwerden und Wiederauferstehen zum Erlösergott auch menschlichen Leidens werden. Bei Asklepios und Herakles vollzieht sich die gott-menschliche Bewegung in entgegengesetzter Richtung. Herakles, zunächst mehr Mensch als Gott, steigt durch seine Mühen, Taten und Leiden zum Himmel empor; Asklepios, von einer menschlichen Mutter geboren, doch zunächst zu den Göttern gerechnet, stellt sich freiwillig auf die Seite der Menschen und nimmt, um ihnen weiter heilend helfen zu können, den Tod auf sich.

Begreiflich, daß sich hier jene Sphäre bildete, in der vollendet wurde, was einst in Sumer begann, als die Götter in Menschengestalt dargestellt wurden. Freilich, das Neue war, daß nun das Göttliche nicht als Mensch oder Gott erschien oder als Halbgott, der zu vergöttlichen war, sondern als beides, als Gott und Mensch zugleich. Dennoch, so ›ärgernd‹ dies dem Judentum und dem Islam war und ist, griechischem Denken und Glauben war es das nicht, sondern mußte ihm vielmehr als eine steigernde Folge, eine Verdichtung seines Eigensten erscheinen.

AN DIE ALLMUTTER ERDE

Erde, du aller Mutter, du festgegründete, singen
Will ich von dir, uralte Nährerin aller Geschöpfe,
Die du alles, was im Meer und auf heiligem Boden,
Was in den Lüften lebt, ernährst mit quellendem Segen;
Du nur läßt sie gedeihen so reich an Kindern und Früchten.
Heilige Göttin, es steht bei dir, den sterblichen Menschen
Leben zu geben, zu nehmen. O selig, wem du in Güte
Segnend gewogen, in üppiger Fülle wird alles ihm blühen,
Schwellende Saat bedeckt ihm alle Felder, und reiche
Herden beweiden sein Land, sein Haus birgt Schätze in Menge.
Und so herrschen sie denn in der Stadt voll lieblicher Frauen
Mild nach rechtem Gesetz, begleitet von Segen und Reichtum.
Jünglinge schreiten stolz in junger, blühender Freude,
Jungfrauen spielen fröhlich in blütenumschlungenem Reigen
Tanzbeseligt dahin auf den weichen Blumen der Wiese:
Alle, die du gesegnet, du spendende, heilige Göttin.
Heil dir, Mutter der Götter, du Gattin des sternübersäten Himmels.
Für meinen Gesang gewähre mir glückliches Dasein.
Ich aber werde deiner und andrer Gesänge gedenken.

AN ARTEMIS. GEBET FÜR EINE BRAUT

Vor ihrer Hochzeit entbot Timarete hier diese Pauke,
diesen entzückenden Ball, auch von den Locken das Netz
und, wie es recht sich gebührt, die Puppen und Puppengewänder,
Artemis, dir, du Kind Letos, o Göttin der See,
dir, der Jungfrau, die Jungfrau. Halt über Timaretos' Tochter
gnädig die Hände und sei, Fromme, der Frommen ein Schirm.

EIN ZWEITES GEBET FÜR EINE BRAUT

Fülle von krausem Gelock hat Hippe gewidmet; das Mädchen
hat mit duftendem Öl feucht sich die Schläfe genetzt,
da ihr die Hochzeit nun nahte. Doch ihrer jungfräulichen Reize
fordern wir Binden des Haars, das sie sich abschnitt, für uns.
Artemis, gib, daß der Tochter des Lykomedeides, die gerne
Würfel noch spielt, zugleich Hochzeit und Mutterschaft kommt.
Antipatros von Sidon

FISCHERGELÜBDE AN POSEIDON

Eine gebogene Angel, die lang sich reckende Rute,
eine Leine, den Korb, drin man die Fische bewahrt,
diese Reuse, gefertigt für schwimmende Tiere, erfunden
von einem Manne, der fern über die Meere hin fischt,
diesen Dreizack, den harten Gesell, die Waffe Poseidons,
und von den Rudern das Paar, das sich im Kahne befand,
gab Diophantos, der Fischer, dem Gotte seines Gewerbes,
wie sich gebührte: so will's Brauch eines alten Berufs.
Leonidas von Tarent

GEBET EINES JÄGERS AN DIE NYMPHEN, AN HERMES UND DIE ANDEREN GÖTTER DER LANDSCHAFT

Nymphengrotten, die ihr aus herrlichen Quellen so reichlich
euer Wasser am Fuß dieser Gebirgswand ergießt,
hallende Hausung, die Pan mit dem Pinienkranze im Haare
drunten am stotzigen Fels Bassas zu eigen gewann,
Stümpfe vom alten Wacholder, ihr Stämme, heilig dem Weid-
mann, und ihr Male, die man Hermes aus Steinen anhäuft,
o seid gnädig und nehmt vom glücklichen Jäger Sosandros
dieses Fell hier, das ihm stürmische Hirschjagd erbracht.
Krinagoras

GEBET DREIER BRÜDER – JÄGER, VOGELSTELLER, FISCHER – AN PAN

Hier dieses mächtige Netz hat Damis, der Weidmann, gestiftet –
Pigres das feine Gespinst, Tiere zu fangen der Luft –
Fäden, um Barben zu fischen, der nächtliche Ruderer Kleitor.
Werkzeuge sind es aus drei schweren Berufen für Pan.
Sei ihnen gnädig, den Brüdern, und segne die frommen mit reicher
Beute an Vögeln und Wild wie auch an Fischen des Meers.

Satrios

HIRTENOPFER AN PAN

Teleson weihte dem Pan, dem ziegenbesteigenden Bocksfuß,
dieses Fell an dem Ast einer Platane im Feld,
auch diesen Stab, am Ende gekrümmt, aus härtestem Holze,
der bis heute des Wolfs blutigen Blicken gewehrt,
Satten für dicke Milch, ein Halsband, um Hunde zu führen,
und eine Koppel, mit der Bracken am Nacken er hielt.

Leonidas von Tarent

DEM PAN

Pan, den starken rufe ich an,
Den Hirtengott, die Gesamtheit des Alls –
Himmel, Meer, Allkönigin Erde
Und das unsterbliche Feuer,
Denn alle sind Glieder des Pan.
Komm, Seliger, Springender, laufend im Kreise,
Der mit den Horen herrscht,
Ziegenfüßiger Gott;
Freund der gottbegeisterten Seelen,
Verzückter, wohnend in Höhlen –

Du spielst die Weltharmonie
Mit scherzendem Flötengesang.
Fördrer der Phantasie,
Schrecklich aber der Menschen Furcht;
Freundlich den Herden der Ziegen
Und dem Rinderhirten am Quell.
Helläugiger, Jäger, belustigt vom Echo,
Gespiele der Nymphen im Reigentanz,
Wachsend aus allem, Alleserzeuger,
Daimon, in tausend Namen geehrt;
Herrscher im Weltall, Fördrer des Wachstums,
Lichtträger, fruchtbringender Paian,
Freund der Grotten, gräßlich im Grimm,
Wahrer Zeus, mit Hörnern geziert –
Denn auf dich ist der Erde
Unerforschlicher Plan gestützt,
Und der unermüdlichen See
Tiefaufwühlendes Wasser gibt dir
Der Okeanos, dessen Flut
Rings die Erde umrollt –
Dir gibt des Wachstums Funken das Luftreich,
Die Erweckung lebenden Wesens,
Und das Auge des Weltengipfels,
Hoch droben des flüchtigen Feuers.
All dies vieldeutige Wesen
Strömt leicht auf deinen Befehl;
Mit weiser Voraussicht
Wandelst du aller Dinge Natur,
Weidend der Menschen Geschlecht
Über den unermeßlichen Erdkreis.
Auf denn, Seliger, Verzückter,
Der Gottbegeisterung Freund,
Zu den Trankopfern heiliger Tugend!
Seliges Ende geselle dem Leben;

An die Marken der Erde
Banne deines schrecklichen Schreckens Gewalt!

AN DIE WOLKEN
Ein Rauchopfer von Myrrhe

Wolken, ihr Segler der Lüfte,
Fruchtnährende Wandrer des Himmels,
Regenerzeuger, von flüchtigen Winden
Hingetrieben durchs All;
Feuersprühende, donnernde,
Lautdröhnend auf feuchter Bahn –
Ihr tragt in der Brust
Das graue Brüllen des Äthers,
Von den Winden geworfen, zerrissen,
Tosend im wilden Gewühl.
Flehend ruf ich euch, Spender des Taus,
Atemerquickenden Hauches:
Sendet fruchtnährenden Regen
Auf die Mutter Erde hinab!

GEBET AN DIE NACHT
Ein Rauchopfer von Gewürzen

Nacht, dich feiert mein Lied,
Der Götter und Menschen Gebärerin.
Aller Wesen Ursprung ist Nacht,
Uns sei sie Kypris benannt.
Höre, selige Göttin,
Bläulich funkelnde, sternenflammende,
Du erfreust dich der Ruhe
Und schlafspendender Einsamkeit.
Besinnung, Erquickung, im Finsteren wachend;
Lösrin der Sorgen, Mutter der Labung,
Du bringst Erquickung gütig der Mühsal;
Freundin aller, durch Spendung des Schlafs.

Leuchte der Nacht in der Rosse Gespann
Halbvollendet, zur Erde gehörig,
Und doch wieder himmlischer Art –
Kreisend spielend in Lüften
Mit dem schweifenden Wirbeltanz,
Sendest du Licht in das Dunkel
Und fliehst selbst in den Hades hinab:
Grause Notwendigkeit zwinget uns all.
Auf denn, heilige, seligste Nacht,
Gnadenvolle, allen Ersehnte,
Milde, höre die flehenden Worte.
Komm und scheuche die Bilder der Angst,
Die da schimmern im Dunkel!

AN DEN ÄTHER
Ein Rauchopfer von Safran

Du hochragendes Haus des Zeus,
Unzerstörbar in ewiger Kraft,
Träger der Sterne, der Sonne, des Mondes,
Allbezwingender, feueratmend,
Alles Lebens entzündender Stoff!
Weithinleuchtender Äther,
Edelster Urstoff des Alls,
Prächtiger Urkeim, Träger des Lichts,
Flammend vom Feuer der Sterne –
Dir ertönt mein flehender Ruf:
O zeige dein heiteres Antlitz!

AN URANOS, DEN HERRN DES HIMMELS
Ein Rauchopfer von Weihrauch

Uranos, Allerzeuger, des Alls
Ewig unzerstörbarer Teil,

Erstgeborener, Anfang und Ende
Aller Dinge, Beherrscher der Welt,
Der in Kugelgestalt
Um die Erde sich rundet!
Haus der seligen Götter,
Wandernd in kreisender Drehung,
Allumschlingendes Band,
Wächter von Äther und Erde –
Du bewahrst in der Brust der Natur
Zwingende, grause Notwendigkeit.
Schimmernd in bläulich-dunkler Haut,
Unbezwingliche Luftgestalt,
Kronos' allsehender Vater,
Höre uns, höchster, seliger Daimon!
Strömen laß die lebendige Weihe
Auf die Neugeweihten herab!

AN HELIOS, DEN GOTT DER SONNE
Ein Rauchopfer von Libanonmanna

Hör mich, Glückseliger! Waltend
Des alldurchschauenden, ewigen Auges,
Fernhochwandelnder, himmlische Leuchte,
Goldblinkender Titan;
Unermüdlicher, Selbsterzeuger,
Holder Anblick der Lebenden!
Zur Rechten der Morgenröte
Erzeuger, zur Linken der Nacht,
Du mengst im Viertakt des Reigens
Der Horen wechselnde Schar;
Schnellfüßiger, Feuriger, Wirbelentfacher,
Heiterblickender, Lenker des Wagens,
Der in Wirbeln umfährt
Des unermeßlichen Kreises Bahn.

Frommen ein Weiser zur Schönheit,
Doch den Bösen feindlich gesinnt.
Du lenkst mit goldener Leier
Des Alls harmonische Bahn,
Aufzeiger der Werke des Guten,
Held, der die Horen ernährt.
Herrscher des Alls, mit Flötengesang,
Feuriger Renner, im Kreise wirbelnd,
Schimmernder Bringer des Lichts,
Spender des Lebens, fruchtgebender Paian,
Ewigblühender, Fleckenloser,
Vater der Zeit, unsterblicher Zeus!
Heiterer, Allerleuchtender,
Kreisendes Auge des Alls,
Brennend und lodernd, schönglänzend in Strahlen,
Richter des Rechtes, der Flüsse Freund;
König des Weltalls, Wächter der Treue,
Immerdar Höchster, Helfer und Freund,
Lebenslicht, der Gerechtigkeit Auge,
Rosselenker, mit schwirrender Geißel
Den vierspännigen Wagen treibend –
Helios, höre mein Wort:
Wonniges Leben zeige den Mysten!

AN SELENE, DIE GÖTTIN DES MONDES

Mene, die schwingengeschmückte, gewährt zu singen, ihr Musen,
Lieblich redende Töchter des Zeus, ihr liederbeglückten.
Fließt doch von ihr ein himmlischer Glanz herab auf die Erde
Von dem unsterblichen Haupte. Und Schmuck vielfältig erhebt sich
Unter dem blinkenden Schimmer; es leuchtet das Dunkel des Äthers

Hell von dem goldenen Kranz, die Strahlen erfüllen den Himmel,
Wenn vom Okeanos sie nach dem Bade des herrlichen Leibes,
Eingehüllt in lichte Gewänder, die hehre Selene,
Mit den erhobenen Häuptern der glanzübergossenen Rosse
Vorwärts ihr Gespann mit den prächtigen Mähnen dahintreibt
Abends im Vollmondlicht. Die Bahn, die finstere, füllt sich,
Und dann, während sie wächst, entstehen die leuchtendsten Strahlen
Hoch am Himmel, den sterblichen Menschen zu Zeichen und Deutung.
Ihr nun einte sich einst Kronion in Liebe und Lager,
Und, von ihm beglückt, gebar sie ein Mädchen, Pandeia,
Prangend in holder Schönheit im Kreise der ewigen Götter.
Heil dir, göttliche Herrin mit blendenden Armen, Selene,
Lockige, milde. Bei dir beginn ich halbgöttlicher Helden
Ruhm zu künden, deren Taten mit lieblichem Munde
Preisend feiern im Liede die Sänger, die Jünger der Musen.

EIN ANDERES GEBET AN SELENE

Ein Rauchopfer von Gewürzen

Höre mich, göttliche Königin,
Lichtspendende, hehre Selene,
Mene, mit Hornschmuck der Stiere geziert,
Nachtwandelnde, die in den Lüften schweift,
Fackelträgerin, nächtlicher Mond,
Sternenfreundliche Jungfrau,
Wachsend und schwindend, männlich und weiblich,
Mildleuchtende, Freundin der Rosse,
Fruchtspenderin, Mutter der Zeit;
Schimmernde, Herzbeschwerende,
Allüberstrahlende Späherin der Nacht,
Allsehende, Freundin fehlenden Schlafes,
Übersät von der Schönheit der Sterne,

Freundin erquickender Ruhe
Und des freundlichen Wohlgeschicks!
Hellschimmernde, Hörnerträgerin,
Holdblickende Wonne der Nacht,
Sternenfürstin, vom weiten Gewande umhüllt,
Läuferin des Kreises, allweise Jungfrau:
Komm, Selige, Freundliche, Sternenfreundin,
Rette, schimmernd im Lichte,
Deiner neuen Schützlinge Schar!

AN HADES. GEBET BEI DEN ELEUSINISCHEN MYSTERIEN

Schroffe Gottheit, die da wohnt
In dem unterirdischen Haus,
In der Tartarusgäste
Tiefschattiger, grauenblickender Au,
Zepterträger, des Erdreichs Zeus,
Nimm in Gnaden das Opfer auf!
Hades, der du des Erdenreichs
Schlüssel bewahrst, und das Menschengeschlecht
Reich beschenkst mit den Früchten der Jahre,
Du erlangtest vom dreifachen Los
Die Allkönigin Erde,
Der Unsterblichen Sitz
Und der Menschen mächtiges Bollwerk.
Du baust deinen Herrscherthron
Drunten im dunklen Land,
In dem weitgedehnten,
Balsamhauchenden, unermüdlichen,
Unermeßlichen Hades
Und am finsteren Acheron,
Der die Wurzeln der Erde hat.
Walter der Gnaden des Todes den Menschen,
Vielaufnehmender Eubulos,

Der einst von der Wiese geraubt
Der keuschen Demeter Kind
Vierspännig herab durch des Meeres Schlund
Zur Hochzeit in Atthis Höhlen
Im eleusinischen Gau:
Dort sind die Pforten des Hades.
Ein Richter der offnen und heimlichen Werke
Wardst du erwählt, du Gotterfüllter,
Allherrscher, Heiligster, glänzend an Ehren.
Gnädig den reinen Feiern gesinnt
Und den gottesfürchtigen Frommen.
Hör mich, ich rufe dich an:
Güte und Gnade erzeige den Mysten!

DEM DIONYSOS
Ein Rauchopfer von Styrax

Dionysos, den Lauttosenden,
Den Herrn der Gestirne rufe ich an,
Den Zwiegestaltigen, Ersterzeugten,
Den dreimal geborenen bacchischen Herrscher,
Den Wilden, Geheimnisvollen,
Den Zwiegehörnten, zwiefach gestaltet,
Den Efeusprossenden, Stiergestaltigen,
Den Heiligen, Jauchzenden, Kampfesfrohen,
Den Wilden dreijähriger Wiederkehr.
Den Traubenbringer im Rankenkleid,
Den Rätereichen Eubuleus,
Erzeugt im unsagbaren Lager des Zeus
Und Persephones, ewiger Gottheit.
Seliger, höre die Stimmen,
Säusele sanft und friedlich hinzu,
Gnädigen Herzens,
Mit den hurtigen Wärterinnen!

GEBET AN DEMETER
Ein Rauchopfer von Weihrauch

Göttliche Mutter des Alls,
Deo, vielgerufene Gottheit!
Keusche, männernährende,
Freundliche Geberin Demeter!
Reichtumschenkende Göttin,
Ährennährerin, Allesgeberin,
Erfreut von den Werken des Friedens
Und von emsiger Arbeit;
Samenspenderin, sammelnd die Fülle,
Göttin der Tennen, sprossend von Früchten,
Die du wohnst
In Eleusis heiligen Grotten;
Geliebte, sehnlich Begehrte,
Nährerin aller sterblichen Wesen,
Du fügtest zuerst
Der pflügenden Ochsen Gespann,
Sandtest den Menschen ersehntes
Segenspendendes Leben hernieder;
Blütennährerin,
Herdgenossin des Lärmenden,
Fackelträgerin, leuchtend an Ruhm,
Von den Sicheln des Sommers erfreut;
Erdenherrin, die da erscheint,
Allen bist du huldvoll geneigt,
Kinderreiche, Freundin der Knaben,
Keusche, männernährende Jungfrau!
Du schirrtest den Wagen
Mit der Drachen Geschirr,
Die da in kreisenden Wirbeln
Jubeln um deinen Thron.
Eingeborene, reich an Kindern,

Hehre Göttin der Sterblichen,
Viele Gestalten hast du,
Heiligprangende, Blühende!
Komm, du Selige, Ewig-reine,
Mit des Sommers Früchten beladen;
Führe den Frieden, die liebliche Ordnung,
Reichtum, Fülle des Segens
Und Gesundheit, die Königin!

AN RHEA, DIE MUTTER DER GÖTTER UND MENSCHEN

Ein Rauchopfer von verschiedenerlei Gewürzen

Göttlich geehrte Mutter
Unsterblicher Götter, Nährerin aller,
Komm her zur Feier des Opfers,
Höchste, erhabene Göttin,
Wenn du den schnellaufenden Wagen
Anschirrst mit stiermordenden Löwen;
Fürstin des herrlichen Poles,
Vielverkündete, heilige,
Du hältst des Weltalls mittleren Thron,
Darum auch waltend der Erde
Und gütige Nahrung den Menschen gewährend –
Aus dir ward entbunden der Stamm
Unsterblicher Götter und sterblicher Menschen,
Dir dienen die Flüsse, das ganze Meer,
Hochgeehrte Göttin des Herdes!
Segenspenderin heißest du,
Weil du gerne den Menschen
Alle Arten von Gütern gibst.
Komm zur Feier, Erhabene,
Von dem Schall der Becken erfreut,
Allbezwingende, Phrygias Heil,
Des herrschenden Kronos Gemahlin,

Ehrwürdige Tochter des Himmels,
Lebenerhalterin,
Freundin rasender Leidenschaft –
Erscheine freudigen Sinnes,
Freundlich durch fromme Gefühle gestimmt!

DER NATUR

Natur, du allerzeugende Göttin,
Mutter, reich an Erfindung,
Ehrwürdige, Himmlische, Göttin der Völker,
Herrin, Allmächtige, Unbezwungene,
Allen sichtbare Lenkerin!
Allbeherrschende, ewig geehrte,
Aller Dämonen oberstes Haupt,
Unvergängliche, Ersterzeugte,
Uralt berühmte, Freundin der Männer,
Heimlich wirkende, Weisheitsvolle,
Trägerin des Lichtes, schwierig zu bannen –
In Wirbelkreisen, auf leichten Sohlen
Ziehst du deine geräuschlose Spur.
Reine, du zierest die Götter,
Unendliches Ende, allen gemeinsam,
Allein aus aller Gemeinschaft entrückt.
Selbsterzeugerin, ohne Erzeuger,
Hellstrahlende, Freudenreiche, Erhabne,
Blumenreiche Verbinderin,
Vieleswissende, Holde, Erfahrene,
Führerin, Lenkerin der Lose,
Allnährende, lebenspendende Jungfrau,
Gerechtigkeit, die sich selbst genügt,
Unter tausend Namen
Der Charitinnen Vertraute.
Denkend waltende Fürstin

Über Himmel, Erde und Meer –
Dem Widerstrebenden bitter,
Doch dem Gehorsamen süß;
Allweise, Allfürstin, allschenkende Spenderin.
Des Wachstums fruchtbare Nährerin,
Löserin alles Gereiften,
Aller Dinge Vater bist du,
Bist Mutter, Nahrung und Amme;
Selige, Schnellgebärende,
Vielsamige, Strudel des Lebens,
Allesvermögende Bildnerin,
Allbevölkernde, herrliche Gottheit.
Unsichtbare, Bewegung bringende,
Vielerfahrene, Sinnende,
Schnell drehend im Laufe die ewigen Wirbel;
Alldurchströmende, laufend im Kreise,
Auflebend immer in anderen Formen;
Verehrte, Schönthronende, einzig bestimmt,
Auszuführen den Schicksalsspruch –
Hoch über allen Trägern des Zepters
Die dumpfdonnernde Herrin bist du!
Allbezwingende, selbst unerschüttert,
Allen Schicksals gerechte Erfüllung,
Feueratmende, das bist du!
Unsichtbares Leben, der Zukunft
Unvergängliche Schicksalsschau –
Alles bist du! Du allein
Bist ja aller bewegender Ursprung.
Göttin, ich flehe zu dir
In den heiligen Stunden
Mit der Gesegneten Schar:
Allen gib Frieden, Gesundheit und Wachstum!

AN HERA

O Heilige, die im Arm des Zeus du ruhst,
mit Flehen hebt sich unsre Hand zum Himmelszelt
empor, wo du im Glanze der Gestirne weilst.

Euripides

HYMNE AN ZEUS

Aller Unsterblichen Haupt, vielnamiger, ewig allmächt'ger
Zeus, Urheber der Schöpfung, das All dem Gesetze nach lenkend,
Sei mir gegrüßt! Denn es soll dich ein jeder der Sterblichen grüßen.
Sind wir doch deines Geschlechts, durch Vernunft und Sprache dir ähnlich
Wir allein, so viel auch Lebendiges wandelt auf Erden.
Darum rühme ich dich, dein Walten besinge ich ewig.
Dir nur gehorchet das Weltall, das rings um die Erde sich drehet,
Wie du es führst, und es läßt sich von dir nur willig beherrschen.
Dir nur dienet, gehalten in nimmer bezwinglichen Händen,
Niemals ermattender Kraft, zweischneidig und feurig der Blitzstrahl.
Seinen gewaltigen Schlägen ist alle Natur unterworfen.
Durch ihn bringst du zur Macht die Vernunft, die, allen gemeinsam,
Allwärts schreitet, die großen und kleinen Gestirne durchdringend.
Nichts auf Erden geschieht, o Gott, ohne deine Bewill'gung,
Noch in dem Äthergewölbe, dem himmlischen, noch in der Meerflut,
Es sei denn, was die Bösen im Unverstande begehen.
Du verstehst Ungrades und Grades zu richten, das Wirre
Zu entwirren und auch das Feindliche freundlich zu machen,
So hast du Schlechtes mit Gutem zur Einheit zusammengewoben,

Daß ein vernünftiges, ewges Gesetz das All durchwaltet,
Welches die sündige Menge der Menschheit fliehend nicht achtet,
Die Unseligen, die, nach dem Guten beständig verlangend,
Gegen die göttliche Ordnung als Blinde und Taube verharren,
Statt, ihr gehorsam, ein edles besonnenes Leben zu führen!
Selbstisch, ohne Besinnung erjagen sie Übel auf Übel,
Teils um den gleißenden Ruhm voll Eifersucht sich bemühend,
Oder des Maßes und Zieles vergessend in schnöder Gewinnsucht,
Oder die Kräfte vergeudend, erschlaffenden Lüsten ergeben,
Und trotz alles Bemühens die Zwecke des Strebens verfehlend.
Doch du, allspendender Zeus, schwarzwolkiger Schleudrer des Blitzstrahls,
Rette das Menschengeschlecht von seinem verderblichen Irrwahn,
Treibe ihn fort aus den Seelen und gib, daß sie finden die Ordnung,
Der du selber gehorchst, mit Gerechtigkeit jegliches lenkend,
Daß, wie die Menschen du ehrst, wir wieder vergeltend dich ehren,
Rühmend beständig dein Tun, so wie es den Sterblichen zukommt.
Denn es gibt für die Menschen und Götter kein höheres Vorrecht,
Als das Gesetz, das beiden gemeinsam, gebührend zu preisen.

Kleanthes, ca. 331/330–232/231 v. Chr.
stoischer Philosoph in Athen, ursprünglich
Berufsboxer und Landarbeiter

ROM

Den Römern verdankt die Religion ihren Namen und den Begriff von sich selbst. ›Religio‹ heißt zunächst wörtlich Rückbindung, die Rückbindung, zu der es den Menschen drängt, sobald er sich dem Weltgrunde gegenüber als abgelöst empfindet. Nach römischer Auffassung steckt aber in diesem Worte noch mehr, nämlich der Sinn des Darauf-Achtens, des Sichkümmerns, und zwar um Züge der von den Göttern geschaffenen und gelenkten Wirklichkeit, die über Kultus und Verehrung ihrer Person noch hinausgeht. Es handelt sich also gleichsam um die stete Beachtung der ›praeligio‹ – um einen glücklichen, von Jean Gebser geprägten Ausdruck zu verwenden –, der bereits schon vorgegebenen und vorhandenen Bindung.

An sich in Welt und Natur schweigend wirksam, ist nach römischem Glauben immer nach den Linien dieser ›Praeligio‹ zu spähen. Daher auch die große Rolle des Orakelwesens in Rom, welche seine Bedeutung in Griechenland fast noch übertrifft, die zeitweilige Kettung der Staatspolitik an die Auslegung der Sibyllinischen Bücher oder die Ausgebreitetheit der Vorzeichenkunde als einer staatlich gelenkten und organisierten Wissenschaft.

Vieles, was spätere Zeiten als Aberglauben anmutet, war eben damals wirklich ›religiös‹ gemeint, auch im modernen, anspruchsvolleren Sinn. So zeigt es nicht nur das spöttische Verhalten eines aufgeklärten Individuums oder die Entschlossenheit eines Gläubigen, der den Formelkram verachtet, wenn am Ende der Republik ein Feldherr, als die heiligen Hühner nicht fressen wollen und darum der Ausgang der geplanten Seeschlacht bedenklich erscheint, sie mit der Bemerkung, daß sie dann wenigstens saufen sollen, ins Meer wirft. Es ist der Bruch einer Ordnung, in der das Kleine gleichberechtigt neben dem Großen steht, weil das Große sich stets auch im Kleinen ausdrückt, im Winkel eines Vogelfluges oder in der Färbung der Leber eines Opfertieres.

Für die ›religio‹ im schlichten Sinne steht in dieser Sammlung das ›Gebet beim Mähen‹. Die ›religio‹ als behutsames Sichkümmern um die praeligio erstreckt sich aber auch auf die moralische Wirklichkeit als Teil der vorgegebenen Weltstruktur. Dies gipfelt in den Tugenden oder eher Eigenschaften der ›pietas‹ und ›ordo‹, welche das Römertum den späteren Religionen weitergab. ›Pietas‹: das ist die achtende Frömmigkeit gegen die Eltern und Vorfahren, wie sie etwa Aeneas ausübt, wenn er den gelähmten Vater Anchises auf seinen Schultern aus dem brennenden Troja trägt, aber auch gegen die Nachkommen und Geschwister, gegen den Stamm und immer wieder und vor allem gegen den Staat, die ›res publica‹, die öffentliche Sache, die als Ganzes auf dieser ›pietas‹ beruht.

Die ›pietas‹ gilt aber auch gegenüber den Feinden. Unter dem Zerrbild der römischen Geschichte als einer ununterbrochenen Ausdehnung wird gewöhnlich übersehen, wie aufgezwungen dieser Prozeß den Römern oft war und welchen religiösen Hemmungen sie dabei unterlagen. Wie oft haben sie gezögert, strategisch und propagandistisch günstige Situationen auszunutzen, wenn die Gegner sich nicht wirklich durch einen Bruch der ›pietas‹ des Bündnisses oder des Friedensschlusses oder einfach des bestehenden faktischen Friedens ins Unrecht gesetzt hatten. Daß man dabei nicht ganz von der Versuchung frei war, solche Brüche der ›pietas‹ zu wünschen und hervorzurufen, liegt in der menschlichen Natur.

Die innerstaatliche ›pietas‹ erhellt aus den Gebeten für den Staat und die Republik. Aber auch die ›ordo‹ war nicht Ordnung im heutigen, abgeflachten, ja gefährlichen Begriff von ›Ordnung‹, der einfach äußere Ruhe und Nichtbewegung mit ihr gleichsetzt. Sondern Ordnung war ein sinnerfüllter, lebenstüchtiger Begriff, der das Bürgerliche und das Kosmische zusammenfaßte.

Der alles durchdringenden ›pietas‹ wenigstens der frühen römischen Zeiten, die selbstverständlich keine weltabgewandte und weltüberwindende Frömmigkeit im christlichen Sinne war, verdankt es die römische Religion ihrerseits, daß die von ihr geforderten und gefeierten Eigenschaften und Tugenden bis heute erkannt geblieben sind. Dies gilt aber gerade nicht von einem Gebiete, wo man den Römer zum Ahnen des Christen oder auch nur des mittelalterlichen Christen gemacht hat und noch immer zu machen geneigt ist, nämlich der Übertragung seines juristischen Denkens auf das Verhältnis zwischen Gottheit und Mensch.

Ein Rechtsverhältnis zwischen Gottheit und Menschen anzunehmen, das nicht nur den Menschen, sondern auch den Gott verpflichtete, dem Menschen gleichsam Ansprüche gab, entsprach aber nicht der römischen Religiosität, sowenig wie der griechischen oder jüdischen. Daß die bereitliegenden Formen des Rechtsdenkens als eines besonderen Ausdrucks römischer Kultur unerlaubt zur ›Sprachregelung‹ und dann in einem primitiven Realismus zur Festlegung der jeweiligen Situation des Menschen zur Gottheit benutzt wurden, geschah durch Theologen von keineswegs römischer Herkunft und Überlieferung.

Eine Verpflichtung der Götter oder gar des höchsten Gottes, des ›sehr hohen‹, ›sehr guten‹ Jupiter Maximus und Optimus, anzunehmen, widersprach schon der römischen ›pietas‹, die ja auch Bescheidenheit, ›modestas‹, ist. Zu ihr gehört, ebenfalls für gewöhnlich mißverstanden, die große Rolle der Verehrung der Glücksgöttin, der Fortuna, griechisch tyche, von der noch heute die mächtigen Tempelreste in Rom, Antium und Praeneste zeugen. Für den heutigen Menschen ist dies schwer zu verstehen, weil er mit dem Begriff des Glückes den der Willkür, des Zufalls und auch einer gewissen Gleichgültigkeit verbindet. Bei den Römern aber war die Verehrung der Glücksgöttin alles andere als eine Spiegelung solcher Haltung oder auch des Wunsches, ein überirdisches Wohlwollen zu gewinnen: es war Dankbarkeit, Bescheidenheit, die hier sprach, so wie es kein Übermut war, wenn etwa Sulla den Beinamen des ›Glücklichen‹ annahm. Denn damit wollte er nicht sagen, daß er immer glücklich sei, sondern daß er alles dem Glücke und nichts sich selbst verdanke.

Nur in diesem Sinne ist es auch aufzunehmen, nicht dem der Selbstschmeichelung und nationalen Überhöhung, daß die

Römer die Stadt Rom selber als Göttin erfuhren und verehrten. Der schönste Beweis dafür ist, daß auch die Nichtrömer so empfanden, wie das in diese Sammlung aufgenommene Gedicht der griechischen Dichterin Melinno bezeugt.

Dunklere Seiten der römischen Religiosität erscheinen in den zahlreich aufgefundenen oder überlieferten Fluchgebeten, von denen eines an Proserpina hier gebracht wird; Zeugnis nicht nur einer lästerlichen, natürlich nicht auf Rom beschränkten Anwendung des Gebetes, sondern auch einer offensichtlich unausrottbaren Unklugheit, weil solche Negativ-Gebete ja nicht dem Verfluchten schaden, sondern sich pfeilgerade auf den schuldigen Beter zurückwenden. Die Geschichte überblickend, möchte man das fast auch für die Versuche römischer ›Staatsmagie‹ annehmen, fremden Völkern ihre Götter abspenstig zu machen.

Die Bescheidenheit römischer Religiosität zeigt sich andererseits darin, daß sie nie ihre tiefe Abhängigkeit vom Griechischen verleugnete. Aufbau und Entwicklung des römischen Kultus und auch und gerade dort, wo er am ›römischsten‹ war, sind ohne den steten Einfluß und die Einwirkung der griechischen Orakelstätten von Delphi, Dodona und Kumae, denen die Römer vom Anbeginn ihrer Geschichte an gläubig und gehorsam lauschten, nicht denkbar. Hier liegt auch der Grund, warum die Römer ihre ›pietas‹ gegenüber dem Gegner im Verhältnis zu den Griechen mit besonderer Großzügigkeit walten oder, nüchtern ausgedrückt, sich von dieser in allem ›Politischen‹ so überlebendigen, für den römischen Geschmack aber wankelmütigen und unzuverlässigen Nation so viel gefallen ließen.

So wurden Apollon, Asklepios, Demeter auf Befehl der griechischen Orakel in Rom aufgenommen. Besonders schwer fiel den Römern, die ja einen gewissen Puritanismus des Gefühls nie verleugnet haben, die Bejahung des Aphrodite-Kultus. Was ihnen dabei unbehaglich war, war die Verbindung von Sinnlichkeit und innerer Erschütterung, von Erregtheit des Leibes und der Seele, welche die Griechen und noch wir ›Liebe‹ nennen. Eher konnten sie den Priapos feiern, den alten Gott der Felder und Hirten, und ihn zugleich zum zeugerischen Weltprinzip erheben, der Verehrung des Lingam Shiwas auch bei den entsagendsten Asketen Indiens vergleichbar. Ein solches Gebet, auf den ersten Blick befremdlich wirkend, kann vielleicht erst heute wieder gewürdigt werden, da erkannt zu werden beginnt, wie seltsam die jahrtausendelange Gleichsetzung der Tabu-Bannung des Geschlechtlichen mit dem Religiösen schlechthin war. Der römische Teil dieser Sammlung schließt jedoch mit dem Gebet an die Aphrodite von Eryx, der schließlich unter römischen Schutz gelangten Verehrungsstätte der griechischen Liebesgöttin in Nordwestsizilien, ein Gebet, in dem sich Römisches und Griechisches begegnen.

GEBET AN SILVANUS, DEN GOTT DER FLUREN

Großer unter den Göttern, mächtiger Silvanus, heiligster Hirte.
Der die Wälder des Ida und die Gebirge der Römer beherrscht.
Wie deine honigsüße Dudelsackflöte mit Wachs gedichtet ist,
so vereint sich unweit von diesem Stein mit dem Aternus der Fluß Tirinus
und läuft mit leichter Woge durch die tauigen Weiden im flachen Bett, silbern von seinen lebendigen Wassern.
Du Silvanus, Schützer der Zypresse, deren Wurzeln noch zart sind,
komm zu uns, Heiliger und sei mir günstig.
Mögest du deine göttliche Gewalt hier sammeln,
wo ich für alle deine Gaben ein Bildnis und einen Altar geweiht habe.
Dies habe ich zu meinem Heil und dem meiner Herren getan
für die Meinen betend, und ein redliches Leben führend, das von Pflicht erfüllt ist.
Glückbringender Gönner, steh mir bei, während ich dir die Gaben bringe, die du hier siehst,
und gib, o Glorreicher, den Äckern, was ich dir als Gabe opfere.
So löse ich ein, was ich dir gelobt habe, ich der ich
in diesen Altar meinen Namen geritzt habe.
Nun, ihr Männer, nachdem das Werk vollbracht ist,
erquickt fröhlich den Leib und wünscht mit mir, daß alles,
was wir wünschen, sich immer erfüllen möge.

VOR DEM MÄHEN

Vor dem Mähen muß man auf folgende Weise das Schlachtopfer eines weiblichen Schweines darbringen, bevor man die Ernten von Dinkel, Korn, Gerste, Bohnen und Rübensamen einholt.
Unter Verwendung von Weihrauch und Wein richte dein Gebet an Janus,

Jupiter und Juno, bevor du die Sau opferst. Opfere dem Janus auf folgende Weise:
O Vater Janus, während ich dir dieses Opfer darbringe, bitte ich dich mit demütigen Gebeten, du mögest mir, meinen Söhnen, meinem Hause und allen meinen Angehörigen günstig gesonnen sein.

Jupiter sollst du den Kuchen aus Brotteig auf folgende Weise opfern und darbieten:
O Vater Jupiter, während ich dir diesen Kuchen opfere, bitte ich dich mit demütigen Gebeten, du mögest mir, meinen Söhnen, meinem Hause und allen meinen Freunden günstig gesonnen sein und ihn zu deiner Ehre annehmen.

Dann reiche dem Janus den Wein auf folgende Weise:
O Vater Janus, wie ich dich bei der Darbietung der Opfergabe mit demütigen Bitten gebeten habe, so empfange den Wein zu deiner Ehre als Erstlingsgabe.
Dann opfere die Sau.

EIN GEBET DES ROMULUS

O Jupiter, deinen Prophezeiungen gehorchend, habe ich hier auf dem Palatin-Hügel die ersten Fundamente der Stadt gelegt. Es besetzen die Sabiner die Bergfeste, mit einem Verbrechen erkauft; und nach Überwindung des dazwischen liegenden Tales trachten sie danach, diesen Ort bewaffnet zu erreichen, aber du, o Vater der Götter und der Menschen, halte doch wenigstens von hier die Feinde ab, befreie die Römer von Schrecken und halte die schändliche Flucht auf.
Dir, Jupiter Stator, gelobe ich hier einen Tempel, der den Nachkommen bezeugen soll, daß durch die Hilfe deiner Gegenwart die Stadt gerettet wurde.

FÜR DIE REPUBLIK

O Jupiter Capitolinus, Urvater und Begründer des römischen Volkes, und du, o Mars Gradivus, und Vesta, Hüterin des Feuers, das nie gelöscht wird, und ihr alle, o Götter, deren Macht die riesige Ausdehnung des römischen Imperiums über die ganze Erde verwirklichte, ich beschwöre und flehe zu euch in aller Öffentlichkeit: Bewachet, rettet, erhaltet und schützt diesen Staat, diesen Frieden, diesen siegreichen Feldherrn und bestimmt für ihn, nachdem er sich eines recht langen Lebens erfreut hat, so spät wie möglich Nachfolger. Diese mögen so geartet sein, daß ihr Geist imstande ist, die Last der Leitung der ganzen Welt zu tragen, so wie wir wissen, daß es der Geist des gegenwärtigen Führers vermocht hat.
Und leiht den Ratschlägen der Bürger eure Gunst, falls sie gut sind; macht sie zunichte, falls sie schlecht sind.

GEBET VOR DEM SELBSTOPFER FÜR DAS VATERLAND

Dies Gebet wird auf Anweisung des Oberpriesters von dem sich zum Opfer für das Vaterland Weihenden aufrecht stehend, die Füße auf einem Speer, mit verhülltem Haupt und die Hand unter der Toga zum Kinn erhoben gesprochen.
Janus, Jupiter, Mars, Vater der Römer, Quirinus, Bellona, ihr Laren, ihr Neunergötter, ihr unbesiegten Götter, Götter, die ihr in euren Händen unser Schicksal und das der Feinde tragt, und auch ihr, göttliche Geister der Vorfahren, ich beschwöre euch und flehe euch an und bitte euch um die Gnade und rufe euch, dem römischen Volk der Quiriten die Gunst der Kraft und des Sieges zu gewähren und den Feinden dieses Volkes der Quiriten Bestürzung, Schrecken und Tod zu senden.
So wie ich es hier ausspreche, gelobe ich mich zum Opfer für den Staat der Quiriten, für das Heer, für die Legionen und für die Verbündeten des römischen Volkes und weihe mit mir selber zu-

sammen den Toten und der Erde die Legionen und die Verbündeten der Feinde.

GEBET DES SCIPIO AFRICANUS

Gebet, gesprochen von Scipio Africanus auf seinem Admiralsschiff am Morgen einer Seeschlacht mit den Karthagern.

Götter und Göttinnen, die ihr die Meere und Länder bewohnt, ich bitte und beschwöre euch zu bewirken, daß alle Handlungen, die unter meinem Befehl geschehen sind, jetzt geschehen und in Zukunft geschehen werden, zu meinem Vorteil, zum Vorteil des römischen Volkes, der Verbündeten des Lateinischen Namens und aller derjenigen ausgehen mögen, die sich dem Glück des römischen Volkes und dem meinen unterstellt haben und die auf der Erde, auf dem Meer und auf den Flüssen auf meinen Befehl hören.

Steht mir in meinen Entwürfen bei und macht, daß sie gelingen. Bringt uns zu unserem heimischen Herde sicher und gesund zurück, voller Kraft und Gesundheit, als Sieger über unsere in die Flucht geschlagenen Gegner, geschmückt mit ihren Waffen und Ehrenzeichen, triumphierend und beutebeladen.

Erlaubt uns, uns an unseren öffentlichen und persönlichen Feinden zu rächen. Gebt dem römischen Volk, gebt auch mir die Gelegenheit, alle die Übel auf Karthago zurückfallen zu lassen, mit denen das karthagische Volk unser Vaterland überziehen wollte.

GEBET BEI VERTRÄGEN MIT ANDEREN STÄDTEN

Gebet, gesprochen vom römischen Gesandten beim Vertragsabschluß mit der Stadt Alba, unter Opferung eines mit einer Sichel getöteten Schweins.

Höre, o Jupiter, höre, ehrwürdiger Vater des albanischen Volkes und auch du, Volk von Alba, selber. Ihr vernahmt die mit lauter Stimme von Anfang bis Ende, ohne Übelwollen und Hinterlist vorgelesenen Abmachungen, die auf diesen Tafeln niedergelegt sind. Ihr Sinn ist heute deutlich erläutert worden. Das römische Volk wird sie nicht als erstes verletzen. Wenn es dies aber aus öffentlichem Entschluß doch tun sollte, wenn es sie betrügerisch bricht, dann, Jupiter, schlage noch am selben Tage dein römisches Volk, wie ich hier heute dieses Schwein töte, und deine auf uns kommende Strafe möge deiner Macht angemessen sein.

GEBET ZUR ABWERBUNG DER FEINDLICHEN GÖTTER

Seist du ein Gott oder eine Göttin, die unter deinem Schutz die Stadt und das Volk von Karthago hält: wir bitten dich, beschwören dich und fordern dich demütig auf, o große Gottheit, welche jene Stadt und jenes Volk unter ihren Schutz genommen hat, Volk und Stadt Karthagos zu verlassen, seine Häuser, seine Tempel und heiligen Orte aufzugeben und dich von ihnen zu trennen. Wir laden dich ein, jenem Volk und jener Stadt Schrekken, Angst und Verwirrung einzuflößen und, nachdem du sie verlassen hast, nach Rom zu uns und unserem Geschlecht zu kommen.
Unsere Häuser, unsere Tempel, unsere heiligen Geräte, unsere ganze Stadt werden dir angenehmer und wohlgefälliger sein, gleich wie wir nun wissen und bekennen, daß du von Stund an unser Beschützer, der des römischen Volkes und unserer Soldaten sein wirst.
Wenn du so tust, geloben wir, dir Tempel zu gründen und Spiele zu deinen Ehren einzurichten.

AN PRIAPUS

Heil, heiliger Priapus, Vater aller Dinge, Heil!
Gewähre mir blühende Jugend,
mach, daß ich den Knaben und den schönen Mädchen durch meinen unverschämten Zauber gefalle,

und verscheuche durch Vergnügungen und pausenlose Feste die schädlichen Ängste aus meinem Geist,
daß mich nicht die Furcht vor einem beschwerlichen Alter verfolge
noch die Schrecken vor einem unglücklichen Tode bekümmern,
der mich in die dunklen Gemächer der Unterwelt verschleppt,
deren König die Seelen der Toten wie unbestimmte Schemen gefangenhält,
an jenen Ort, von wo keine Rückkehr erlaubt ist.
Heil, o heiliger Vater Priapus, Heil!
Schnell, eilt scharenweise, wie viele ihr auch seid, herbei, ihr Nymphen, ihr, die ihr den Wald behütet, den heiligen,
und ihr, Nymphen, die ihr die heiligen Wasser pflegt,
eilt herbei, wie viele ihr auch seid, und sprecht zum anmutigen Priapus mit einschmeichelnder Stimme:
Heil, o heiliger Priapus, Vater aller Dinge, Heil!
Er ist es, der die bösen und blutdürstigen Menschen fernhält,
er erlaubt euch, durch die Wälder und die schattige, friedliche Waldesruhe zu streifen,
er hält die Bösewichte von den Quellen ab, die mit unehrerbietigem Fuß
die heiligen Bäche durchqueren und sie trüben, da sie sich die Hände waschen
und sich nicht zuvor, ihr göttlichen Mädchen, mit vielem Beten an euch wenden.
Wohlan denn, sprecht: O Priapus, sei uns günstig gesonnen, o Göttlicher!
Heil, Priapus, o heiliger Vater, Heil!
O Priapus, mächtiger Freund, Heil,
sei es, daß du es liebst, Erschaffer und Urheber der Welt genannt zu werden,
oder das Universum selbst und die Natur und Pan.
In der Tat wird alles durch deine Kraft empfangen, was die Erde und den Himmel und die Welt erfüllt.

Heil also, o Priapus, Heil, o Heiliger!
Jupiter selbst legt, wenn du es willst, die wilden Pfeile nieder,
und voll Begierde verläßt er seine lichten Sitze.
Dich verehren die schöne Venus und der glühende Cupido
und die Grazie mit ihren Zwillingsschwestern und Lyäos, der Freudenspender.
O Priapus, mächtiger Freund, Heil!
Dich rufen im Gebet die schamhaften Mädchen an,
daß du ihnen den Gürtel, den lange gebundenen, lösest.
Dich ruft die Braut an, daß dem Gatten stets nervig die starke Manneskraft strotze.
Heil, o heiliger Vater Priapus, Heil!

GEBET AN PROSERPINA UM AUSLÖSCHUNG EINES VERHASSTEN

O fromme, schöne Proserpina, Gattin des Pluto – die ich meine Retterin nenne, entreiße dem Plotius die Gesundheit, die Glieder, die gesunde Leibesfarbe, die Kräfte und alle guten Eigenschaften. Schick ihn dem Pluto, deinem Gatten, daß er ihm nicht entfliehen kann. Gib ihn dem viertägigen, dem dreitägigen und dem täglichen Fieber zur Beute, daß sie bei ihm bleiben und ihn nicht verlassen. Sie sollen ihn schlagen, ihn zerquetschen, bis sie ihm die Seele entrissen haben. Zu allem diesem weihe ich dir diese Beute, o Proserpina, du Herrin des Acheron. Rufe den Hund mit den drei Köpfen herbei und sende ihn mir, damit er dem Plotius das Herz ausreißt. Versprich ihm drei Gaben von mir: Datteln, Feigen und ein schwarzes Schwein, wenn er alles bis zum Beginn des März vollbracht hat.
Dir, o Retterin Proserpina, wenn du mich erhört hast, bringe ich das Folgende dar: ich weihe dir den Kopf des Plotius, o Retterin Proserpina, ich weihe dir die Stirn des Plotius. Retterin Proserpina, ich weihe dir die Augenbrauen des Plotius. Retterin Proserpina, ich weihe dir die Augenlider des Plotius. Retterin Proserpi-

na, ich weihe dir die Augäpfel des Plotius. O Retterin Proserpina, ich weihe dir die Nasenlöcher, die Lippen, die Ohren, die Nase, die Zunge, die Zähne des Plotius, auf daß Plotius nicht einmal seine Schmerzen verkünden kann. Ich weihe dir seinen Hals, seine Oberschenkel, seine Arme, seine Finger, daß sie für immer ohne Nutzen für ihn seien. Ich weihe dir seine Brust, seine Adern, sein Herz, seine Lungen, daß er nicht einmal den Ort seiner Schmerzen spüren kann. Ich weihe dir seine Eingeweide, seinen Bauch, seinen Nabel, seine Lenden, auf daß er nicht mehr schlafen möge, seine Schultern, auf daß er nicht mehr liegen kann, seinen Unterleib, daß er nicht mehr Wasser lassen kann; seinen Hintern, seinen After, seine Oberschenkel, seine Knie, die Waden, die Schienbeine und die Füße, die Fersen, Fußsohlen, Zehen und Nägel, daß er nicht mehr aufrecht stehen kann.

Ob ich nun zuviel oder zuwenig angegeben habe, dir sei alles anvertraut, was ich dem Ritus gemäß niedergelegt habe. So auch nenne ich dir den Plotius und vertraue ihn dir an, damit du ihn noch im Februar vernichtest: zerstöre ihn, mache ihn alt, stürze ihn in Unglück. Schick ihn dem Unglück, übergib ihm ihn, damit er diesen Monat nicht mehr sehend und sich freuend überlebt.

AN DIE GÖTTIN ROMA

Heil dir, Roma, du Tochter des Ares,
goldengegürtete, kluge Herrin,
die du den stolzen Olymp auf Erden bewohnest,
der niemals stürzet.

Dir allein, Erhabene, gab das Schicksal
unzerstörbarer Herrschaft Königsehre,
daß du kraft deiner Allgewalt hieltest
aufrecht die Führung.

Unter dem Joch deiner starken Zügel
liegt der Erde Brust und auch das graue
Meer gebändigt, sicher beherrschst du
Städte der Völker.

Alles bringt die dauernde Zeit zu Falle,
stets verändert sie wieder von Grund aus das Leben,
dir allein raubt sie niemals günstigen Fahrwind
für deine Herrschaft.

Melinno
Dichterin, wahrscheinlich aus Lokri in Unteritalien; das Gebet wurde vermutlich zwischen 273 und 268 v. Chr. gedichtet.

AN APHRODITE

›PERVIGILIUM VENERIS‹

Der Mantel der Nacht ist ausgebreitet. Wer zählt seine Edelsteine? Sie öffnet die Flügel, Schlaf und Traum an den mütterlichen Busen zu drücken.
Die Nacht ist mein. Nimm mich auf, Ernährerin der Götter! Liebliche Opferin, du beschwichtigst das Beben der hundertarmigen Schicksalsverfolgerinnen und entflammst die abendlichen Altäre des Eros.
Die Sterblichen haben geruht, die Felder haben geschlürft der Alltränkenden Becher. Der Morgenstern mit dem Fackelpaar verfolgt den fliehenden Wagen, doppelte Gottheit, die wir Stern nennen und Genius der Aphrodite, und es begleiten ihn die Schwestern, welche an die Vergangenheit die Zukunft binden. Die erhobene Rechte erleuchtet den Abstieg der Nacht; die Fakkel der Linken ergießt sterbend das Licht der Morgenröte in aufsteigender Glut, Fackelträgerin des Sonnengottes, umgürtet von seinem Schimmer!
Die Nacht entflieht, die Sonne steigt auf, und alle Kinder des Himmels beten an mit verhülltem Antlitz. Der Hufschlag der

flammenden Rosse weckt die Morgenhitze, die Stimmen von tausend Vögeln grüßen von jedem Baum den werdenden Tag. Die Nacht ist nicht mehr, und die Göttin des Mondes ruht in der Kammer der Grotte.

Herrin der Nacht, Mutter des Eros, auch der Tag ist dein, allmächtige, heilige Gottheit! Nicht brauchst du zu fliehen das Auge des Zeus: tausche Gestalt und Namen, jungfräuliche Hoffnung des Morgens, und werde im Kochen des Mittags Erquickerin der durstenden Herzen.

Du weckst die Stimmen in den tausend Vögeln jedes Baums; du entzündest die Herzen in den tausend Seelen jeder Hütte, durch dich ist süß die Kümmerin des Lebens. Durch dich leben und sind wir, durch dich alle Götter.

Die als ›Pervigilium Veneris‹ überlieferte Gebetshymne entstand wahrscheinlich im Umkreis der schließlich zum römischen Staatskult erhobenen Aphrodite-Venus-Verehrung im Heiligtum auf dem Eryx in Nordwestsizilien.

GNOSIS UND SPÄTERE ANTIKE

Eine Epoche, die lange unter Vorurteilen stand, sosehr sie die Anteilnahme der Wissenschaft und des philosophischen Denkens fand, ist die Zeit nach der Zeitenwende, da die antike Religiosität noch weiterbestand, auf der anderen Seite aber, im hellenisierten, kulturell griechisch gewordenen Osten, sich eine neue Bewegung mythischer und gedanklicher Erschütterung bildete. Nach ihrem Hauptanliegen, dem Bemühen um die Erkenntnis des Göttlichen, seiner Entfaltung in einzelnen, wiederum göttlichen Aspekten, seiner Einkörperung auf Erden und seiner und damit auch des Menschen Erlösung und Rückkehr zu sich selbst, hat sie den Namen der ›Gnosis‹ erhalten und behalten. Obgleich sie im Gewande des Erkennenden auftrat, war die Gnosis darum doch nicht weniger eine Religion, die nur eben mittels einer Zusammenschmelzung von mythischen Bildern und ›göttlichen Geschichten‹ und einer Verbindung von Glauben und Hingabe mit einer weitgehenden gedanklichen Durcharbeitung dieses Glaubens eine Interpretation des Weltgeschehens gab.
Schon die bloße Tatsache, daß nach der Erscheinung Christi doch noch eine Religion auftrat, die teilweise sogar seinen Namen und seine Gestalt für sich in Anspruch nahm, mußte die Gnosis für lange Zeit in einen verständlichen Urteilsschatten stellen. Die Erkenntnis des Umfangs und Tiefgangs jenes Strebens nach ›Gotteskenntnis‹ wurde aber nicht weniger lange durch die ungeheure Vielfalt gehemmt, in der es auftrat.
Es gehört zu den Problemen einer solchen Auswahl, daß die Gnosis in ihr gerade mit Gebeten vertreten ist, die nicht besonders charakteristisch für sie erscheinen. Der ›Kreis des göttlichen Vaters‹ mit der bewegend großartigen Formel: ›Dein Mensch‹, die ›Geheime Hymne‹: sie könnten auch von einem Griechen vor der Ausweitung der griechischen Kultur in den Osten und ihrer abermaligen Begegnung mit semitischen Gedankenketten gebetet worden sein oder von einem Christen, mit dessen Religion die Gnosis durch ihre Erläuterung des Verhältnisses von Gottheit, Kosmos, Mensch und Schöpfung als einer Welt-›Geschichte‹

strukturverwandt ist. Doch unterscheidet sich gerade unter diesem Gesichtspunkt das Christentum sehr genau auch von der Gnosis der verschiedensten Zeiten, welche ebenfalls die Gestalt Christi für weltbedeutend ansieht. Dieser Unterschied liegt in der unverwechselbaren historischen Datierung des Christentums auf das Jahr 1, das ja nicht nur der Beginn der von ihm selber begründeten Zeitrechnung ist, sondern auch als bestimmbarer Punkt den damals in Geltung stehenden staatlichen und bürgerlichen Zeitrechnungen angehört. Alle Gnosis erscheint demgegenüber dem Un- und Übergeschichtlichen, der Sphäre des Mythischen, weit näher.

Die reiche, fast grenzenlose Spekulation der Gnosis erscheint in diesen Gebeten nicht; wohl aber, in Ähnlichkeit gespiegelt, in dem Gebet eines Mannes, der es sehr entrüstet abgelehnt hätte und auch abgelehnt hat, ein Gnostiker zu sein, ebenso wie dies die Vertreter der griechischen Theologie von sich wiesen: des griechisch-römischen Kaisers Claudius Julianus, der nach schon errungener Herrschaft des Christentums noch einmal versuchte, die ältere Religion wiederherzustellen.

Sosehr freilich das Gebet Julians an den König Sonne in der Überlieferung jener schwingenden Einheit von Mehrheit und Einzigkeit steht, die immer deutlicher als das Wesen der griechischen Religiosität erscheint, und sosehr es sogar als eine folgerichtige Fortsetzung davon betrachtet werden kann, so weit geht es doch andererseits über die Formen des Glaubens und der Verehrung hinaus, die wir als ›griechisch‹ zu betrachten gewohnt sind.

Eine so unermeßliche Götterwelt, wenn auch von einem Gott erschaffen und gehalten, wie sie im Gebet des Julian aufglänzt, hat ihresgleichen nur in den entsprechenden Glaubensvorstellungen und Anrufungen der Inder; auf dem Boden des späteren Westens wüßten wir nur die Visionen des sterbenden Dichters Nikolaus Lenau zu nennen.

›Indisch‹ mutet auch das Gebet desselben Herrschers an die

Große Mutter an. Und doch sind hier keine ›Einflüsse‹, keine ›Übertragungen‹ oder auch das Ergebnis einer Mission am Werk. Aus diesen Anrufungen einer bedeutenden und tragischen Persönlichkeit spricht im Kern und vom Anfang her sowohl jene griechische Innigkeit des Verhältnisses zu dem besonders geliebten Gott wie die Gewißheit, daß er und seinesgleichen einem noch Höheren entstammen und dieses zugleich sind.

Etwas anders liegt der Fall bei den zwei Gebeten, die von dem römischen Schriftsteller Apulejus für die Zwecke seines Romans ›Der goldene Esel‹ verwandt wurden und dadurch erhalten geblieben sind. Das erste, den Abschnitt eröffnende, gibt die Empfindung derselben, sich hier weiblich in den verschiedenen Göttinnen Venus, Artemis, Proserpina offenbarenden göttlichen Substanz auf das glücklichste wieder. Und wenn von Mischung, von Übergang gesprochen werden soll, so ist es eine Mischung, ein Übergang im Eigenen und Gleichen. Aber die in sich so schöne und reichgeschlossene Anrufung der Großen Mutter unter Namen und Gestalt der ägyptischen Isis scheint den Tatbestand der ›Göttermischung‹, der ›Theokrasie‹ zu erfüllen, der von einer früheren religionsgeschichtlichen Betrachtung fast immer verurteilt wurde, meistens freilich vorschnell und ohne eigentliches Verständnis.

Was ging denn vor? Religiöse Kenntnis und Erfahrung erweiterten sich und sahen damit über die als nur geschichtlich und geographisch vermuteten Grenzen der eigenen Religion und Kultur hinweg; ein Vorgang, der schlecht aufzuhalten war und ist. Es war nicht Neugier oder bloße Änderungssucht allein, die mit Gebeten an einen fremden Gott oder an denselben Gott unter fremdem Namen oder in fremdbürtigem Gewand mehr Erfolg zu haben glaubt, sondern eher die staunende Freude darüber, das Eigenbesessene auch anderswo von derselben Ehrfurcht umhüllt zu erblicken, und das überraschende Bestätigtwerden in diesem Eigenen von einem oft sehr fernen Außen her. Es ist dann Ausdruck der Bescheidenheit und dankbarer Bewegtheit, wenn für die ver-

trauten Götter und die Gottheit die fremden Namen verwandt werden.
Beispiele dafür sind ebenfalls die Gebete an Hermes-Thot, der in Griechenland wie in Ägypten als Herr der Träume verehrt wurde, aber auch in persönlicher, manchmal krauser Mystik als Herr des Weltalls. Ihm sich unter Aufgabe des eigenen Ichs verschmelzend hinzugeben oder sich mit ihm gleichzusetzen galt als der geheimnisvolle Ausgangspunkt für die Erfüllung erklärlicherweise oft auch sehr irdischer Wünsche.
Das Gebet für den Kaiser Claudius Goticus (268–270), mit dem das letzte Kapitel außerchristlicher Gebete schließt, stammt aus einer anderen, überindividuellen Sphäre. Das Flehen, das aus seiner geschlossenen, gleichförmigen Einförmigkeit und massiven Wiederholung aufsteigt, geht um die Erhaltung des Reiches und die Schützung seiner Hüter, des Reiches, das die erste Völkergesellschaft auf Erden unter der Idee des Friedens und der Gleichheit, die erste Weltzivilisation war.

AN DIE GROSSE MUTTER

Königin des Himmels! Du seiest nun die allernährende Ceres, des Getreides erste Erfinderin, welche, in der Freude ihres Herzens über die wiedergefundene Tochter, dem Menschen, der gleich den wilden Tieren mit Eicheln sich nährte, eine mildere Speise gegeben hat und die eleusinischen Gefilde bewohnt, oder du seiest die himmlische Venus, welche im Urbeginne aller Dinge durch ihr allmächtiges Kind, den Amor, die verschiedensten Geschlechter gegattet und also das Menschengeschlecht fortgepflanzt hat, von dem sie zu Paphos in dem meerumflossenen Heiligtume verehrt wird, oder des Phöbus Schwester, welche durch den hilfreichen Beistand, den sie den Gebärerinnen leistet, so große Völkerschaften erzogen hat und in dem herrlichen Tempel zu Ephesus angebetet wird. Oder du seiest endlich die dreigestaltige Proserpina, die nachts mit grausigem Geheul angerufen wird, den tobenden Gespenstern gebietet und unter der Erde sie einkerkert, währenddes sie entlegene Haine durchirrt, wo ein mannigfacher Dienst ihr geweiht ist: Göttin! die du mit jungfräulichem Scheine alle Weltgegenden erleuchtest, mit deinem feuchten Strahle der fröhlichen Saat Nahrung und Gedeihen gibst und nach der Sonne Umlauf dein wechselndes Licht einteilst; unter welchem Namen, unter welchen Gebräuchen, unter welcher Gestalt dir die Anrufung immer am wohlgefälligsten sein mag: Hilf mir in meinem äußersten Elende! stehe mir bei, daß ich nicht gänzlich zugrunde gehe; nach so vielen, so schwer überstandenen Trübsalen verleihe mir endlich einmal Ruhe und Frieden! Ich habe genug des Jammers, genug der Gefahren! Nimm von mir hinweg die schändliche Tiergestalt! Laß mich wieder werden, was ich war; laß mich Lucius werden und gib mich den Meinigen wieder! Oder habe ich irgendeine unversöhnliche Gottheit ohne mein Wissen beleidigt: Ach, so sei lieber mir erlaubt, zu sterben denn also zu leben, o Göttin!

Apulejus

AN ISIS

Göttin! Heilige, ewige Erhalterin des Menschengeschlechts! Die du nicht aufhörst, Schutz den schwachen Sterblichen zu verleihen; die du dem Elenden die milde Zärtlichkeit einer Mutter angedeihen lässest! Kein Tag, keine Nacht, kein geringer Augenblick schwindet leer von deinen Wohltaten dahin. Zu Wasser und zu Lande beschirmst du die Menschen, entfernest von ihnen jegliche Lebensgefahr und reichst ihnen deine hilfreiche Rechte, mit welcher du das verworrene Gewebe des Schicksals auseinanderwirrest, die Unglücksstürme zum Schweigen bringst und der Sterne schädlichen Lauf einhältst. Dich verehren die oberen und unteren Götter. Du wirbelst die Erde im Kreise herum, entzündest das Licht der Sonnen, regierst die Welt und hältst den Tartarus untertan. Dir antworten die Gestirne, jauchzen die Götter, kehren die Jahreszeiten wieder und dienen die Elemente. Auf deinen Wink wehen die Lüfte, füllen sich die Wolken, keimt das Gesäme und sprießt das Gras. Deine Majestät scheuen die Vögel unterm Himmel, die wilden Tiere auf den Bergen, die Schlangen in den Klüften und die Ungeheuer im Meer. Doch ich bin zu schwach an Geist, dein Lob zu preisen, bin zu arm an Habe, dir würdige Opfer zu bringen; Fülle der Worte gebricht mir, das Gefühl deiner Herrlichkeit auszusprechen. Ja, leihe tausend Münder mir und ebenso viele Zungen nebst einem ewigen Fluß ununterbrochener Rede, dennoch bin ich zu ohnmächtig. So laß dir denn wohlgefallen, was demütiglich meine fromme Armut dir anlobt! Ewig soll dein göttliches Antlitz, ewig dein benedeiter Name hochverehrt im innersten Heiligtum meines Herzens leben!

Apulejus

GEBET AN HERMES-THOT
Bezauberung des Astrasoukos durch die Liebeswerbungen

Komm zu mir, o Gott Hermes, wie die Kinder an der Mütter Busen. Zu mir, N. N., komm, o Gott Hermes, und verleihe mir Gunst, Nahrung, Sieg, Wohlstand und Glück in der Liebe, Schönheit von Gesicht und die Kraft aller Männer und aller Frauen. Deine Namen sind im Himmel. Diese Namen sind die, die du an den vier Ecken des Himmels trägst. Ich kenne deine Gestalten, die da sind: Im Osten hast du die Gestalt eines Ibis, im Westen hast du die Gestalt eines (hundsköpfigen) Pavians, im Norden hast du die Gestalt einer Schlange, im Süden hast du die Gestalt eines Wolfes. Deine Pflanze ist die Weinrebe, die dort die Olive ist. Ich kenne auch dein Holz: das Ebenholz. Ich weiß, Hermes, wer du bist und woher du bist und welches deine Stadt ist: Hermopolis. Komm zu mir, Gott Hermes mit den vielfältigen Namen, der du die verborgenen Dinge unter dem Himmelspol und auf der Erde kennst, sei wohltätig zu mir, du Wohltäter der Welt. Höre mein Gebet, gib, daß ich bei allen Arten von Wesen auf der belebten Erde Wohlwollen erlange. Öffne für mich die Hände all derer, die Geschenke austeilen, zwinge sie, mir zu geben, was sie in ihren Händen halten.

Ich kenne auch deine barbarischen Namen...: so lauten deine barbarischen Namen. Wenn es wahr ist, daß Isis, die größte aller Gottheiten, dich in jeder Gefahr, an jedem Ort gegen die Götter, die Menschen, die Dämonen und die Tiere, die im Wasser und auf der Erde leben, angerufen hat, und wenn sie dein Wohlwollen und damit den Sieg über die Götter, die Menschen und alle Tiere, die auf der Erde wohnen, erlangt hat, nun, dann rufe auch ich dich an. Gewähre auch mir Wohlwollen, gutes Aussehen, Schönheit. Höre mein Gebet, Hermes, Wohltäter der Liebestränke, gestatte, daß ich mich mit dir frei unterhalte, höre mich in der gleichen Weise an, in der du alle Dinge deinem äthiopischen Pavian, dem Herrn derer, die unter der Erde leben, gewährt hast.

Mach, daß alle sanfte Gefühle mir gegenüber hegen. Gewähre mir Kraft, gutes Aussehen und daß sie mir Gold und Silber schikken und jede Art von Nahrung in unerschöpflicher Menge. Schütze mich immer vor Giften, vor Hinterhalten, vor jedem Angriff des bösen Blicks und der bösen Worte, vor jeder dämonischen Besessenheit und vor jedem Zorn der Götter und der Menschen. Mögen sie mir Wohlwollen, Sieg, Erfolg im Handeln und Wohlstand verleihen.

Denn du bist ich und ich bin du, dein Name ist der meinige und mein Name ist der deinige: denn ich bin dein Ebenbild. Wenn mich ein Unglück im Verlauf dieses Jahres oder in diesem Monat oder an diesem Tage oder zu dieser Stunde trifft, dann möge es auch den großen Gott Akkemen Estroph treffen, dessen Name auf dem Vorderteil des heiligen Schiffes eingeschrieben ist.

Dein wahrer Name ist auf der heiligen Säule in dem inneren Heiligtum des Tempels von Hermopolis eingeschrieben, dort, wo du geboren bist.

Ich kenne dich, Hermes, und du kennst mich. Vollbringe für mich alle Dinge und wende dich mir zu mit der guten Glücksgöttin und dem guten Dämon, jetzt, jetzt, schnell, schnell!

GEBET ZUR ERLANGUNG EINES TRAUMES

O Hermes, höchster Herrscher der Welt, du, der du im Herzen bist, Rund des Mondes, du, der du rund und viereckig bist, Oberherrscher des deutlichen Wortes, Verteidiger der Sache der Gerechtigkeit, Gott mit den beflügelten Sandalen, du, der du vom Äther bis zu den Tiefen des Tartarus deinen Lauf nimmst, Führer des Geistes, Auge der Sonne, Größter, Oberherrscher des Wortes, das alles auszudrücken vermag, du, der du durch deine Gestirne denen, die unten in der Tiefe des Tartarus leben, Freude bereitest, die Toten, die ihr Leben erfüllt haben, nennen dich »Der, der die Schicksale voraussagt« und »Göttlicher Traum«, du, der du uns tags und nachts Orakel sendest!

Heile mit deinen Heilmitteln die Leiden der Sterblichen. Komm, o Seliger, größter Sohn der Erinnerung, der seine Pläne erfüllt. Zeige dich in deiner Gestalt, der gunstreichen, erhebe dich günstig gesonnen für einen frommen Menschen, laß deine gunstreiche Gestalt mir erscheinen, dem N. N., damit ich dich in den Orakeln vernehme, in denen sich deine mächtige Tugend ausdrückt. Ich bitte dich demütig darum, Herr, sei mir günstig gesonnen, zeige dich, ohne mich zu betrügen, und gib mir dein Orakel.

KOSMISCHES GEBET

Heil, Anfang und Ende der unbeweglichen Natur, Heil, Wirbelwind der Elemente, die ihr nie müde werdet, eure Aufgaben zu erfüllen, Heil, leuchtendes Licht des Sonnenstrahles zum Dienst des Mondes, Heil, Kreis des ungleichen Glanzes des Mondes, der nachts leuchtet, Heil, alle Atemzüge der Luftdämonen, Heil euch, denen es gewährt ist, euch im Lobpreis zu freuen, Brüder und Schwestern! O großer, höchster, runder, unbegreiflicher Reigen der Welt! Himmlischer Atem, innerer Teil, zum Himmel gehörend, ätherischer, innerer Teil, zum Äther gehörend, Gebilde aus Wasser, Erde, Feuer, Wind, Licht, Finsternis, strahlend wie die Himmelskörper, feucht-feurig-kalt!
Ich lobe dich, Gott der Götter, der du die Einzelteile der Welt harmonisch zusammengefügt hast, der du die Wasser des Abgrundes auf dem unsichtbaren Fundament ihrer Lage aufgespeichert hast, den Himmel und die Erde getrennt hast und auf einer Seite den Himmel mit ewigen Goldflügeln bedeckt hast, auf der anderen Seite die Erde auf ewigen Fundamenten errichtet hast, der du den Äther zum höchsten Punkte des Reiches in der Höhe entrückt hast, der du in der Luft Windhauche ausgestreut hast, die sich aus sich heraus bewegen, der du um die Erde herum eine runde Wassersperre gelegt hast, der du Blitzesladungen vor den Orkanen vorantreibst, der du dich ergießt, Blitze schleuderst,

Regen schickst, die Erde erschütterst und Lebewesen hervorbringst, Gott der Aion. Du bist groß, Herr, Gott, Beherrscher des Universums.

GEBET AN DEN GÖTTLICHEN VATER

Heilig ist Gott, der Vater alles dessen, was ist. Heilig ist Gott, dessen Wille durch seine eigene Macht erfüllt wird. Heilig ist Gott, der sich offenbaren will und sich uns offenbart. Heilig bist du, der du durch das Wort alle Dinge geschaffen hast. Heilig bist du, dessen Bild die Natur ist, und du wurdest nicht durch diese geschaffen. Du bist mächtiger als alle Macht, heiliger und größer als alle Berühmtheit, heilig und über jedes Lob erhaben.

Du nimmst das Opfer des Wortes an, das hervorquillt aus der Seele und einem Herzen, das ganz dir hingegeben ist, o Unaussprechlicher, den das reine Schweigen benennen kann. Mach, daß ich mit deiner Gnade meine Brüder und deine Söhne erleuchten kann.

Ich schenke dir Glauben und lege Zeugnis davon ab, während ich zum Leben und zum Licht vorschreite. Sei gesegnet, Vater: Dein Mensch begehrt danach, an deiner Heiligkeit teilzunehmen, nachdem du ihm freien Willen geschenkt hast.

GEHEIME HYMNE

Ich werde nun Gott dem Schöpfer, dem All, dem Einzigen eine Hymne singen.
O Himmel, öffnet euch; o Winde, besänftigt euch.
Der unsterbliche Kreis Gottes erhöre dieses mein Gebet, da ich mich anschicke, den Schöpfer des Universums zu besingen,
der, der die Welt in Ordnung gestaltet hat,
der den Himmel errichtet hat,
der dem Süßwasser befohlen hat, aus dem Ozean zu treten und

sich über alle Teile der Erde, bewohnte und unbewohnte, zu verbreiten,
damit die Menschen sich von ihr ernähren können,
der, der dem Feuer befohlen hat hervorzukommen, um von den Menschen und den Göttern verwendet zu werden.
Wir lobpreisen den, der über den Himmeln lebt,
den Schöpfer der ganzen Natur.
Er ist das Auge des Verstandes und wird es nicht verschmähen,
die Segenssprüche meiner Mächte entgegenzunehmen.
O meine Kräfte, besingt den Einen und das All,
singt, wie ich will, o Mächte meiner Seele.
O heilige Weisheit, von dir erleuchtet, besinge ich mit deiner Hilfe das vernehmliche Licht
und jauchze vor Freude über dein Licht.
O ihr Mächte alle, singt mit mir zusammen:
Mein ganzes zufälliges Wesen,
mein Verlangen nach Gerechtigkeit,
meine Sehnsucht nach Gemeinsamkeit,
singt mit mir.
Alle Dinge mögen singen:
Wahrheit, singe für mich die Wahrheit;
Gutes, singe für mich das Gute.
O Leben, heile alles, was in mir ist.
O Licht, o Geist Gottes, erleuchte mich, daß alles von dir kommt und in dir alles ist.
Der Verstand leitet dein Wort, o geistiger Schöpfer!
Du allein bist Gott, und der Mensch, der dir gehört, besingt diese Dinge durch das Feuer, die Luft, die Erde, das Wasser und den Geist;
durch deine Werke.

ZWEI GEBETE DES KAISERS JULIAN

AN HELIOS, DEN KÖNIG

Zu diesen Festen mögen mir die herrschenden Götter viele Male gewähren, zu feiern und zu heiligen und vor allem Helios, den Weltenkönig. Er ging aus der Ewigkeit hervor im Umkreis der allgemeinen Substanzen des Guten; er thront mitten unter den verstandesbegabten Göttern, die ihrerseits eine Mittlerstellung einnehmen; er hat sie mit Einträchtigkeit, mit unbegrenzter Schönheit, mit gewaltiger Zeugungskraft, mit vollkommener Vernunft, mit allen Gütern ohne Ausnahme und zeitlicher Begrenzung ausgestattet; auch in dieser Zeit erleuchtet er seinen eigenen sichtbaren Sitz, der sich von Ewigkeit an bewegt, um das Zentrum des sichtbaren Himmels zu bilden; die ganze sichtbare Welt nimmt an seiner sichtbaren Schönheit teil; er hat den ganzen Himmel mit einer solchen Menge von Göttern bevölkert, wie niemand sie in sich selbst mit dem Verstand begreifen kann, Götter, die in unteilbarer Weise sich um ihn herum vermehrt haben und doch in gleicher Weise ihm verbunden sind; das Gebiet, das unter dem Monde liegt, hält er durch das Band der ewigen Schöpfung und der wohltätigen Leistungen, die von den Himmelskörpern herrühren, zusammen; er sorgt allgemein für das menschliche Geschlecht und im besonderen für unsere Stadt, so wie er von Ewigkeit her auch meine Seele ins Dasein gerufen hat und mich zu seinem Anhänger ausersehen hat. Wie wenig ich auch zuerst erflehte, möge er es erweitern: in seiner Güte möge er dem ganzen Staate als Führer dienen und wenn möglich ewige Dauer sichern. Mir im besonderen möge er, solange er mich am Leben erhält, Glück in den menschlichen und göttlichen Beziehungen verleihen, zu leben und mich dem Wohle des Staates zu widmen, solange es ihm gefällt; möge es für mich nützlich und dem Wohle der Römer dienlich sein...

Zum dritten Male also bitte ich Helios, den König des Universums, mir zur Belohnung für meinen Eifer seine Gunst zu schenken, ein treffliches Leben, eine vollkommene Weisheit, einen erleuchteten Verstand und auf die beste Weise sowie im günstigen Augenblick das Scheiden aus dem Leben, wie es mir vom Schicksal her bestimmt ist.

Möge ich von hier zu ihm aufsteigen und, wenn möglich, bei ihm in alle Ewigkeit verweilen, aber wenn das zuviel im Verhältnis zu den Verdiensten meines Lebens wäre, dann wenigstens für viele und lange Zeiträume von Jahren.

GEBET ZUR MUTTER DER GÖTTER

O Mutter der Götter und der Menschen, die du den Sitz und den Thron mit dem großen Zeus teilst, o Quelle aller Gaben des Verstandes; du, die du zusammen mit den unbefleckten Substanzen der vernunftbegabten Götter schreitest, wie du ihrer aller erste und gemeinsame Ursache zuerst empfangen und sie den verstandesbegabten Göttern übertragen hast, o lebenspendende Göttin; du, die du der Rat und die Vorsehung bist, o Schöpferin unserer Seelen; du, die du den großen Dionysos liebgewonnen und Attis gerettet hast, als er ausgesetzt wurde, und ihn wieder aufgerichtet hast, als er in die Erdhöhle stürzte; du, die du den verstandesbegabten Göttern Hinlenkerin zu allen Wohltaten bist und mit allem die sichtbare Welt überhäufst und allen wohltätige Gnaden erweist: verleihe allen Menschen das Glück, dessen höchster Sinn in der Kenntnis der Götter besteht, und gewähre dem römischen Volke insgesamt, die Pest der Gottlosigkeit von sich fernzuhalten. Das glückliche Schicksal, das aus sich selber die Geschicke des Imperiums lenkt, möge das Reich durch viele Tausende von Jahren begleiten!

Mir verleihe als Frucht meiner Frömmigkeit, durch dich die Wahrheit in der Lehre von den Göttern zu erwerben, und die Vervollkommnung in ihrer tatkräftigen Anrufung. Bei allen Werken, denen ich mich auf politischem oder militärischem

Werk unterziehe, gewähre mir Tüchtigkeit und gutes Glück, und möge das Ende meines Lebens schmerzlos und ehrenhaft sein, in der getrosten Hoffnung, ihr Götter, hinauf zu euch zu gelangen.

LITANEI-GEBET FÜR DEN KAISER CLAUDIUS II. GOTICUS

O erhabener Claudius, mögen die Götter dich uns erhalten!
Dies soll sechzigmal wiederholt werden
O erhabener Claudius, immer erhofften wir als Kaiser dich oder einen, der wie du sei!
Dies soll vierzigmal wiederholt werden
O Claudius Augustus, nach dir hat der Staat gefleht!
Dies soll vierzigmal wiederholt werden
O Claudius Augustus, unser Bruder, unser Freund, du bestes aller Häupter des Staates, du wahrhaft Erster unter allen!
Dies soll achtzigmal wiederholt werden
O Claudius Augustus, befreie uns von Aureolus!
Dies soll fünfzigmal wiederholt werden
O Claudius Augustus, räche uns an den Palmyrenern!
Dies soll fünfmal wiederholt werden
O Claudius Augustus, räche uns an Zenobia!
Dies soll siebenmal wiederholt werden
O Claudius Augustus, Tetricus vermag nichts gegen dich!
Dies soll siebenmal wiederholt werden

Dieses Gebet, von Abordnungen der Legionen vor den Altären Apollons gesprochen, erwähnt an Feinden des Reiches die syrische Königin Zenobia, die im Osten ein Gegen-Rom gegründet hatte, und die aufrührerischen Gegenkaiser Aureolus und Tetricus.

CHRISTENTUM

AUS DEN EVANGELIEN

LOBGESANG DER MARIA (MAGNIFICAT)

Meine Seele erhebt den Herrn, und mein Geist jubelt über Gott, meinen Retter, weil er die Niedrigkeit seiner Magd angesehen hat. Denn siehe, von nun an werden alle Geschlechter mich selig preisen, weil der Allmächtige Großes an mir getan hat. Ja, heilig ist sein Name, und seine Barmherzigkeit wird von Geschlecht zu Geschlecht denen zuteil, die ihn fürchten. Er übt Gewalt mit seinem Arm, er zerstreut, die da hoffärtig sind in ihres Herzens Sinn; er stürzt Machthaber vom Thron und erhöht Niedrige; Hungrige sättigt er mit Gütern und läßt Reiche leer ausgehen. Er hat sich seines Knechtes Israel angenommen, um der Barmherzigkeit zu gedenken – wie er unsern Vätern verheißen hat – dem Abraham und seinen Nachkommen in Ewigkeit.

Lukas 1, 46–55

JESUS BETET

Ich preise dich, Vater, Herr des Himmels und der Erde, daß du dies vor Weisen und Klugen verborgen hältst und es Unmündigen geoffenbart hast; ja, Vater, denn so ist es dein Wille gewesen. Alles ist mir von meinem Vater übergeben worden; und niemand weiß, wer der Sohn ist, als nur der Vater, und wer der Vater ist, als nur der Sohn und wem der Sohn ihn offenbaren will.

Lukas 1, 21–22

DAS VATERUNSER

Vater unser
der in den Himmeln
geheiligt werde der Name Dein
es komme die Herrschaft Dein

es werde der Wille Dein
wie im Himmel auch auf der Erde.
Das unsrige Brot, das überwesliche, gib uns täglich
und erlaß uns unsere Schulden
wie wir erlassen unsern Schuldigern
und führe uns nicht in Versuchung
sondern erlöse uns von dem Notmachenden
weil Dein ist die Herrschaft und die Kraft und der Beschluß in die Zeitalter hinein.
Amen.

Matthäus 6, 9–13
(wortgemäße Übertragung)

DAS HOHEPRIESTERLICHE GEBET JESU

Vater, die Stunde ist gekommen: verherrliche deinen Sohn, damit dein Sohn dich verherrliche; du hast ihm ja die Macht über die ganze Menschheit verliehen, damit er allen, die du ihm gegeben hast, ewiges Leben verleihe. Darin besteht aber das ewige Leben, daß sie dich, den allein wahren Gott, und den du gesandt hast, Jesus Christus, erkennen. Ich habe dich hier auf Erden verherrlicht, indem ich das Werk vollendet habe, dessen Vollführung du mir aufgetragen hast. Und nun verherrliche du mich, Vater, bei dir selbst mit der Herrlichkeit, die ich bei dir schon besessen habe, ehe die Welt war.

Ich habe deinen Namen den Menschen geoffenbart, die du mir aus der Welt gegeben hast. Dein Eigentum waren sie, und mir hast du sie gegeben, und sie haben dein Wort befolgt. Jetzt haben sie erkannt, daß alles, was du mir gegeben hast, von dir stammt; denn die Worte, die du mir gegeben hast, habe ich ihnen gegeben, und sie haben sie auch angenommen und in Wahrheit erkannt, daß ich von dir ausgegangen bin, und haben den Glauben gewonnen, daß du es bist, der mich gesandt hat.

Ich bitte für sie; nicht für die Welt bitte ich, sondern für die, welche du mir gegeben hast; denn sie sind dein Eigentum – was mein ist, ist ja alles dein, und was dein ist, ist mein –, und ich bin in ihnen verherrlicht worden. Ich bin ja nicht länger in der Welt, doch sie sind noch in der Welt, während ich zu dir komme. Heiliger Vater, erhalte sie in deinem Namen, den du mir kundzutun verliehen hast; laß sie eins sein, so wie wir es sind. Solange ich in ihrer Mitte gewesen bin, habe ich sie, die du mir gegeben hast, in der Gemeinschaft mit deinem Namen erhalten und habe sie behütet; und keiner von ihnen ist verlorengegangen außer dem Sohne des Verderbens, damit die Schrift erfüllt würde. Jetzt aber gehe ich zu dir und rede dieses noch in der Welt, damit sie die Freude, wie ich sie habe, vollkommen in sich tragen. Ich habe ihnen dein Wort gegeben, und die Welt hat sie gehaßt; denn sie gehören nicht zu der Welt, wie auch ich nicht zur Welt gehöre. Ich bitte dich nicht, sie aus der Welt hinwegzunehmen, sondern sie vor dem Bösen zu behüten. Sie gehören nicht zu der Welt, wie ich nicht zu der Welt gehöre. Heilige sie in deiner Wahrheit: dein Wort ist Wahrheit. Wie du mich in die Welt gesandt hast, so sende auch ich sie in die Welt; und für sie heilige ich mich, damit auch sie in Wahrheit geheiligt seien.

Ich bitte aber nicht nur für diese, sondern auch für die, welche durch ihr Wort zum Glauben an mich kommen werden: gib, daß sie alle eins seien; wie du, Vater, in mir bist und ich in dir bin, so laß auch sie in uns eins sein, damit die Welt glauben lerne, daß du mich gesandt hast. Und ich habe die Herrlichkeit, die du mir gegeben hast, ihnen gegeben: sie sollen eins sein, wie wir eins sind: ich in ihnen und du in mir, auf daß sie voll ausgestaltet werden zu einer Einheit, damit die Welt erkenne, daß du mich gesandt und sie geliebt hast, wie du mich geliebt hast. Vater, ich will, daß, wo ich bin, auch die bei mir seien, die du mir gegeben hast, damit sie meine Herrlichkeit sehen, die du mir gegeben hast; denn du hast mich schon vor Grundlegung der Welt geliebt. Gerechter Vater, die Welt hat dich nicht erkannt, aber ich habe dich erkannt; und diese haben erkannt, daß du mich gesandt hast. Ich habe ihnen deinen Namen kundgetan und werde ihn auch ferner kundtun, damit die Liebe, mit der du mich geliebt hast, in ihnen sei und ich in ihnen.

Johannes 17, 1–26

FRÜHCHRISTENTUM

DANKGEBET

Wir danken dir, heiliger Vater, für deinen heiligen Namen, dem du eine Wohnstätte bereitet hast in unsern Herzen, und für die Erkenntnis und für den Glauben und für die Unsterblichkeit, die uns du kundgetan durch Jesus, deinen Knecht. Dir sei Ehre in Ewigkeit! Du, allmächtiger Herrscher, hast alles erschaffen um deines Namens willen, Speise und Trank hast du den Menschen gegeben zur Nutznießung, damit sie dir danken; uns aber hast du gespendet geistliche Nahrung und Trank und ewiges Leben durch deinen Knecht. Vor allem danken wir dir, weil du mächtig bist. Dir sei Ehre in Ewigkeit. Gedenke, Herr, deiner Kirche, sie zu erlösen von allem Bösen und sie zu vollenden in deiner Liebe, und führe sie, die geheiligte, von den vier Winden zusammen in dein Reich, das du ihr bereitet hast. Denn dein ist die Kraft und die Herrlichkeit in Ewigkeit. Es komme die Gnade und es vergehe diese Welt. Hosianna dem Gotte Davids. Wer heilig ist, komme herzu; wer es nicht ist, der tue Buße. Maranatha. Amen.

Aus der ersten Kirchenordnung
»Lehre der XII Apostel« (Didaché), 2. Jahrhundert

O MEIN HERR!

Mein Herr und Gebieter meines Lebens! Den Geist des Müßigganges, der Niedergeschlagenheit, der Herrschsucht und des eitlen Geschwätzes entferne von mir!

Den Geist aber der Keuschheit, der Demut, der Geduld und der Liebe gib mir, deinem Knechte!
O mein Herr und König! Gib mir, meine eigenen Missetaten zu sehen und über meinen Bruder nicht zu richten, denn du bist gebenedeit in alle Ewigkeiten!

Ephraim der Syrer, ca. 306–373,
frühchristlicher Theologe und Hymnendichter

BEREITSCHAFT ZUM MARTYRIUM

Herr, allgewaltiger Gott, Vater deines geliebten und gelobten Dieners Jesu Christi, durch welchen wir die Erkenntnis deiner empfangen haben, du Gott der Engel und Kräfte und aller Kreatur und des ganzen Geschlechts der Gerechten, welche vor dir lebten, ich preise dich, daß du mich dieses Tages und dieser Stunde gewürdigt hast, daß ich in der Zahl der Märtyrer Anteil empfange an dem Kelch deines Christus zur Auferstehung ewigen Lebens an Seele und Leib in der Unvergänglichkeit des Heiligen Geistes. Möge ich unter ihnen heute vor deinem Angesicht Aufnahme finden als ein reiches und wohlgefälliges Opfer, wie du es mir vorbereitend schon kundgetan und nun erfüllt hast, du trugloser und wahrhaftiger Gott. Darum lobe ich dich auch um alles, dich preise ich, dich rühme ich durch den ewigen und himmlischen Hohenpriester Jesus Christus, deinen geliebten Diener, durch welchen dir mit ihm und dem Heiligen Geist die Ehre gebührt wie jetzt, so auch in die Ewigkeiten der Zukunft. Amen.

Polykarp
Märtyrer, gestorben 156 (?); um 100 durch Apostel Johannes als Bischof von Smyrna eingesetzt.

BITTE UM DAS RECHTE HERZ

O Herr, der du Erbarmen hast mit allem, nimm hinweg von mir meine Sünden, und entzünde gnädig in mir das Feuer deines Heiligen Geistes. Nimm hinweg von mir dies Herz von Stein und gib mir ein Herz von Fleisch und Blut, ein Herz, dich zu lieben und anzubeten, ein Herz, in dir mich zu erfreuen, dir zu folgen und zu gefallen, um Christi willen.

Ambrosius
geboren wahrscheinlich 339 in Trier, gestorben 394 zu Mailand, dort Bischof; der erste der vier großen abendländischen Kirchenlehrer, »Vater des Kirchengesanges«.

ANRUFUNG DER GÖTTLICHEN BARMHERZIGKEIT

Zeig mir, Herr, deine Barmherzigkeit und erfreue mein Herz in ihr. Laß mich dich finden, den ich in meiner Sehnsucht suche. Sieh hier den Menschen, den die Räuber fingen, schlugen und halbtot liegen ließen, als er auf dem Wege war nach Jericho. Du mildherziger Samaritaner, nimm mich auf! Ich bin das Schaf, das in die Irre ging – such mich auf und bring mich wieder heim in deine Hürde. Tu mit mir nach deinem Wohlgefallen, auf daß ich bei dir verbleibe alle Tage meines Lebens und immer und ewig dich mit denen preise, die bei dir sind. Amen.

Hieronymus
Hieronymus Sophronius Eusebius, geboren ungefähr 347 in Stridon (Dalmatien), gestorben 419/420 zu Bethlehem; als Sekretär des Papstes Damasus mit der Revision des altlateinischen Bibeltextes beauftragt (Vulgata). Schutzpatron der Übersetzer.

HYMNUS

Was ist mein Gott? Was, frag ich, anders als Gott, der Herr? »Denn wer ist der Herr außer dem Herrn? Oder wer ist Gott außer unserm Gotte?«
Höchster, Bester, Mächtigster du, Allmächtigster, Allerbarmer und Allgerechter.
Verborgenster und Allgegenwärtiger, Schönheitsherrlicher, Kraftgewaltiger!

Du stehest fest und bist unfaßbar, unwandelbar bist du und wandelst alles.
Nie neu, nie alt, erneuerst du alles und »führest ins Alter die Stolzen und sie wissen es nicht«.
Ständig wirkend ruhst du ständig, sammelst immer und hast nie Bedarf.
Träger, Erfüller, Beschützer,
Schöpfer, Erhalter, Vollender!
Der du suchst, wo nichts dir fehlt.
Du bist die Liebe, doch nie wogt's in dir; du bist der Eifernde und ruhest sorglos.
Reue kennst du ohne den Schmerz, Zorn kennst du und bleibst die Stille; Werke änderst du – nie änderst du den Plan; du nimmst auf, was du findest und nie verlorst; nie bedürftig, freust du dich des Gewinnes, nie habsüchtig, forderst du doch Herzen. Über die Schuld wird dir gegeben, daß du Schuldner werdest, und doch – wer hat, was nicht dein wäre?
Schulden zahlst du zurück, niemandes Schuldner; Schulden erlässest du, und nichts geht dir verloren.
Aber was sagt das denn von dir, mein Gott, mein Leben, meine heiligsüße Wonne? Was vermag ein Mensch zu sagen, wenn er von dir redet? Aber wehe denen, die von dir schweigen, wo schon die, die reden, Stumme sind!

Augustin
geboren 354 zu Tagaste (Nordafrika), gestorben 430 zu Hippo, dort seit 396 Bischof. Kirchenlehrer, der christliche Geschichtsphilosoph an der Schwelle von Antike und Mittelalter, von maßgeblichem Einfluß auf das theologische und philosophische Denken des Westens.

ERBARME DICH!

Wer gibt mir, daß ich Ruhe finde in dir? Wer gibt mir, daß du kommest in mein Herz und es trunken machest, daß ich vergesse meine Sünden und dich umfange, du mein einzig Gut?

Was bist du mir? Erbarme dich, damit ich's sagen kann! Und ich, was bin ich dir, daß du geliebt sein willst von mir, und, tät ich's nicht, mir zürntest und drohtest ohne Maß? Ist nicht schon Elends genug, dich nicht zu lieben? Ach ich Armer! Sag mir um deiner Barmherzigkeit willen, Herr mein Gott, was du mir bist! Sprich zu meiner Seele: »Ich bin dein Heil.« Sprich so, daß ich höre! Sieh, die Ohren meines Herzens sind vor dir, Herr, öffne sie und sprich zu meiner Seele: »Ich bin dein Heil.« Nachlaufen will ich hinter diesem Worte und dich fassen. Verbirg dein Angesicht nicht vor mir; sterben will ich: nicht zu sterben, dein Angesicht zu schauen!
Eng ist das Haus meiner Seele, in das du kommen magst zu ihr: erweitere es! Baufällig ist es: erneuere es! Es bietet ein Ärgernis deinen Augen, ich weiß und bekenne es. Aber wer wird es reinigen? Zu wem andern soll ich rufen als zu dir: »Von meinen verborgenen Sünden reinige mich, Herr, und vor fremder Sünde behüte deinen Knecht! Ich glaube, und darum rede ich.« Herr, du weißt es. »Hab ich dir nicht meine Sünden bekannt wider mich selbst, mein Gott, und du hast mir vergeben die Bosheit meines Herzens?« Ich rechte nicht über das Urteil mit dir, der du die Wahrheit bist, und ich will mich nicht selbst betrügen, daß nicht »meine Sünde sich zum eigenen Schaden lüge«. Darum rechte ich nicht mit dir über das Urteil, denn »wenn du acht haben wolltest auf die Missetaten, Herr, Herr, wer könnte dann bestehen?«
Augustin

ORIENTALISCHES CHRISTENTUM

LIED ZUR HEILIGEN KOMMUNION

O Kirche, Mutter des Glaubens, Gemach der heiligen Hochzeit, erhabenes Bett! Wohnung des ewigen Bräutigams, der euch geschmückt hat mit ewigen Zierden!

Du verteilst das reinigende Brot und gibst uns dieses furchterregende Blut zu trinken,
das uns zur höchsten Stufe erhoben hat, um uns in die Gemeinschaft der geistigen Wesen zu führen.
Kommt also, ihr Söhne des neuen Zion, nähert euch reinen Herzens unserem Herrn.
Der ersten Führer war Josua, euer Führer ist Jesus Christus, der Eingeborene des Vaters.
Dieses Brot ist der Leib Jesu Christi, dieser Kelch ist das Blut des Neuen Bundes.
Das größte Geheimnis offenbart sich euch, hier ist es Gott selbst, der sich euch offenbart.
Es ist Jesus Christus selbst, das göttliche Wort, das zur Rechten des Vaters sitzt und das, für euch geopfert, die Sünden der Welt auf sich nimmt.
Ewig wird er gepriesen zusammen mit dem Vater und dem Geiste, heute und in aller Zukunft, von Ewigkeit zu Ewigkeit.
Aus der armenischen Liturgie

EINGANGSGEBET ZUR HEILIGEN MESSE

Alleluja!
Ich werde dein Haus betreten durch die Fülle deiner Barmherzigkeit.
Ich werde anbetend vor deinem heiligen Tempel stehen, von Furcht vor dir erfüllt.
Ich bekenne dir mit meinem ganzen Herzen, o Herr, da du die Worte aus meinem Munde erhört hast.
Ich werde singend vor dir tanzen im Angesicht deiner Engel. Ich werde anbetend vor deinem heiligen Tempel stehen.
Deine Priester sind gerecht, und deine Heiligen jubeln vor Freude.
Besprenge mich, o Herr, mit Ysop, und ich werde gereinigt sein.
Wenn du mich wäschst, werde ich weißer als der Schnee werden.

Wasche mich ganz rein von meiner Bosheit, und reinige mich von meinen Sünden.
Und verteidige deine Diener gegen die Fremden.
Er hat ihnen Brot vom Himmel gegeben.
Der Mensch hat Brot von den Engeln gegessen.
In Unschuld will ich meine Hände waschen und den Altar umschreiten, Herr.
Ich habe sein Zelt umschritten und in ihm das Sühneopfer dargebracht.
Du hast vor meinen Augen den Tisch bereitet gegen die, die mich in Drangsal stürzen.
Du hast mein Haupt mit Öl gesalbt. Wie glänzend ist mein Kelch, der Spender der Trunkenheit!
Ich werde den Kelch des Heiles empfangen und den Namen des Herrn anrufen. Gesegnet sei, der da kommt im Namen des Herrn. Heil, o unsere Mutter, heilige Kirche, von Mauerwerk verteidigt, o Kirche, Heil!
Du bist jenes Gefäß aus reinem Gold, in dem das Manna verborgen war, du bist das Zelt des Brotes, das vom Himmel herabsteigt, das allen das ewige Leben gibt.
Aus der äthiopischen Liturgie

DAS GEBET DER JESIDEN[1]

Amen, Amen, Amen.
Durch die Gnade des Samsadin,
des Fagradin, Nasradin,
des Sugadin, Sehusin,
des Seyh Bakur, des Qadur Rahman[2].
O Herr, du bist huldvoll,
du bist barmherzig, du bist Gott,
du bist der Herr der Reiche und der Länder,
du bist der Herr des Wesens und der Freuden,
du bist der Herr des Reiches der Gnade.

Von Anfang an warst du ewig,
du bist das Wesen des Glücks und des Daseins,
du bist der Thron des Segens und der grenzenlosen Liebe,
du bist der Herr der Dämonen und der unsichtbaren Wesen,
du bist der Herr der heiligen Menschen,
der Thron der Furcht und der Ehre,
du bist ein Wesen, das Lob und Dank verdient,
du bist der äußersten Grenzen des Himmels würdig.
O Herr, du bist der Gott der Reise,
Herr des Mondes und der Finsternis,
Herr der Sonne und des Lichts,
Herr des erhabenen Thrones,
du bist der Gott des Segens.
O Herr, keiner weiß, wie du bist.
Du hast weder Gesicht noch Höhe,
du hast weder Gang noch Maß.
O Herr, du bist der Herrscher unter den Königen und Sklaven,
du bist der Herrscher der Versammlungen und der Menschen.
Du hast die Reue Adams geschaffen[3].
O Herr, du hast weder Haus noch Federn,
du hast keine Flügel, hast keine Krallen,
hast keine Stimme, hast keine Farbe.
Du hast uns Glück und Freude erschaffen,
hast Jesus und Maria erschaffen.
O Herr, du bist erbarmungsvoll, voll Mitleid und treu.
Du bist der Thron, und ich bin die Nichtigkeit.
Ich bin schwach und gefallen,
bin gefallen, und du gedenkst meiner.
Du hast uns aus der Finsternis zum Licht geführt.
O Herr, nimm meine Schuld und meine Sünde hin
und verzeihe!
O Gott, o Gott, o Gott! Amen!

GEBETE DER OSTKIRCHE

AN DIE GOTTESMUTTER

Die dich, Gottesmutter, in Hymnen besingen, lebendiger, reichlich spendender Born, stärke die, welche einen geistlichen Reigen dir tanzen, und an deinem heiligen Feste schmücke sie mit der Herrlichkeit Kranz.
Du ließest sprossen die göttliche Ähre im Land, das unbestellt. Gegrüßt du, lebendige Tafel, die des Lebens Brot trägt. Gegrüßt du, des lebendigen Wassers Herrin, unversiegbarer Born.
Wie eine Färse hast du geboren den Gläubigen das Kleine, das Reine, gegrüßt du. Gegrüßt du, als Lamm hast Gottes Lamm du geboren, das die Sünden aller Welt wegnimmt. Gegrüßt du, glühende Sühnung.
Strahlende Frühe, gegrüßt du, du führst allein Christus, die Sonne herauf, die Wohnung des Lichtes. Gegrüßt du, du verscheuchest die Nacht und vernichtest gänzlich die finstern Dämonen.
Gegrüßt du, einzige Pforte, durch die einzig hindurchging das Wort, durch dein Gebären, o Herrin, die Riegel und Tore des Hades zerschlagend. Gegrüßt du, der Geretteten, Allgepriesene, heiliger Eingang.

TOTENHYMNE AN DIE JUNGFRAU UND DIE MÄRTYRER

Dir bringe ich dar eine Hymne, o Jungfrau. Verachte mich nicht, weil ich von Sünden besiegt bin. Nein, volle Besserung wolle mir geben, o Reine, durch alles Fasten, durch Wandel, der zum Guten sich wendet.
Feuer und Schwert und Tiere, ihr Sieger im Streit, ihr habt sie im Leiden wie Wonne erachtet. Eure Mörder machtet ihr staunen, preisend Christus in Hymnen, den Gott eurer Väter.
Gliedweise zerschlagen, verbrannt, wurdet ihr Christus darge-

bracht als duftendes Opfer, Märtyrer Christi. Wohlan, flehet für uns immer zu ihm.
Ich preise den Gott in der Dreiheit, den Vater, den Sohn und den Geist, die einfache Dreiheit, die heilige Dreiheit, den Beginn vor allem Beginne, den Einen in der Natur.
Gottesmutter, allheilige Herrin, nimm an deiner Knechte Gebete und trag sie zu dem, der aller Gott ist, er möge uns vor jeder Prüfung bewahren.
Ihr Märtyrergeschlechter, vom Himmel her segnet, welche, euch in Hymnen besingend, hier stehen. Heiliget sie, daß freudig sie die Zeit der Fasten vollenden.
Denen, die im Glauben zu dir hinübergegangen – du kennst ja die Werke der Menschen –, vergib ihre Sünden, die freiwilligen und unfreiwilligen, verleihe Erquickung ihnen, o Gott.
Die Glut des Ofens hast mit Tau du besprengt und die Jünglinge hast du unversengt bewahrt. Gepriesen bist du in die Äonen, Herr, Gott unserer Väter.

HOSIANNA!

Du, der im Himmel sitzt auf dem Thron, auf der Erde auf einem Füllen, Christus, o Gott, hast angenommen den Lobpreis der Engel, der Kinder Gesang, die zu dir riefen: Gepriesen bist du. Denn Adam zurückzurufen zu dir, bist du gekommen.
Nachdem du den Hades gefesselt, Unsterblicher, und getötet den Tod und erwecket die Welt, haben mit Zweigen die Unmündigen dich, Christus, als Sieger umjubelt. Heute rufen sie dir zu: Hosianna dem Sohne Davids. Denn nicht mehr, sagen sie, werden hingemordet werden die Kindlein wegen des Kindes Marias. Nein, für alle Unmündigen und Greise wirst du gekreuzigt allein. Nicht mehr wird über uns kommen das Schwert. Denn deine Seite wird durchstochen werden von einer Lanze. Drum rufen wir jubelnd: Gepriesen bist du. Denn Adam zurückzurufen zu dir, bist du gekommen.

GEBET UM ERLEUCHTUNG

Mich, den durch Lüste Verbrannten und am Auge der Seele Geschwächten, erneuere durch das Feuer deiner Furcht, o Christus, und erleuchte mich mit dem Lichte des Heiles, damit ich dich preise in allen Äonen.
Den Ekel der Leidenschaften verachte und weide dich an der Labe des Edlen und erfreue dich mehr an der Wonne der Fasten durch Verzicht auf die Bitterkeiten der Lüste, meine Seele, du arme, und in Ewigkeit lebe.
Ist die Seele verhärtet und durch den Rausch der Leidenschaften verfinstert, nimmer blicke ich dann zu dir hin, dem alleinigen Gott. Darum erbarme dich meiner und erleuchte mich und öffne mir heimlich die Tore zur Umkehr.
Unser erdhaftes, verderbliches Wesen hast du zum Himmel erhoben, o Reine. So laß durch dein glühend Gebet unsre Bitten, Gebete hindringen zu deinem und aller König und Gott.

BITTE UM ERBARMEN

Himmel, merk auf, und reden will ich und Christus in Hymnen besingen, der als Sohn der Jungfrau im Fleische gewohnt.
Himmel, merk auf, und reden will ich, Erde, lausche der Stimme, die zu Gott sich bekehrt und ihn in Hymnen erhebt.
Neig dich mir, Gott, mein Erbarmer, mit deinem gnädigen Antlitz und nimm auf mein heißes Bekenntnis.
Ich habe gesündigt mehr als alle Menschen, ich allein hab mich an dir versündigt. Wohlan, hab Erbarmen, Gott, Heiland, mit deinem Gebild.
Gestaltet durch meiner Leidenschaften Mißgestalt, entehrte meines Geistes Schönheit ich durch lusthaft Streben.
Der Sünden Seesturm tobt um mich, erbarmungsvoller Herr. Wohlan, so wie dem Petrus streck auch mir entgegen deine Hand.
Befleckt hab ich mein Fleischgewand, besudelt dein Bild und

Gleichnis, o Heiland. Verfinstert habe ich der Seele Lieblichkeit durch der Leidenschaften Lüste, mit einem Wort: ganz den Geist gemacht zu Erdenstaub.

Zerrissen hab ich jetzt mein erstes Kleid, das mir der Bildner im Anbeginn gewebt. Darum lieg ich hier in Blöße.

Mit dem zerrissenen Gewand bin ich bekleidet, das die Schlange mir gewebt durch ihren Rat, und muß mich schämen.

Auf die Zähren der Buhlerin beruf auch ich mich, o Erbarmer. In deiner Güte, Heiland, meiner dich erbarm.

Ich schaute auf des Baumes Schönheit, ließ täuschen meinen Sinn. Und nun liege ich hier nackt und muß mich schämen.

Auf meinem Nacken schmiedeten ihre Ränke all die Anstifter der Sünden und wälzten ihre Sünde auf mich ab.

Als einen Gott aller besinge in drei Personen ich dich als den Vater, den Sohn und den Heiligen Geist.

Reine Gottesmutter, Jungfrau, allgepriesen allein, mit ausgespannten Armen fleh um unsere Rettung.

LASST DEN SOHN UNS LOBEN!

Durch Fasten lasset, wohlan, die Leidenschaften der Sinne uns knechten. Mit geistigen Schwingen laßt uns verhüllen uns, damit wir des Feindes sich erhebenden Sturm leichten Sinnes durchschreiten und würdig werden der Verehrung des Kreuzes des Gottessohnes, der für die Welt willig opfern sich ließ, und des Erlösers Auferstehung von den Toten geistig begehen. Auf den Berg erhoben, laßt mit den Jüngern den Sohn uns loben, der alle Macht empfangen vom Vater, den Menschenfreund.

Unüberwundene Märtyrer Christi, besiegt habt ihr den Trug durch die Macht des Kreuzes und empfangen die Gnade des ewigen Lebens. Nicht ducktet ihr vor der Tyrannen Drohungen euch. Von Foltern wurdet gequält ihr. Nun jauchzt ihr. Und euer Blut wurde unsern Seelen zur Heilung. Flehet um unserer Seelen Errettung.

Was ist das für ein wunderbar Schauspiel, das meinen Augen sich bietet, Gebieter? Du, der die ganze Schöpfung in ihrem Bestande erhält, wardst aufgerichtet am Kreuz. Und du stirbst, der allen schenket das Leben. So sagte die Gottesgebärerin weinend, als am Kreuz die Allreine den Gottmenschen schaute, der aus ihr auf unsagbare Weise erstrahlte.

EUROPÄISCHES MITTELALTER

MITTERNACHTSHYMNE AN DEN HEILIGEN GEIST

Im Schweigen der dunklen Nacht erheben wir uns vor dir, o Herr, und setzen in ehrfürchtigen Nachtwachen die Überlieferung fort, die uns von den Vätern anvertraut wurde und wir nach den Riten als Erbe übernommen haben. Wir dienen dir in Wachen, Heiliger Geist.
Du bist dem Vater im Glanze gleich, Christus gleich in der Zartheit, auf vielfältige Weise, Heiliger Geist, sei gerühmt als der mystische König.
Richte dein Auge auf den, der schwach im Fleische ist, ziehe mit deiner Macht die zu dir hin, die der alte Betrüger mit seinen Künsten umringt. Die Herde, die dir anvertraut wurde, sei nicht durch die Bande der Sünde gefesselt, die Herde, die du, Christus, mit deinem Blute erkaufen wolltest.
Behüte die irrenden Schafe, o barmherziger guter Hirt, und trage sie auf deinen Armen in das Haus des Vaters zurück. Erschöpft und verwundet weiche der Fürst der Unterwelt zurück, und wütend vor ungestilltem Hunger verliere er seine Beute aus dem Rachen.
Es frohlocke Christus der Herr, es tanze der Chor der Engel beim Erschallen der Lieder auf der Orgel, und dreimal rufe er: Heilig ist der Herr!
Altspanischer Ritus

GEBET UM REGEN

Unter dem Staub, in trockener Bleichheit breiten sich unter der Sonne die Felder aus, die dürre Erde färbt sich gelb, der Boden spaltet sich, jede gefällige Anmut schwindet dahin, und die Blumen in ihrem Reiz blühen nicht mehr.
Das ausgetrocknete Land lechzt nach Regen, versiegt sind die Quellen, der Fluß führt kein Wasser mehr mit sich, ungepflügt werfen die Furchen unförmige Risse auf. Die Hitze entfacht Brände auf dem Feld, die Feuersglut verbrennt sogar die Vögel, die Bäume tragen keine Blätter mehr, um den müden Wanderern Schatten zu spenden, aus ausgetrocknetem Munde spuckt der Pilger Sand.
Die wilden Tiere und die Haustiere halten das Maul vor dem Wind verschlossen und täuschen sich auf diese Art eine Erleichterung ihres Durstes vor. Beim Winde schließen die Menschen den Mund und halten den Atem an, sogar die Vögel halten im Winde ihren Schnabel geschlossen.
Die Hirschkuh, vom Durste gequält, geht nicht zu ihren süßen Hirschkälbern, die unruhige Hirschkuh verläßt die armen Jungtiere, weil sie das gesuchte Laub nicht findet. Die Jünglinge und Mädchen kommen, um Wasser aus dem gewohnten Brunnen zu schöpfen, und da es auch nicht einen einzigen Tropfen Wasser gab, kehren sie mit ihren leeren Krügen nach Hause zurück und trinken – o weh – ihre eigenen Tränen. Der Ochse verläßt seine leere Krippe und irrt durch das kahle Land umher und sucht das Unkraut auf den Wiesen. Und so kommen alle Viehherden ohne Weiden um. Der Bauer mit seinem gekrümmten Rücken geht in seiner bittern Not auf die Suche nach Wurzeln in den Wäldern und hofft, den Hunger mit Baumrinden zu stillen, aber der Boden bietet keine weichen Säfte.
Unsere Sünden verdienen diese Hungersnot, aber du, Barmherziger, o Christus, erlöse uns von den Fesseln der gerechten Strafe

durch deine Gnade, die größer ist als das Gewicht unserer Schuld.

Wir flehen dich an, o Milder, öffne den Himmel und lasse fruchtbaren Regen auf die Felder fallen. Auch uns gewähre Regen, den du dem gottlosen Volke durch die Verdienste des Elias geschenkt hast.

O ewiger Schöpfer, wie mächtig bist du durch alle Zeiten hindurch. Ehre sei dir mit Christus, deinem Sohne, und dem Heiligen Geiste, der dir gleich ist.

Altspanischer Ritus

DAS GEBET FÜR ALLE

Wir bitten dich um dein Erbarmen, o Herr, befreie uns aus den Banden all unserer Vergehen.

Durch die Fürbitte der seligen und allzeit glorreichen Jungfrau Maria, der Muttergottes, und durch alle deine Heiligen bewahre uns in aller Heiligkeit unseren Papst, die Priester und unseren Abt, den König wie auch unsere Oberen und mit dem ganzen christlichen Volk uns selbst, deine Diener, und schließlich diesen Ort mit all denen, die hier wohnen. Auch alle die, die uns verbunden sind durch Verwandtschaft oder Familienbande oder auch nur durch das Gedenken im Gebete, reinige von Mängeln und erleuchte sie mit Tugend.

Uns gewähre Heil, halte fern die sichtbaren und die unsichtbaren Feinde, halte ab von uns die Begierden des Fleisches, spende uns eine heilsame Luft, flöße unseren Feinden Liebe ein, verzeihe in deiner Milde die Sünden derer, die uns Almosen gegeben haben, und allen Gläubigen, den Lebenden und Verstorbenen gewähre auf Erden das Leben und die ewige Ruhe.

Altenglisches Ritual

GEBET UM DIE GABE DER TRÄNEN

Allmächtiger, gütigster Gott, der du für dein durstiges Volk eine

Quelle lebendigen Wassers aus dem Felsen hast hervorquellen lassen, locke aus unseren harten Herzen Tränen der Reue, auf daß wir unsere Sünden beweinen und durch dein Erbarmen verdienen, Vergebung zu erlangen.
Diese Opfergabe, so bitten wir dich, Herrgott, die wir deiner Majestät für unsere Sünden darbringen, nimm huldvoll an und laß Ströme aus unseren Augen hervorquellen, die die Brände der sündigen Flammen löschen.

Alkuin, 735–804,
angelsächsischer Theologe und Wissenschaftler, Freund und kulturpolitischer Berater Karls des Großen, Wiederbegründer des Hochschul- und Akademiewesens im Westen nach der Schließung der athenischen Akademie im Jahre 529

STÄRKE UNSERE SCHWACHHEIT

O ewiges Licht, erleuchte unsere Herzen, ewige Güte, erlöse uns vom Übel. O ewige Macht, sei du unsere Hilfe. Ewige Weisheit, zerstreue das Dunkel unserer Unwissenheit. Ewige Erbarmung, habe Nachsicht mit uns. Gewähre uns, daß wir aus ganzem Gemüt und aller Kraft allezeit dein Antlitz suchen; und endlich führe uns in deiner unermeßlichen Barmherzigkeit zu deiner heiligen Gegenwart. Stärke unsere Schwachheit, daß wir den Fußstapfen deines gebenedeiten Sohnes folgen, deine Gnade gewinnen und eintreten in deine verheißene Freude. Amen.

Alkuin

O MILDER HERRE CHRIST!

Allmächtiger, zu dir redet mein Gemüt, zu dir meines Herzens tiefste Not. Was meine Zunge, meine Hand und meine Lippen beten, was ein zerknirschtes Herz, ein redlich Tun, ein heiliges Wollen, es ist dein: dein Lob, dein Lied, o milder Herre Christ. Dir huldigt, Herr, zerknirscht und fröhlich doch, mein ganzes

Sein und spricht, vor deinem Kreuze hingeworfen: Laß deines Frühlings Knospe, deines Altars Gabe, laß dies Herz dich lieben! Nur diesen Brand entfach, nur diese Inbrunst schüre meine Seele, nur dies laß Durst und Hunger und unnennbare Sehnsucht mir sein – nur dies, daß du mich mild empfängst, mich armen Knecht, der sich zum Opfer ganz dir geweiht: dir, guter Jesus.

Rhabanus Maurus, ca. 780–856,
rheinfränkischer Benediktiner, Schüler Alkuins, Erzbischof von Mainz, Theologe und Dichter, seliggesprochen

HYMNE AN DEN HEILIGEN GEIST

Komm, Heiliger Geist, du Schaffender,
Komm, deine Seelen suche heim;
Mit Gnadenfülle segne sie,
Die Brust, die du geschaffen hast!

Du heißest Tröster, Paraklet,
Des höchsten Gottes Hochgeschenk,
Lebend'ger Quell und Liebesglut
Und Salbung heiliger Geisteskraft.

Du siebenfaltiger Gabenschatz,
Du Finger Gottes rechter Hand,
Von ihm versprochen und geschickt,
Der Kehle Stimm' und Rede gibst.

Den Sinnen zünde Lichter an,
Dem Herzen frohe Mutigkeit,
Daß wir im Körper Wandelnden
Bereit zum Handeln sei'n, zum Kampf!

Den Feind bedränge, treib ihn fort,
Daß uns des Friedens wir erfreun

Und so an deiner Führerhand
Dem Schaden überall entgehn!

Vom Vater uns Erkenntnis gib,
Erkenntnis auch vom Sohn zugleich,
Uns, die dem beiderseit'gen Geist
Zu allen Zeiten gläubig flehn!

Darum sei Gott dem Vater Preis,
Dem Sohne, der vom Tod erstand,
Dem Paraklet, dem wirkenden,
Von Ewigkeit zu Ewigkeit!

Hymne, gesungen am Vorabend des Pfingstfestes. Verfasser wahrscheinlich Rhabanus Maurus, übersetzt von Goethe (1820)

DAS WESSOBRUNNER GEBET

Das erfuhr ich mit den Menschen als wunderbarstes,
daß die Erde nicht war, noch der Himmel über uns,
noch Baum, noch Berg, daß nichts war.
Noch Sonnenschein, noch Mondlicht,
noch die herrliche See.
Daß nichts war als die Unendlichkeit
und der eine allmächtige Gott,
der mildeste Mann, und waren auch
einige guten Geister da und der heilige
Gott...
Gott allmächtiger, du machtest Himmel
und Erde und gabst den Menschen so
manches Gut, gib mir in deiner
Gnade rechten Glauben und guten Willen,
Weisheit, Einsicht und Kraft,
den Teufeln zu widerstehen und

das Böse abzuweisen und
deinen Willen zu erfüllen.
Handschrift aus dem 9. Jahrhundert

GEBET UM VERSTAND UND GLAUBEN

Herre Gott, hilf mir und gib mir Verstand und guten Glauben, deine Liebe und rechten Willen, Glück und Gesundheit und deine gute Huld.
Fränkisches Gebet des 9. Jahrhunderts

OTHLOHS GEBET

Herr allmächtiger, der du einiger Trost bist und das ewige Heil aller derer, die an dich glauben und auf dich hoffen, du leuchte in mein Herz, daß ich deiner Güte und deiner Gnade möge gedenken, weil ich das nötig habe, wegen meiner Sünden und meiner Übel, die mich vor dir anklagen.
Lösche aus, Herr, alles Unnütze, Unrechte oder Unreine in mir, das der abscheuliche Feind (Widersacher) in mir entfachen kann, und erschließe mich dem ewigen Leibe, daß ich ihn möge lieben und mich deshalb danach hungere und dürste, weil ich dessen bedarf. Dann mache mich fügsam und kräftig in allen deinen Aufgaben, auf daß ich alle die Mühen möge erdulden, die ich in dieser Welt sollte erdulden, sei es durch deinen Namen oder wegen deiner Ehre, sei es wegen meiner Not oder der Not irgendeines anderen. Herr, gib mir die Kraft und die Kunst dazu.
Ferner gib mit solchen Glauben und solche Zuversicht zu deiner Güte, wie ich es nötig habe, und solche Liebe und solche Furcht, Demut und Gehorsam und solche Geduld, wie ich dir Allmächtigem und allen Menschen, unter denen ich lebe, sollte erbieten. Danach bitte ich dich, daß du mir solche Reinheit gebest, in meinen Gedanken und bei meinem Leibe, ob ich wache oder schlafe, daß ich würdig und so wie es sich gehört zu deinem Altar und an alle deine Aufgaben gehen möge. Auch bitte ich dich, daß du

mich aller der Tugenden zuteil werden lassest, in denen weder ich noch sonst jemand dir gleicht: erstens wegen deiner heiligen Geburt, wegen deiner Marter, wegen des heiligen Kreuzes, in dem du alle Welt erlösest, wegen deiner Auferstehung, durch die Gnade und den Trost des Heiligen Geistes. Damit tröste und stärke mich wider aller Fährnisse und wider alle Trugbilder des abscheulichen Widersachers. Danach hilf mir durch die Fürbitten der heiligen, ewigen Jungfrau Maria, durch die Fürbitten St. Michaels und des gesamten himmlischen Heeres und durch die Fürbitten der Heiligen: Johannes Baptist, Petrus, Paulus, Andreas, Jakob, Johannes, aller deiner Jünger und aller der Kindlein, die deinetwegen von Herodes erschlagen wurden. Danach hilf mir durch die Bitten der Heiligen: Stefan, Laurenz, Vitus, Pankraz, Georg, Mauriz, Dionisius, Gereon, Kilian, Bonifaz, Januarius, Hipolitus, Kiriaz, Sixtus und aller seiner Gefährten. Danach hilf mir durch die Fürbitte der Heiligen Emeram, Sebastian, Fabian, Quirin, Vinzenz, Kastul, Blasius, Alban, Antonin. Ferner hilf mir durch die Fürbitten der Heiligen Silvester, Martin, Remigius, Gregor, Nikolaus, Benedikt, Basilius, Patrik, Antonius, Hylarion, Ambrosius, Augustin, Hieronimus, Wolfgang, Zenon, Simeon, Bardus, Ulrich, Leo, des Papstes, und durch die Bitten der heiligen Jungfrauen Petronella, Cecilia, Scolastica, Margareta. Danach hilf mir durch die Fürbitten aller deiner Heiligen, daß mich weder meine Sünden noch irgendwelche Versuchungen des abscheulichen Feindes mögen irreleiten, auf daß deine Gnade nicht von mir weichen möge. Danach rufe ich zu deinen Gnaden um unseren Schutz, der durch unsere Sünden zerstört worden ist, daß er durch deine Gnade und Fürbitte aller deiner Heiligen errichtet werde, wegen unserer Nöte und der Nöte aller der, die darum sich mühen oder die darum Gnade suchen. Gedenke, Herr, aller durch deine mannigfaltige Gnade und bedenke deshalb, daß deine Ehre und dein Lob hier mögen sein. Gedenke, Herr, auch aller der Versammlungen, die irgendwo in deinem Namen zusammenkommen, und gedenke ihrer in allen ihren Nöten. Danach bitte ich für alle die, die sich in mein Gebet mit Beichte und mit Flehen eingeschlossen haben, wo sie auch seien, wer sie auch seien, daß du sie das Vertrauen genießen lassest, das sie zu deinen Gnaden und zu meinem Gebete haben. Sei uns gnädig, Herr, und lehre uns, für andere Gebete zu beten. Danach rufe ich zu deinen Gnaden für alle unsere Richter, Priester und Laien, daß du sie dahin bringst, mit sich zu Gericht zu gehen, um so auch den ihnen Untergebenen befehlen zu können. Danach bitte ich für alle meine Verwandten, daß du dich ihrer in Gnaden annimmst. Auch bitte ich für alle die, die niemals mir Gnade erwiesen haben, noch jemals Mühe für mich verwandt haben von Anbeginn meines Leibes bis zu diesem Augenblick, daß du sie belohnest, da sie es sehr nötig haben. Ich bitte auch für alle die, die da in keiner Weise von mir gebessert und getröstet wurden, daß du sie aufrichtest und mit deiner Güte tröstest. Danach bitte ich wegen all des Ungerechten, des Unfriedens und wegen all des Schlechten, das es je geben wird, daß du, der du alle Dinge machtest, alles nach deinem Willen bedenkest. Danach rufe ich zu dir wegen aller unserer verstorbenen Brüder, die hier begraben sind, und wegen aller der, die hier begraben sind, weil sie in rechtem Glauben gestorben sind. Danach bitte ich für alle die Toten, die die hiesige Bruderschaft hat, ferner für alle die, deren Gaben wir jemals empfingen. Dann bitte ich für alle die, für die man deine Gnade erbitten muß, damit sie alle mein Leben in Anspruch nehmen, und deswegen, weil ich hier ihr oberster Verantwortlicher bin.

Zum Schluß befehle ich mich selbst und meine ganze Mühsal und all meinen Fleiß in deine Gnade, weil ich selber es nicht vermag, noch kann, noch will, wegen meiner Schwachheit, Ruchlosigkeit und Unfähigkeit, mich um mich selbst zu kümmern, darum sorge du für mich, wie du nach deiner Güte und Weisheit es willst und kannst. Herr, ich übergebe meinen Geist und meinen Leib in deine Hände.

Etwa 9. Jahrhundert

SIGIHARDS GEBETE

I. Du himmlischer Herr,
sei uns gnädig mit deiner Macht
in deinem Reiche, das dir gleich ist.

II. Herr Christ im Himmel, sei uns mit
deines Vaters Segen gnädig bis in Ewigkeit,
auf daß wir die Schmerzen erdulden.

9.–10. Jahrhundert

»AUGSBURGER GEBET«

Gott, deine Eigenschaft ist,
daß du immer gnädig bist,
erhöre unser Gebet,
des bedürfen wir sehr,
weil uns die Ketten der Sünden binden.
Die Gnade deiner Güte möge uns baldigst befreien.

9.–10. Jahrhundert

KLOSTERNEUBURGER GEBET

Herr, der du mich Armen schufest zu deinem Bilde
und mich erlöstest mit deinem heiligen Blute,
erlöse mich Armen von allen meinen Sünden,
die ich je getan und die ich täglich tue und von den künftigen.
Herr, ich bitte dich, daß du mir an dem Jüngsten
Tage helfest, wenn die Seele scheidet vom Körper,
daß ich mit Wahrheit glaube und mit Lauterkeit
beichte und mit Hingabe liebe deinen und meinen
Nächsten und zu der Gemeinschaft deines Leibes
und deines Blutes gehöre.

10. Jahrhundert

AN DEN VATER DER LIEBE

Wir lieben dich, o unser Gott, und wir begehren dich zu lieben mehr und mehr. Gewähre uns, daß wir dich also lieben, als wir es begehren und als wir sollen. O liebster Freund, der du uns so sehr geliebt und gerettet hast, du, an den zu denken süß ist und immer süßer wird, komm und nimm Wohnung in unserm Herzen. Dann wirst du Wache halten über unsere Lippen, unsere Tritte und unsere Taten, und wir brauchen fürder nicht zu bangen für unsere Seelen und unsere Leiber. Ja, gib uns Liebe, aller Gaben köstlichste, die keine Feinde kennt. Gib uns ins Herz die reine Liebe, geboren aus deiner Liebe zu uns, auf daß wir andere lieben wie du uns. O liebevollster Vater Jesu Christi, aus dem alle Liebe fließt, laß unsere Herzen, die gefroren in der Sünde, kalt für dich und kalt für andere geworden, erwärmen an deiner göttlichen Glut. So hilf uns, segne uns in deinem Sohne. Amen.

Anselm von Canterbury,
Benediktiner, 1033–1109, geboren in Aosta.
Erzbischof von Canterbury und frühscholastischer Philosoph

FÜR DIE FEINDE

Herr Jesus Christus, der du uns geboten hast, nicht Böses mit Bösem zu vergelten, sondern für die zu beten, die uns hassen und beneiden, mach, daß wir durch das Beispiel des Heiligen Geistes unsere Feinde lieben und insbesondere für sie beten.

Mach, o Christus, Sohn Gottes, daß unser Gebet für die aufrichtig sei, von denen du weißt, daß sie uns Böses angetan haben. Wenn wir in irgendeiner Weise der Grund gewesen sind für die Beleidigungen, die sie uns angetan haben, dann bessere uns und ebne uns den Weg zu einer heiligen Versöhnung. Mach, daß ihr Zorn nicht immer weiter gegen uns glühe, sondern befreie sie und uns von der bösen Gewalt des Hasses, auf daß wir bereit sind, die Vergehen auf beiden Seiten wiedergutzumachen.

Mach, daß der Friede Gottes unser Herz und unseren Verstand lenke, jetzt und in alle Ewigkeit. Amen.

Anselm von Canterbury

ANRUFUNG MARIENS

Herrliche Mutter des himmlischen Heiles, du hast durch deinen heiligen Sohn Salböl ausgegossen in die erbärmlichen Todeswunden, die Eva zur Qual der Seelen geschlagan hat. Du hast den Tod vernichtet und das Leben auferbaut. Bitt für uns bei deinem Sohne, Stern des Meeres, Maria! O lebendige Mittlerin, heitere Zier und Inbegriff alles Köstlichen, das in dir nie versiegen kann: bitt für uns bei deinem Sohne, Stern des Meeres, Maria!

Hildegard von Bingen, 1098–1179,
Mystikerin und Äbtissin des Benediktinerinnenklosters Ruppertsberg bei Bingen

LOBPREIS DES HERRN

Du höchster, mächtiger, guter Herr, dein ist der Lobpreis, Ruhm und Ehre und jeglicher Dank zumal: Erhabener, dir nur gebührt es, und kein Mensch ist würdig, dich zu nennen.
Gelobt seist du, Herr, mit allen deinen Kreaturen, der edlen Herrin vor allem, Schwester Sonne, die uns den Tag macht und uns freundlich Licht durch ihn spendet. Schön ist sie in den Höhen und prächtig in mächtigem Glanze: Dein Gleichnis birgt sie, Erhabener.
Gelobet seist du, Herr, durch Bruder Mond und die Sterne. Du schufest sie, daß sie funkeln am Himmel köstlich und schön.
Gelobet seist du, Herr, durch Bruder Wind und Luft und Wolke und jegliches Wetter, mildes und anderes auch, wodurch du belebst, was du erschufest.
Gelobet seist du, Herr, durch Bruder Feuer, durch den du uns leuchtest in der Nacht. Es glühet mild und sprühet gewaltig und kühn.

Gelobet seist du, Herr, durch unsere Schwester, die Mutter Erde, die stark und gütig uns trägt und zeitigt mancherlei Frucht mit farbigen Blumen und Gras.
Gelobet seist du, Herr, durch die, so vergeben um deiner Liebe willen und Pein und Betrübnis geduldig tragen: Selig, die's überwinden in deinem Frieden! Sie werden gekrönt von dir, dem Höchsten.
Gelobet seist du, Herr, durch unseren Bruder, den leiblichen Tod, dem kein lebendiger Mensch entrinnt. Ach wehe, die sterben in ihren Sünden. Und selig, die er findet in deinem heiligsten Willen, denn sie berührt nicht der zweite Tod.
Lobet und preiset den Herrn und danket und dienet ihm in großer Demut.
Amen.

Franz von Assisi, 1182–1226,
Heiliger, Gründer des Franziskanerordens

DAS VATERUNSER DES FRANZ VON ASSISI

Vater unser, Schöpfer, Erlöser, Heiland und Tröster.
Der du bist in den Himmeln, in den Engeln und Heiligen, du erleuchtest sie zur Erkenntnis: denn du, o Herr, bist Licht und zündest die Liebe an; denn du, o Herr, bist Liebe, wohnst in ihnen und erfüllst sie bis zur Seligkeit; denn du, o Herr, bist das höchste Gut; das ewige Gut, von dem alles Gute kommt und außer dem nichts Gutes ist.
Geheiligt werde dein Name. Es leuchte in uns die Erkenntnis von dir, auf daß wir innewerden der Breite deiner Wohltaten, der Ausdehnung deiner Verheißungen, der Höhe deiner Majestät und der Tiefe deines Gerichtes.
Zukomme uns dein Reich, damit du herrschest in uns durch die Gnade und uns kommen lässest in dein Reich, wo du unverhüllt zu sehen bist, vollkommen geliebt, selig empfunden und ewig genossen wirst.

Dein Wille geschehe wie im Himmel, also auch auf Erden, damit wir dich aus ganzem Herzen lieben im steten Gedenken an dich, aus ganzer Seele in der steten Sehnsucht nach dir, aus ganzem Gemüte, indem wir all unsere Absichten auf dich hinrichten und in allen Dingen deine Ehre suchen, aus allen unsern Kräften, indem wir alle Kräfte des Leibes und alle Vermögen der Seele zu nichts anderem als nur auf deine Liebe verwenden; damit wir auch unsere Nächsten lieben wie uns selbst, indem wir alle nach Kräften deiner Liebe zuführen, über der andern Glück uns freuen, als wär's das eigene, in ihrem Unglück Mitleid haben und niemand irgendwie beleidigen.

Unser tägliches Brot, deinen geliebten Sohn, unsern Herrn Jesus Christus, gib uns heute – zum Gedächtnis, zur Erkenntnis, zur Anbetung der Liebe, die er zu uns gehegt, und alles dessen, was er für uns gesprochen, was er getan und getragen hat.

Und vergib uns unsere Schulden durch die unaussprechliche Barmherzigkeit, das unaussprechliche Leiden deines geliebten Sohnes, unseres Herrn Jesu Christi, durch die Heiligkeit der seligsten Jungfrau Maria und durch aller deiner Auserwählten Verdienst und Fürsprache.

Wie auch wir vergeben unsern Schuldigern – und wenn wir etwas nicht vollkommen vergeben, so mach du, Herr, daß wir es über uns bringen, damit wir unsere Feinde um deinetwillen aufrichtig lieben und für sie bei dir andächtig fürbitten, keinem Böses mit Bösem vergelten und allen hilfreich sind in dir.

Und führe uns nicht in Versuchung – sie sei heimlich oder offen, sie komme flüchtig oder mit dauerndem Ungestüm.

Sondern erlöse uns vom Übel – vom gewesenen, vom heutigen und künftigen. Amen.

Ehre sei dem Vater.

GEBET UM ERFAHRUNG DURCH LIEBE

O Jesus, du Quell der Weisheit, du Urheber der Erkenntnis, du Spender des keuschen Rates, laß mich von nun an deine Stimme vernehmen und immer in meinem Ohr ertönen.
In der Bitterkeit meiner Seele bedenke ich, wie der unselige Ruf derer mich verführte, die da sangen und sprachen: »Kommt, laßt uns genießen des Guten, das noch ist! Wir wollen uns mit Rosen kränzen, eh sie verwelken, und nicht soll die Blüte der Zeit uns entgehen. Wir wollen uns mit Wein und köstlichen Salben füllen. Überall wollen wir Zeichen der Freude zurücklassen« (Weish. 2,6–9). So hörte ich und verstand nicht, daß alles eitel sei und lächerlich; denn schnell gingen diese Freuden vorüber und verschwanden wie Schattenbilder. Oder was haben sie ihren Genießern genützt? Welche Frucht hatten sie von den Dingen, deren sie jetzt sich schämen? O Herr, mein Gott, du Licht meines Herzens, Brot meiner Seele, bittersüße Kraft meines Geistes, dich liebte ich nicht, dich floh ich und ging fremder Liebe nach. Und wie ich so fremder Liebe nachlief, hörte ich immer den Spottruf: Recht so, recht so! Die Freundschaft mit dieser Welt ist vor dir frevle Buhlschaft. O was ist elender als der Mensch, dem sein eigen Elend nicht zu Herzen geht! Doch du, liebenswürdigster Gott, hast mich bei alldem nicht verlassen.
Nun bitte ich dich mit Augustinus: Mache, daß ich innerlich erfahre durch die Liebe, was ich äußerlich erfasse durch den Gedanken; daß ich im Willen erlebe, was ich durch den Verstand erkenne.

Bonaventura, eig. Joh. Fidanza, 1221–1274,
Franziskaner, Kirchenlehrer (»doctor seraphicus«)

ABENDMAHLSHYMNE

Preiset, Lippen, das Geheimnis
Dieses Leibs voll Herrlichkeit

Und des unschätzbaren Blutes,
Das, zum Heil der Welt geweiht,
Jesus Christus hat vergossen,
König aller Wesenheit.

Uns gegeben, uns geboren
Von der Jungfrau keusch und rein,
Ist auf Erden er gewandelt.
Saat der Wahrheit auszustreun;
Und zum Ende seines Lebens
Setzt' er dieses Wunder ein.

In der Nacht beim letzten Mahle,
Wo er mit der Jünger Schar
Nach der Vorschrift des Gesetzes
Bei dem Osterlamme war,
Gab mit eigner Hand den Seinen
Er sich selbst zur Speise dar.

Durch das Wort wird Brot zum Fleische,
Und zum Blute wird der Wein:
Gott und Mensch und Leib und Seele,
Sieht es auch der Sinn nicht ein;
Einem reinen Sinn genüget
Fester Glaube schon allein.

Darum laßt uns tief verehren
Ein so großes Sakrament!
Dieser Bund wird ewig währen,
Und der alte hat ein End;
Unser Glaube soll uns lehren,
Was das Auge nicht erkennt.

Gott dem Vater und dem Sohne

Sei Lob, Preis und Herrlichkeit,
Mit dem Geist auf höchstem Throne
Eine Macht und Wesenheit!
Singt in lautem Jubeltone
Göttlicher Dreieinigkeit. Amen.

Thomas von Aquino, 1224–1274,
Dominikaner, Kirchenlehrer (»doctor communis«), bedeutendster Theologe und Philosoph des Mittelalters

VOR DER KOMMUNION

Allmächtiger, ewiger Gott, siehe, ich nahe dem Sakramente deines eingeborenen Sohnes, unseres Herrn Jesus Christus. Ich nahe wie ein Kranker dem Arzte des Lebens, wie ein Unreiner dem Quell der Erbarmung, wie ein Blinder dem Lichte der ewigen Klarheit, wie ein Armer und Dürftiger dem Herrn des Himmels und der Erde. Ich bitte also deine überreiche Freigebigkeit, meine Krankheit zu heilen, meine Unreinigkeit abzuwaschen, meine Blindheit zu erleuchten, meine Armut zu bereichern, meine Blöße zu bekleiden, damit ich das Brot der Engel, den König der Könige und den Herrn der Herrscher empfangen möge mit so großer Ehrfurcht und Demut, mit so großer Zerknirschung und Andacht, mit so großer Reinheit und Glaubensfülle, mit solcher Gesinnung und Meinung, wie es dem Heile meiner Seele nützlich ist. Verleihe mir, ich bitte dich, daß ich das Sakrament des Leibes und Blutes des Herrn mit all seinen himmlischen Wirkungen empfange. O mildreichster Gott, laß mich den Leib deines eingeborenen Sohnes, unseres Herrn Jesus Christus, den er aus Maria der Jungfrau angenommen hat, so genießen, daß ich seinem geistigen Leibe einverleibt und seinen Gliedern beigezählt zu werden verdiene. O liebreichster Vater, gewähre mir, daß ich deinen geliebten Sohn, den ich jetzt verhüllt unter der Gestalt des Brotes auf diesem meinem Lebenswege empfangen will, endlich mit enthülltem Angesichte ewig anschauen möge, der mit dir und dem Heiligen Geiste lebt und regiert, Gott von Ewigkeit zu Ewigkeit. Amen.

Thomas von Aquino

PREIS UND DANK

Ich armer Sünder danke dir, Vater der Güte, für alle Treue, danke dir im Verein mit deinem geliebten Sohne und in Gemeinschaft mit allen Geschöpfen. Und ich preise dich, guter Vater, mit ihnen allen, für den getreuen Schatz, den du mir Armen an Leib und Seele in dieser Pilgerschaft je gewährt hast. In dieser Gesinnung, o Liebe über alle Liebe, bitte ich dich, dir selbst zu Ehren, um vollkommene Wandlung und Bekehrung der armen Sünder, die noch im Bösen befangen sind. Und ich bitte dich, wahre Liebe, um heiliges Wachstum in allem Guten und um Beharrung für alle Guten, die sich vor Sünde bewahren. Und ich bitte dich, Herr, um reichsten Segen und um gütigen Schutz und um Fülle des Heiligen Geistes für alle, die mir Armen hienieden das Meine tragen helfen an Leib und Seele. Herr, himmlischer Vater, nimm von deinen Kindern Dienst und Lob und errette dein Volk aus aller Not! Erlöse uns von allen Banden, nur nicht von denen der Liebe – die mögen uns nimmer genommen werden.

Mechthild von Magdeburg, ca. 1212–1283,
Mystikerin, Zisterzienserin in Helfta. Verfasserin des ›Fließenden Lichts der Gottheit‹

GEBET EINER FRAU UM KRAFT

O Gott, meine Liebe! Wer sich im Werke deiner Liebe tapfer und gewandt erweist, wird sicher einst allzeit vor deinem königlichen Antlitz stehen. Stähle meine Hand zu Heldentaten, damit ich in dir und durch dich rasch und unermüdlich die Waffentaten edelster Liebestreue unternehme und glücklich vollbringe.

Umgürte du, o Gewaltiger, meine Lenden mit dem Schwerte deines Geistes und rüste mich mit männlichem Mute, um im Tugendstreit tapfer und mannhaft zu stehen und fest gegründet in dir, unüberwindlich an deiner Seite auszuharren. Bringe all meine Kräfte in Verhältnis zu den Unternehmungen, die ich, um deine Liebe zu erringen, wagen muß. Festige meine Gesinnung in dir, damit ich, ungeachtet der Schwäche meines Geschlechts, herzhaft und mit männlichem Starkmut jenen Grad der Liebe erkämpfe, der mir den Zutritt eröffnet zur geheimnisvollen Stätte der innigsten Einigung mit dir. Von jetzt an, o Liebe, nimm und besitze mich als ganz dein eigen. Denn ich habe fortan weder Herz noch Geist, außer in dir.

Gertrud die Große, 1256–1302,
Heilige, Mystikerin, Zisterzienserin in Helfta

BITTE UM DEN RECHTEN GEIST

Herr Jesus Christus, ich komme zu dir mit allen meinen Mängeln, Herr, und klage sie leidvoll in meines Herzens Bitterkeit und befehle dir mein ganzes Inneres und die Anliegen aller Menschen, besonders derer, die es von mir wünschen. Liebreicher Herr, ich bitte dich, du mögest uns taufen und lauter waschen in der Kraft deines edlen Blutes, uns darein kleiden und wohlgefällig machen vor den Augen deines himmlischen Vaters und also und mit ihm versöhnen und seines Herzens Huld gewinnen, auf daß seiner Liebe Gunst und Geist in uns fließe und sie allein es sei, die unser Denken hervorbringt und unser Wort und Werk gebäre zum Lobe seines gepriesenen Willens.

Meister Eckhart, ca. 1260–1328,
Dominikaner, größter Mystiker des christlichen Mittelalters

AN DEN GÜTIGEN GOTT

Allmächtiger Gott und Jesu Christe, ewige Wahrheit, du bist der gerechte Richter, dessen Augen nicht nur die Werke, sondern auch den innersten Grund des Menschen klar durchschauen. Deine durchdringende Wahrheit und der Ernst deines Gerichtes läßt mich mit Zagen und Beben vor dein Angesicht kommen. Denn ich weiß mich von vielen bösen Leidenschaften befleckt und habe verdient, daß du mir zürnest. Aber deine unendliche Milde und Barmherzigkeit läßt mich Hoffnung schöpfen auf deine Gnade und verzeihende Nachsicht. Zu wem sollte ich auch fliehen als zu dir, o guter Gott? Du bist mein erbarmungsreicher Erlöser, das Lamm ohne Makel, das alle Sündenschuld von uns nimmt und unser Böses heilt mit seinem reinen Blute. Darum komme ich voll Vertrauen zu dir und flüchte unter den Schutz deiner milden Güte. Unrein bin ich ganz und gar, aber du bist die Quelle barmherziger Gnade, und wenn du willst, so kannst du mich rein machen. Mein Gott, Arznei des Lebens, siehe, ich lege dir meine Wunden bloß: Herr, wenn du willst, so kannst du mich reinigen – du allein. Dir ist es ein Geringes, zu geben, was mir zu empfangen das Höchste ist.

Gedenke, o milder Jesu, des tröstlichen Wortes, das du gesagt: daß du nicht wolltest den Tod des Sünders, sondern daß er sich bekehre und lebe. So komme ich denn von ganzem Herzen zu dir, getreuer Menschenfreund, und wende mich zu dir mit all meinem Wesen. Demütig flehend klopfe ich an die Tür deiner göttlichen Gnade; höre mein Flehen, gib meiner Sehnsucht Erfüllung, stille meinen Hunger und Durst, stärke den Matten, heile den Kranken; du allein bist Heil. Geh nicht an mir vorüber, barmherziger Samariter, sondern laß dich von Mitleid rühren mit meinem Elend und gieße Wein und Öl auf meine schmerzenden Wunden! Die Liebe hat dich herniedergezogen zu dem verlorenen Menschengeschlecht, es zu erlösen; die Liebe bewege dich auch, an mir Erbarmen zu üben, dem Ärmsten von allen.

Aber nicht nur, weil ich in meiner Not so sehr deiner Hilfe bedarf, komme ich zu dir, o guter Jesu, sondern auch weil die Liebe mich drängt, die innige Sehnsucht nach dir, meinem einzigen Herrn und Heiland und wahren Freunde. Deine zuvorkommende Gnade und Liebe ist es, die mein Herz zu gläubiger, hoffender Liebe regt. Ich habe nun nicht mehr Angst und muß nicht fliehen vor dir wie vor dem schrecklichen Richter: ich darf dir entgegengehen und dich umfangen als meinen wahrhaften Freund und darf Vertrauen haben zu dir als meinem gütigen Vater. Deine Güte ist ja so groß, deine Freigebigkeit so reich, deine Nähe so süß, all dein Wesen so mild und deine Liebe so beglükkend, – du bist ganz Gnade und Trost, ganz Liebe.

O gütiger Gott, wenngleich die Himmel deine Größe nicht fassen und ich ein so armes Würmlein der Erde bin, unwert auch deiner geringsten Guttat, so können doch alle deine Gaben mein Herz nicht stillen und meiner Sehnsucht nicht Schweigen gebieten, – du nur allein. O gib dich mir!

Guter Jesu, der du die Freundschaft der Zöllner und Sünder nicht verschmäht und vom sündigen Weibe dich hast berühren lassen: bleibe nicht fern meiner einsamen Seele! Komm und sage ihr: »Ich bin dein Heil!« Ich möchte mit dir vereinigt sein, ich möchte dich, himmlische Güte, wie eine Speise aufnehmen in mein Inneres, möchte vergehen in mir und leben in dir und ewig Ruhe finden in dir, meines Wesens ewigem Quell. In dir allein kann ich wahrhaft Leben haben und Sein, und unruhig ist mein Herz, bis es ruhet in dir, meinem einzigen Ziel.

Eja, so komm zu mir und bringe mir den Vater, den Überguten, und laß mich für immer verborgen, geborgen sein am Herzen deiner unendlichen Liebe!

Johann Tauler, ca. 1300–1361,
Dominikaner, Mystiker, Schüler Meister Eckharts

MORGENGRUSS AN DIE EWIGE WEISHEIT

Meine Seele hat nach dir verlangt in dieser Nacht, nun des Morgens erwacht mein Geist in mir zu dir, o herrliche Weisheit, und bittet dich, daß deine ersehnte Gegenwart uns alles Widrige verscheuche, das Innerste unseres Herzens mit deiner vielförmigen Gnade durchgieße und in deiner Liebe stark errege. Nun aber, süßer Jesus Christus, steh ich im Morgenlicht auf zu dir und grüße dich aus Herzensgrund. Und auch die tausend Scharen Geister, die dir dienen, sollen dich von mir grüßen und das unzählbare Heer der Himmlischen soll dich in meinem Namen preisen. Und die ganze Harmonie der Kreaturen, alles soll dich von mir loben und deinen ruhmwürdigen Namen, der unser Schirm und Schild ist, in Ewigkeit benedeien. Amen.

Heinrich Seuse, 1295–1366,
Dominikaner, Mystiker, Schüler Meister Eckharts

O EWIGE WEISHEIT

Eja, du unergründliches Gut, das Himmel und Erde erfüllt: neige dich heute gnädig zu mir und verschmähe nicht deine arme Kreatur! Herr, bin ich deiner nicht würdig, so bin ich doch deiner bedürftig. Ach liebreicher Herr, bist du nicht der, der Himmel und Erde mit einem Wort erschaffen hat? Herr, mit einem einzigen Wort kannst du meine Seele gesund machen. Liebreicher Herr, tue mit mir nach deiner Gnade und nach deiner unergründlichen Erbarmung, nicht nach meinem Verdienen! Bist du doch das schuldlose Lamm, das da für aller Menschen Sünden geopfert wird.

O ewige Weisheit, komm heute mit solcher Macht in meine Seele, daß du alle meine Feinde vertreibest, alle meine Gebrechen linderst und alle meine Sünden vergiebst. Erleuchte mein Verständnis mit dem Lichte des wahren Glaubens, entzünde meinen Willen mit deiner innigen Liebe, verkläre meinen Geist mit dei-

ner fröhlichen Gegenwart, gib allen meinen Kräften Frische und Vollkommenheit und bewahre mich endlich bei meinem Tode, daß ich dich unverhüllt schauen und genießen dürfe in seliger Ewigkeit.
Heinrich Seuse

LOB DES HERRN

Herr, tue an mir, deiner armen Kreatur, was immer zu deinem Lob gereicht; denn es gehe, wie es wolle, dein Lob will ich sprechen, solange ein Atemhauch in meinem Munde ist. Und wenn mir die Sprache verfiele, so begehre ich, daß ein Aufheben meines Fingers eine Bestätigung und eine Beschließung sei all des Lobes, das ich dir je sprach. Und wenn mein Leib einst zu Staub geworden ist, so begehre ich, daß von einem jeden Stäubchen ein grundloses Lob aufdringe durch den harten Grabstein, durch alle Himmel hin vor dein göttliches Antlitz bis an den Jüngsten Tag, an dem sich Leib und Seele wieder vereinigen in deinem Lobe. Amen!
Heinrich Seuse

IN HORA MORTIS
(In der Todesstunde)

Ich bitte euch, heilige Jungfrau und ihr fünfundzwanzig ehrwürdigen Heiligen sowie alle Engel und Erzengel; alle heiligen Patriarchen und Propheten und alle Apostel und Märtyrer, Bekenner, Jungfrauen wie alle andern Heiligen und Auserwählten, daß sie mir in jener Stunde hilfreich zur Seite stehen mögen, in der meine Seele das Zeitliche segnet.
Dich bitte und rufe ich zum Beistand an, heiliger Michael, Erzengel Gottes, der du die Macht hast, die Seele zu geleiten, der du meine Seele aus den Händen des Teufels befreien mußt, daß ich vor den Toren der Hölle und den Wegen der Finsternis bewahrt

bleibe wie vor den Nachstellungen des Dämons der Hölle; auch vor dem Löwen, der die mit Sünden beladenen Seelen greift und in die Qualen der Hölle schleppt.
Ich bitte den heiligen Petrus, den Apostelfürsten, zu entsenden, der mir die Pforten zum Paradies aufschließen möge. Allmächtiger Gott und Herr, Schöpfer des Himmels und der Erde, erhöre mein Gebet, in dem ich, deine Sünderin, dein Erbarmen für mich, deine Dienerin, erflehe: nimm mich auf, ich bitte dich im Vertrauen auf die Gnade deines Erbarmens und durch das Anstimmen des Psalmes, erhöre meine Bitte; und gewähre mir in dieser jetzigen Welt Leben und Gesundheit wie Raum und Zeit, Buße zu tun. In der zukünftigen Welt verleihe mir Vergebung, Verzeihung und Nachlaß aller meiner Sünden, um mit allen deinen Heiligen das ewige Leben zu empfangen. Amen.
Sizilianisches Gebet aus dem 14. Jahrhundert

AUS DER RÖMISCHEN LITURGIE

GEBET ZUM PALMSONNTAG

Wir bitten, heiliger Herr, allmächtiger Vater, ewiger Gott: segne und heilige den Ölzweig, den Du hast hervorsprossen lassen und den die Taube, als sie zur Arche zurückkehrte, in ihrem Schnabel trug; laß alle, die von ihm erhalten, Schutz für Leib und Seele erlangen. So werde uns, Herr, das Sinnbild deiner Gnade zu einer wirksamen Arznei.
Gott, Du sammelst, was zerstreut ist, und behütest das Gesammelte; Du hast die Scharen, die Jesus Palmzweige entgegentrugen, gesegnet: segne auch diese Palm- und Ölzweige, die Deine Diener zur Ehre Deines Namens gläubig in Empfang nehmen. Wohin immer sie gebracht werden, da mögen die Bewohner Deinen Segen erfahren. Deine Rechte verjage alle feindliche Gewalt

und schütze alle, die Dein Sohn Jesus Christus, unser Herr, erlöst hat, der mit Dir lebt.
Gott, in wunderbarer Ordnung Deiner Ratschlüsse wolltest Du auch durch leblose Dinge Dein Erlösungswerk veranschaulichen; wir bitten Dich, gib, daß die opfergesinnten Herzen Deiner Gläubigen zu ihrem Heile verstehen, was geheimnisvoll angedeutet wird dadurch, daß die Volksschar heute, durch himmlische Erleuchtung begeistert, dem Erlöser entgegenzog und mit Palmen und Ölzweigen Seinen Weg bestreute. Die Palmzweige deuten nämlich den Sieg an, der über den Fürsten des Todes errungen werden sollte; die Ölzweige aber verkünden gleichsam, daß die geistliche Salbung gekommen ist. Denn schon damals ahnte die beglückte Volksmenge den vorbildlichen Sinn: unser Erlöser werde aus Erbarmen mit dem Elend der Menschen für das Leben der ganzen Welt mit dem Fürsten des Todes kämpfen und sterbend über ihn triumphieren. Und darum brachten sie zur Huldigung jene Zweige herbei, die Seinem glorreichen Sieg wie auch der Fülle Seiner Barmherzigkeit zum Sinnbild dienen sollen. Wir nun, die den vollen Glauben besitzen, erkennen klar die Vorbedeutung und ihre Erfüllung und bitten Dich flehentlich, heiliger Herr, allmächtiger Vater, ewiger Gott, durch Ihn, unsern Herrn Jesus Christus, daß wir in Ihm und durch Ihn, zu dessen Gliedern Du uns gemacht hast, den Sieg über die Herrschaft des Todes erringen und würdig werden, an Seiner glorreichen Auferstehung teilzunehmen: der mit Dir lebt.
Missale Romanum

GEBET ZUR WEIHE DER ASCHE

Lasset uns beten!
Allmächtiger, ewiger Gott, schone der Büßenden, sei gnädig den demütig Flehenden: sende huldvoll vom Himmel herab Deinen heiligen Engel, daß er diese Asche segne und heilige: sie sei eine heilsame Arznei für alle, die demütig Deinen heiligen Namen an-

rufen und im Bewußtsein der Sünde sich anklagen, die im Angesicht Deiner göttlichen Milde ihre Übeltaten beweinen, die in Demut und beharrlichem Eifer Deine huldvolle Vatergüte anflehen.
Gib durch die Anrufung Deines heiligen Namens, daß alle, die sich mit dieser Asche bestreuen lassen, um von ihren Sünden befreit zu werden, Gesundheit des Leibes und Schutz für die Seele empfangen.
Durch Christus, unseren Herrn. Amen.

Lasset uns beten!
O Gott, Du willst nicht den Tod des Sünders, sondern seine Buße: sieh in Gnaden herab auf die Gebrechlichkeit der menschlichen Natur, und in Deiner Güte segne huldvoll diese Asche, die wir zum Zeichen unserer Armseligkeit und um uns Verzeihung zu erwirken, auf unsere Häupter streuen lassen; nun, da wir erkennen, daß wir Staub sind und zur Strafe für unsere Bosheit zum Staub zurückkehren werden, laß uns durch Dein Erbarmen Nachlaß aller Sünden erlangen und den Lohn, der den Büßenden verheißen ist.
Durch Christus, unseren Herrn. Amen.

Lasset uns beten!
O Gott, Du lässest Dich durch Übungen der Demut umstimmen und durch Sühne besänftigen; neige das Ohr Deines väterlichen Erbarmens zu unserem Flehen und gieße huldvoll die Gnade Deines Segens auf die Häupter Deiner Diener, die mit Asche bestreut werden. Erfülle sie mit dem Geiste der Zerknirschung und verleihe ihnen wirklich, um was sie in rechter Weise bitten; und was Du ihnen gewährt hast, mögest Du ihnen für immer gesichert und unversehrt erhalten.
Durch Christus, unseren Herrn. Amen.

Lasset uns beten!
Allmächtiger, ewiger Gott, Du hast den Niniviten, die in Sack und Asche Buße taten, Verzeihung und Rettung geschenkt; laß uns gnädig ihr Verhalten so nachahmen, daß wir wie sie Vergebung erlangen.
Durch unseren Herrn Jesus Christus. Amen.

Der Priester besprengt die Asche mit Weihwasser, beräuchert sie und streut sie den vor ihm knienden Anwesenden aufs Haupt mit den Worten:
Bedenk, o Mensch: Staub bist du und kehrst zurück zum Staube.

Antiphon:
Lasset uns trauern in Sack und Asche; fasten und weinen wollen wir vor dem Herrn; denn groß im Erbarmen und im Verzeihen unserer Sünden ist unser Gott.

Antiphon:
Zwischen Vorhof und Altar sollen weinen die Priester, die Diener des Herrn, und rufen:
Verschone, o Herr, verschone dein Volk und schließ nicht den Mund derer, die Dir Lob singen, o Herr.

Responsorium:
Lasset uns gutmachen, was wir gesündigt in Unwissenheit, damit wir nicht, plötzlich vom Tage des Todes überrascht, eine Frist zur Buße suchen, ohne sie finden zu können. Hab acht, o Herr, erbarme Dich; denn wir haben gegen Dich gesündigt.
Hilf uns, o Gott, Du unser Heil; Herr, um der Ehre Deines Namens willen mach uns frei.
Ehre sei dem Vater und dem Sohne und dem Heiligen Geist.
Hab acht auf uns, o Herr!

Lasset uns beten!
Laß uns, o Herr, den Wachtpostendienst des christlichen Kampf-

lebens durch heiliges Fasten antreten, damit wir im Kampf mit den bösen Geistern in der Enthaltsamkeit Halt und Hilfe haben. Durch Christus, unseren Herrn. Amen.

Missale Romanum

KARSAMSTAGSGEBET ZUR WEIHE DER OSTERKERZE

O wahrhaft selige Nacht, die die Ägypter beraubte, die Hebräer bereicherte! Nacht, die den Himmel mit der Erde, Gott mit den Menschen verband!

So bitten wir Dich denn, o Herr: diese Kerze, zur Ehre Deines Namens geweiht, leuchte in ungeschwächtem Glanze fort, das Dunkel der Nacht zu vertreiben. Als lieblicher Wohlgeruch werde sie von Dir angenommen; ihr Schein mische sich in den der Lichter am Himmel. Der aufgehende Morgenstern schaue noch ihre Flamme, jener Morgenstern, der keinen Untergang kennt; jener, der, aus dem Totenreich wiedergekehrt, dem Menschengeschlecht aufleuchtet in mildem Glanze.

So flehen wir denn, Herr, zu Dir: schenke uns ruhige Zeiten; in den frohen Tagen dieser Osterfeier lenke, behüte, schirme immerdar unter Deinem Gnadenschutz uns, Deine Kinder, den gesamten Klerus und das Dir in Treue ergebene Volk mit unserem Heiligen Vater, dem Papst, und unsrem Bischof.

Durch denselben Herrn Jesus Christus, Deinen Sohn, der mit Dir lebt und herrscht in der Einheit des Heiligen Geistes, von Ewigkeit zu Ewigkeit. Amen.

Missale Romanum
neu herausgegeben von Pius V. 1570

GEBET BEI DER WEIHE DES SALBÖLS

O Herr, Schöpfer aller Dinge, der du durch deinen Diener Moses das heilige Öl durch Mischung des Saftes der aromatischen Pflanzen hast bereiten lassen, wir rufen flehentlich deine Huld an, da-

mit mit deiner geistigen Gnade die Fülle der Heiligung sich auf diesen Balsam ergießen möge, der aus dem Strauch träufelte. Durch uns, Herr, sei er von der Freude des Glaubens durchtränkt; er sei das unzerstörbare Salböl der priesterlichen Weihe; er diene dazu, in der würdigsten Weise das göttliche Symbol einzuprägen, damit alle, die, durch das Taufwasser wiedergeboren, mit diesem Balsam gesalbt sind, die Fülle der Segnung für Seele und Leib erhalten und immerfort im Gnadengeschenk, das sie durch den heiligen Glauben empfangen haben, wachsen mögen. Durch unseren Herrn Jesus Christus, deinen Sohn, der mit dir lebt und herrscht in der Einheit des Heiligen Geistes, Gott, von Ewigkeit zu Ewigkeit. Amen.
Missale Romanum

SEGNUNG DES NEUEN FEUERS

O Gott, der du durch deinen Sohn, im Eckstein sinnbildlich dargestellt, deinen Gläubigen das Feuer deiner Heiligkeit mitgeteilt hast, heilige dieses neue Feuer, das jetzt aus dem Kieselstein geschlagen wird, damit es uns zu jedem Gebrauche diene: und gewähre uns, daß wir durch diese Osterfeier so vom himmlischen Verlangen entflammt werden, daß wir mit reinem Geist zum Fest des ewigen Lichts gelangen, durch denselben Christus, unseren Herrn. Amen.
Missale Romanum

GEBET UM REGEN

O Gott, in dem wir leben, weben und sind, gewähre uns reichen Regen, damit wir, durch deine Hilfe hinreichend gestützt, uns mit unserem ganzen Glauben den himmlischen Dingen zuwenden können.
Mach, so bitten wir dich, allmächtiger Gott, daß wir in der Trüb-

sal, im Vertrauen auf dein Erbarmen, uns gegen jedes Unbehagen mit deinem Schutz wappnen.
Schenke uns, Herr, heilbringenden Regen und erfrische das trokkene Land mit heilsamem Wasser.

Rituale Romanum
herausgegeben durch Paul V. 1614

GEBET ZUR WEIHE DES WASSERS AM VORABEND VON EPIPHANIAS

Ich beschwöre dich, Geschöpf des Wassers, durch den lebendigen Gott, durch den wahren Gott, durch den heiligen Gott: im Namen dessen, der dich zu Anbeginn der Welt von der Erde schied, beschwöre ich dich. Ich beschwöre dich durch den lebendigen Gott, der dich aus der Quelle des Paradieses fließen ließ und dir befahl, dich in vier Flüsse zu teilen und die ganze Erde zu bewässern. Ich beschwöre dich durch den, der kraft seiner Macht dich in Kanaa zu Galiläa in Wein verwandelte; der auf dir mit seinen heiligen Füßen wandelte; der dir den Namen in Siloe gab. Ich beschwöre dich durch den, der durch die Hand des Propheten Eliseus in dir (durch dich, nämlich durch siebenmaliges Untertauchen im Jordan) den Aramäer Namaan vom Aussatz befreit hat: o heiliges Wasser, gesegnetes Wasser, Wasser, das die Beflekkung hinwegnimmt und die Sünden abwäscht. Ich beschwöre dich durch den lebendigen Gott, daß du dich rein offenbarst und nicht irgendein Gespenst in dir verbirgst, sondern nach Austreibung des bösen Geistes (vom Bösen gereinigt) die Macht erlangst, den Feind und alle Schäden des Blitzes zu vertreiben; damit du, wo auch immer du ausgestreut bist, Schutz und Mittel zum Heile seiest, im Haus und auf den Feldern, in den Weinbergen und den Aussaaten und den Obstgärten, in den Winkeln der Schlafzimmer, in den Brunnen und für jeden, der dich kostet. Und derselbe Teufel halte sich fern und getrennt von dir, so weit der Himmel von der Erde, das Licht von der Finsternis, die Wahrheit von der Lüge, die Gerechtigkeit von der Ungerechtig-

keit, das Süße vom Bitteren entfernt ist. So weit sei der unreine Geist vom Hause der Diener und Dienerinnen Gottes entfernt und getrennt.
Im Namen unseres Herrn Jesus Christus, der mit dem Vater und dem Heiligen Geist lebt und herrscht. Amen.
Rituale Romanum

GEBET BEI BESCHWÖRUNG EINES BESESSENEN

Allmächtiger Herr, Wort Gottes des Vaters, Christus Jesus, Gott und Herr alles Geschaffenen! Du gabst deinen heiligen Aposteln die Macht, über Schlangen zu schreiten und Skorpione, und unter den übrigen Aufträgen für deine Wundertaten sagtest du: »Verjaget die bösen Geister«; auf dein Machtgebot fiel Satan wie der Blitz vom Himmel; ich flehe also mit Furcht und Beben zu deinem heiligen Namen: Vergib mir, deinem unwürdigen Knechte, all meine Sünden, schenke mir festen Glauben und die Macht, gestärkt durch die Kraft deines heiligen Armes, diesen grausamen Teufel zuversichtlich und ohne Sorge anzugehen.
Durch dich, Jesus Christus, unseren Herrn und Gott; du sollst ja kommen, zu richten die Lebendigen und die Toten und die Welt durch das Feuer. Amen.
Rituale Romanum
De exorcisandis obsessis a daemonio

NEUZEIT

GEBET UM GLAUBEN

Gib mir, Herr, nicht Gold und Silber, sondern einen starken, festen Glauben. Ich suche nicht Lust oder Freude der Welt, sondern Trost und Erquickung durch dein heiliges Wort. Nichts begehre ich, das die Welt groß achtet, denn ich bin dessen vor dir nicht um ein Haarbreit gebessert; sondern deinen Heiligen Geist gib mir, der mein Herz erleuchte, mich in meiner Angst und Not stärke und tröste, im rechten Glauben und Vertrauen auf deine Gnade erhalte mich bis an mein Ende. Amen.

Martin Luther, 1483–1546

GEBET UM BEISTAND BEI DEN ANFECHTUNGEN DER GERECHTEN SACHE

Allmächtiger, ewiger Gott! Wie ist es nur ein Ding um die Welt! Wie sperrt sie den Leuten die Mäuler auf! Wie klein und gering ist das Vertrauen der Menschen auf Gott! Wie ist das Fleisch so zart und schwach, und der Teufel so gewaltig und geschäftig durch seine Apostel und Weltweisen! Wie zieht sie so bald die Hand ab und schnurrt dahin, lauft die gemeine Bahn und den weiten Weg zur Hölle zu, da die Gottlosen hingehören; und siehet nur allein bloß an, was prächtig und gewaltig, groß und mächtig ist und ein Ansehen hat. Wenn ich auch meine Augen dahin wenden soll, so ist's mit mir aus, die Glocke ist schon gegossen und das Urteil gefällt. Ach Gott! ach Gott! o du mein Gott! Du, mein Gott, stehe du mir bei, wider aller Welt Vernunft und Weisheit. Tue du es; du mußt es tun, du allein. Ist es doch nicht mein, sondern deine Sache. Hab ich doch für meine Person allhie nichts zu schaffen und mit diesem großen Herrn der Welt zu tun. Wollt ich doch auch wohl gute geruhige Tage haben und unverworren sein. Aber dein ist die Sach, Herr, die gerecht und ewig ist. Stehe mir bei, du treuer, ewiger Gott! Ich verlasse mich auf keinen Menschen. Es ist umsonst und vergebens, es hinket alles, was fleischlich ist und nach Fleisch schmeckt. Gott, o Gott! Hörest du nicht, mein Gott? Bist du tot? Nein, du kannst nicht sterben, du verbirgst dich allein. Hast du mich dazu erwählet? Ich frage dich; wie ich es denn gewiß weiß; ei, so walt es Gott! denn ich mein Lebenlang nie wider solche große Herrn gedacht zu sein, habe mir es auch nie vorgenommen. Ei, Gott, so stehe mir bei in dem Namen deines lieben Sohns Jesu Christi, der mein Schutz und Schirm sein soll, ja meine feste Burg, durch Kraft und Stärkung deines Heiligen Geistes. Herr, wo bleibst du? Du, mein Gott, wo bist du? Komm, komm, ich bin bereit, auch mein Leben darum zu lassen, geduldig, wie ein Lämmlein. Denn gerecht ist die Sache und dein; so will ich mich von dir nicht absondern ewiglich. Das sei beschlossen in deinem Namen. Die Welt muß mich über mein Gewissen wohl ungezwungen lassen, und wenn sie noch voller Teufel wäre, und sollte mein Leib, der doch zuvor deiner Hände Werk und Geschöpf ist, darüber zu Grund und Boden, ja zu Trümmern gehen; dafür mir aber dein Wort und Geist gut ist. Und ist auch nur um den Leib zu tun; die Seele ist dein und gehört dir zu, und bleibet auch bei dir ewig. Amen. Gott helf mir! Amen.

Martin Luther

TÄGLICHES GEBET

Lieber himmlischer Vater, ich erkenne es allwege und Du siehst auch und weißt es, daß ich allenthalben, wo ich gehe und stehe, inwendig und auswendig, mit Leib und Seele in das höllische Feuer hinein gehöre. Das weißest Du auch, o Vater, daß meinethalben nichts Gutes in mir ist, nicht ein Haar auf meinem Haupte, es gehört doch Alles in den Abgrund der Hölle, zu dem leidigen Teufel. Was soll ich viele Worte davon machen? Aber lieber Vater, ich bitte wieder allewege, ich sei meinethalben was ich wolle, so bitte ich dennoch und will es von Dir auch gebeten haben alle Tage, daß Du Dein Aufsehen und Aufmerken nicht haben wollest auf mich und wollest Deine Augen nicht kehren und wenden auf mich, als auf einen solchen Sünder wie ich bin. O es ist sonst mit mir verloren und verdorben und wenn hunderttausend Welten auf meiner Seite wären; sondern das bitte ich Dich, Du wolltest Dein Aufsehen und Aufmerken also auf mich haben, daß Du wollest Deine Augen kehren, wenden und richten auf das

Angesicht Deines liebsten Sohnes Jesu Christi, Deines Gesalbten, meines Mittlers, Hohenpriesters und Fürsprechers, meines Heilandes, Erlösers und Seligmachers, und wolltest mir um seinetwillen, ich bitte Dich, lieber Vater, gnädig und barmherzig sein und wollest mir um Deines lieben Sohnes, Jesu Christi willen verleihen ein seliges Ende und eine fröhliche Auferstehung, und mir hier und dort helfen am Leib und an der Seele. Und um seines rosenfarbenen Blutes willen, das er so mildiglich am Stamme des Kreuzes zur Verzeihung und Vergebung meiner Sünden vergossen hat, bitte ich, lieber himmlischer Vater, daß Du dasselbige Blut Jesu Christi, Deines lieben Sohnes, an mir armen Kreatur, meiner mannigfaltigen Sünden halber, die da nicht auszusprechen, noch auszurechnen sind, nach Deiner Gerechtigkeit nicht wollest lassen verloren seyn, sondern wollest es nach Deiner grundlosen Barmherzigkeit den Nutzen und die Frucht lassen schaffen und ausrichten, dazu es von Dir in Ewigkeit verordnet und von Deinem lieben Sohn Jesu am Kreuze auch vergossen ist; als nämlich, daß Du nur es wollest gereichen und kommen lassen zur Vergebung meiner Sünden, auf daß welche Stunde und welchen Augenblick bei Nacht oder bei Tag Du kommest und anklopfest und meinen Geist, welchen Du mir zuerst hast eingeblasen, wiederum hinwegfordern wollest, so bitte ich Dich allewege, lieber Vater, daß Du Dir denselben meinen Geist und meine Seele wollest ja lassen befohlen sein in Deine Hände. Amen.

Martin Luther

GEBET DES STERBENDEN

O mein himmlischer Vater und Gott und Vater unseres Herrn Jesu Christe, Du Gott alles Trostes! ich danke Dir, daß Du mir Deinen lieben Sohn Jesum Christum geoffenbaret hast, an den ich glaube, den ich bekenne, den ich geliebet und dem ich gelebet habe. Ich bitte Dich, mein Herr Jesu Christe! laß Dir meine Seele befohlen seyn. O himmlischer Vater! obschon ich diesen Leib verlassen muß und aus diesem Leben hinweggerissen werde, so weiß ich doch, daß ich bei Dir ewig bleiben werde und daß mich Niemand aus Deinen Händen reißen kann. In Deine Hände befehle ich meinen Geist; Du hast mich erlöset, treuer Gott! Amen.

Martin Luther

AUS TIEFER NOT

Aus tiefer Not schrei ich zu dir,
Herr Gott, erhor mein Rufen;
Dein gnädig Ohren kehr zu mir
Und meiner Bitt sie offen'.
Denn so du willt das sehen an,
Was Sünd und Unrecht ist getan,
Wer kann, Herr, vor dir bleiben?

Bei dir gilt nichts denn Gnad und Gonst,
Die Sünden zu vergeben.
Es ist doch unser Tun umsonst,
Auch in dem besten Leben.
Vor dir niemand sich ruhmen kann,
Des muß dich furchten jedermann
Und deiner Gnaden leben.

Darum auf Gott will hoffen ich,
Auf mein Verdienst nicht bauen.
Auf ihn mein Herz soll 'lassen sich
Und seiner Güte trauen,
Die mir zusagt sein wertes Wort,
Das ist mein Trost und treuer Hort,
Des will ich allzeit harren.

Und ob es währt bis in die Nacht
Und wieder an den Morgen,

Doch soll mein Herz an Gottes Macht
Verzweifeln nicht noch sorgen.
So tu' Israel rechter Art,
Der aus dem Geist erzeuget ward,
Und seines Gotts erharre.

Ob bei uns ist der Sünden viel,
Bei Gott ist viel mehr Gnaden.
Sein Hand zu helfen hat kein Ziel,
Wie groß auch sei der Schaden.
Er ist allein der gute Hirt,
Der Israel erlosen wird
Aus seinen Sünden allen.
Martin Luther

LOBGESANG

Mitten wir im Leben sind
Mit dem Tod umfangen.
Wen suchen wir, der Hülfe tu,
Daß wir Gnad erlangen?
Das bist du, Herr, alleine;
Uns reuet unser Missetat,
Die dich, Herr, erzurnet hat.
Heiliger Herre Gott,
Heiliger starker Gott,
Heiliger barmherziger Heiland,
Du ewiger Gott,
Laß uns nicht versinken
In des bittern Todes Not.
Kyrieleison.

Mitten in dem Tod anficht
Uns der Höllen Rachen.

Wer will uns aus solcher Not
Frei und ledig machen?
Das tust du, Herr, alleine.
Es jammert dein Barmherzigkeit
Unser Klag und großes Leid.
Heiliger Herre Gott,
Heiliger starker Gott,
Heiliger barmherziger Heiland,
Du ewiger Gott,
Laß uns nicht verzagen
Fur der tiefen Höllen Glut.
Kyrieleison.

Mitten in der Höllen Angst
Unser' Sünd' uns treiben.
Wo solln wir denn fliehen hin,
Da wir mugen bleiben?
Zu dir, Herr Christ, alleine.
Vergossen ist dein teures Blut,
Das genug fur die Sünden tut.
Heiliger Herre Gott,
Heiliger starker Gott,
Heiliger barmherziger Heiland,
Du ewiger Gott,
Laß uns nicht entfallen
Von des rechten Glaubens Trost.
Kyrieleison.
Martin Luther

GEBET UM GEDULD

Wir sehen heute die traurige Zerstreuung deiner Kirche, und es will uns scheinen, als drohe nichts als Untergang. Da lehre uns, allmächtiger Gott, auf deine alte Kirche zu schauen, die in gleicher Bedrängnis war. Lehre uns aber auch den Blick auf deine Verheißungen zu richten, die du uns auch heute schenkst. Gib, daß wir warten in Geduld, bis deine Kirche aus dem Dunkel des Todes aufersteht. Gib, daß wir an deiner Hilfe uns genügen lassen, auch dann, wenn unser Fleisch sie als zu schwach empfindet, -- bis es endlich offenbar wird, daß unser Warten nicht vergeblich war: wenn wir nach der Zeit des Glaubens und Wartens den Lohn empfangen in deinem himmlischen Reich, durch Christus, unsern Herrn.

Johannes Calvin, 1509–1564

GEBET ZUM OPFER DES EIGENEN ICH

Nimm hin, o Herr, meine ganze Freiheit. Nimm mein Gedächtnis, meinen Verstand, meinen ganzen Willen. Was ich habe und besitze, hast Du mir geschenkt – ich stelle es Dir wieder ganz und gar zurück und übergebe alles Dir, daß Du es lenkst nach Deinem Willen. Nur Deine Liebe schenke mir mit Deiner Gnade und ich bin reich genug und suche nichts weiter.

Höchster König und Herr aller Wesen, obwohl ein Unwürdiger, biete ich mich doch Dir ganz dar im Vertrauen auf Deine Gnade und Hilfe und unterstelle all das Meine Deinem Willen und versichere im Angesichte Deiner glorreichen Mutter und Deines ganzen himmlischen Hofes, daß folgendes meine Absicht, mein Wunsch, mein festester Entschluß ist: daß ich, soweit es zu Deiner größeren Ehre und zum Fortschritt meines Gehorsams dient, Dir in möglichster Nähe folgen will, in wahrer geistiger und äußerer Armut, Dir im Ertragen von Unrecht und jeglicher Widrigkeit nachleben will, wenn anders es Deiner heiligen Mutter gefällt, mich zu einem solchen Beruf auszuerwählen und aufzunehmen.

Ignatius von Loyola, 1491–1556

GEBET UM HUMOR

Schenke mir eine gute Verdauung, Herr,
und auch etwas zum Verdauen!
Schenke mir Gesundheit des Leibes,
mit dem nötigen Sinn dafür,
ihn möglichst gut zu erhalten.
Schenke mir eine heilige Seele, Herr,
die das im Auge behält,
was gut ist und rein,
damit sie im Anblick der Sünder
nicht erschrecke, sondern
das Mittel finde,
die Dinge wieder in Ordnung zu bringen.
Schenke mir eine Seele,
der die Langweile fremd ist,
die kein Murren kennt
und kein Seufzen und Klagen,
und lasse nicht zu,
daß ich mir allzu viel Sorgen mache
um dieses sich breit machende Etwas,
daß sich ›Ich‹ nennt.
Herr, schenke mir Sinn für Humor,
gib mir die Gnade,
einen Scherz zu verstehn,
damit ich ein wenig Glück kenne im Leben
und anderen davon mitteile. Amen.

Thomas Morus, 1478–1535 (hingerichtet),
englischer Lordkanzler, Verteidiger des Primates des Papstes, Märtyrer, heiliggesprochen 1935

ANBETUNG DER LIEBE GOTTES

Herr, mein Gott, du bist keinem ferne, der sich nicht entfernt von dir. Wie mag man sagen, du seiest abwesend? Herr, mein Gott, wer wird dich suchen mit reiner und einfältiger Liebe, daß er dich finde nach seinem Verlangen und Willen? Du zeigst dich zuerst und kommst denjenigen entgegen, die nach dir verlangen. Du wirst mir nicht nehmen, o mein Gott, was du einmal mir gegeben in deinem eingeborenen Sohne Jesus Christus, in dem du mir alles geschenkt hast, was ich verlange. Dessen will ich mich freuen, daß du nicht säumest, wenn ich auf dich hoffe. Wie magst du noch länger zuwarten, o meine Seele, da du jeden Augenblick deinen Gott lieben kannst von deinem ganzen Herzen? Mein ist der Himmel und die Erde ist mein. Mein sind die Völker; die Gerechten sind mein, und die Sünder sind mein. Mein sind die Engel, die Mutter Gottes ist mein, und alles ist mein; und Gott selber ist mein und ist für mich; denn Christus ist mein und ganz für mich. Was verlangst, was suchst du noch, meine Seele? Dies alles ist dein und alles für dich. Begnüge dich nicht mit dem wenigen. Sättige dich nicht mit den Brosamen, die vom Tische deines Vaters fallen. Ziehe aus und verherrliche dich in deiner Herrlichkeit; verbirg dich in ihr und freue dich, und du wirst erlangen, was dein Herz begehrt.

O süßeste, so wenig erkannte Liebe Gottes! Wer deine Adern gefunden hat, der hat Ruhe. Alles wandelt sich in mir in Heil, o Herr, mein Gott, weil ich in dir Raum gefunden. Alles ist für dich und nichts für mich. Alles Liebliche und Angenehme will ich für dich und nichts für mich. Alles Harte und Mühselige will ich für mich und nichts für dich. O mein Gott, wie süß ist mir deine Gegenwart, du mein höchstes Gut! Schweigend will ich dir mich nähern und vor dir die Schuhe ausziehen; denn dir gefällt es, mich mit dir zu vereinigen, meine Seele als deine Braut zu erwählen. Ich werde mich nicht erfreuen, bis ich in deinen Armen ruhe. Jetzt bitte ich dich, o Herr, verlasse mich zu keiner Zeit; denn ich bin ein Verächter meiner Seele.

Johannes vom Kreuz (San Juan de la Cruz),
1542–1591, spanischer Mystiker, Dichter, Theologe (»doctor ecstaticus«), Heiliger

GEBET UM VERGEBUNG DER SÜNDEN

Allmächtiger Gott, Vater unseres Herrn Jesus Christus, du willst nicht den Tod des Sünders, sondern daß er sich bekehre und lebe, du, der du seinen Aposteln die Macht und das Gebot erteilt hast, seinem bußfertigen Volke die Vergebung und Nachlassung der Sünden zu gewähren und zu verkünden: er verzeiht und vergibt allen denen, die aufrichtig bereuen und wahrhaft an sein heiliges Evangelium glauben.
Wir erflehen daher von ihm wahre Reue und bitten, daß unserem Heiligen Geiste diese Dinge wohlgefällig sind, die wir in diesem Augenblick vollbringen, und daß unser Leben fürderhin rein und heilig sei, so daß wir schließlich zur ewigen Freude gelangen durch Christus, unseren Herrn. Amen.

Aus dem anglikanischen Abendgottesdienst;
Common Prayer-Book

UNSTET IST UNSER WANDEL

Ach Gott, wie elend, voller Jammer, Kummer und Sorge ist unsere Zeit, voller Ängsten und Trübsal! Wenn wir meinen, wir stehen aufrecht und wollen uns unsrer Hände Werk erfreuen: so überschauest du uns mit deinem Grimme, und machest, daß wir uns ängstigen. Wir laufen und ängstigen uns, und ist niemand, der uns jage, als nur dein Zorn in unserer Verderbnis. Wir verzehren unsere Tage, wie ein Geschwätz. Wie eine Rede, so vergessen wird, so vergehen unsere Tage, und sind immerdar in Unruhe. Unstet ist unser Wandel. Wir verlassen uns auf unsern Arm und hangen an unserer Hände Werke, und trauen dir nicht gänzlich. Darum lässest du uns hinfahren in unsern Ängsten und Qualen. Wir betrachten immer, daß du, o Gott, selber alles wirkest und tuest. Denn kein Atem mag sich ohne dich regen und kein Gräslein die Erde ohne dich krönen. Das alles sehen wir, und bauen doch auf unsere Nichtigkeit, auf unserer Hände Werk und

trauen dir nicht recht. Wir sammeln und genießen des nicht. Ein Fremder quälet sich darinnen mit Eitelkeit, und ist des Jammers keine Zahl, das wir treiben.
O Gott, gedenke doch an unsere Mühseligkeit und Elend, und wende deinen Zorn und Fluch von uns, und laß uns wieder zu deinem Ziele laufen, auf daß wir wieder in unser Erbe kommen und uns in deinen Wundern erfreuen! Siehe doch an das Ängsten unsres Gemütes und das Dichten unsers Willens, und denke, daß wir im Staubwesen verschlossen liegen! Löse uns doch auf, Herr, und führe uns wieder heim; denn wir sind in einem fremden Lande bei einer fremden Mutter, welche uns in deinem Grimme sehr schläget und in eitel Hunger an deiner süßen Speise darben und laufen läßt. Wir müssen mit dem verlorenen Sohne die Trebern der Eitelkeit essen; unser Kleid ist veraltet und voll Schande, und stehen in großem Spotte vor deiner Heiligkeit. Der Treiber deines Zorns führt uns gefangen. Wenn wir meinen, wir haben dich ergriffen, so verbirgst du dein Antlitz vor uns und lässest uns quälen.

Jakob Böhme, 1575–1624,
Philosoph und Mystiker

GEBET UM SEGNUNG IN BERUF UND SEELE

Ich erhebe mein Herz zu dir, o Gott, du Brunnquell des ewigen Lebens, und danke dir durch Jesum Christum, deinen lieben Sohn, unsern Herrn und Heiland, daß du mich diesen Tag in meinem Beruf und Stande vor allem Unfall bewahret und mir beigestanden hast. Ich befehle dir anjetzt nun meinen Beruf und Stand und das Werk meiner Hände in deine Verwaltung und fliehe mit meiner Seele in dich. Wirke du in meiner Seele, daß nicht der böse Feind und auch keine andern Einflüsse und Begierden in meine Seele kommen und haften. Laß nur mein Gemüt in deinem Tempel in dir spielen, und laß deinen guten Engel bei mir bleiben, daß ich sicher in deiner Kraft ruhen möge! Amen.

Jakob Böhme

AN DEN BARMHERZIGEN GOTT

Herr, dein Geist ist so gut und lieblich in allen Dingen, du bist so barmherzig, daß nicht nur das Heil, sondern sogar das Unheil, das über deine Auserwählten kommt, eine Wirkung deiner Barmherzigkeit ist: Erweise mir die Gnade, daß ich nicht wie ein Heide handle in dem Zustand, in den deine Gerechtigkeit mich versetzt hat; daß ich wie ein wahrer Christ dich als meinen Vater und meinen Gott erkenne, in welcher Lage ich auch sein mag, denn die Veränderung meines Zustandes verändert den deinen nicht: du bist immer der gleiche, ob auch ich ein Opfer der Veränderung bin; du bist nicht weniger Gott, wenn du heimsuchst und strafst, als wenn du tröstest und Nachsicht übst.

Blaise Pascal, 1623–1662,
Physiker, Mathematiker und Theologe

GEBET UM EMPFÄNGNIS DES WORTES

O Herr, du suchst auch meine Gedanken durch, ob ich deinem Zug zu Jesu Christo und zu der Einigkeit der Liebe mit allen Heiligen nicht widerstehe. Ich schreie zu dir aus der Tiefe meiner Abgekehrtheit von dir, schenke uns neue Eindrücke, neue Entschließungen, neue Empfindungen deiner Majestät und Gewalt und Herrlichkeit, so werden wir willig und voll Liebe werden und das große Wort uns erst tief zu Herzen dringen lassen: Wer mein Wort wird halten, der wird den Tod nicht sehen ewiglich, weil er dich als die Auferstehung und das Leben besitzt. Amen.

Friedrich Christoph Oetinger, 1702–1782,
evangelischer Theologe, Geschichtsphilosoph, Mystiker

DANKGEBET FÜR GEISTIGE GABEN

Herr, unser Gott, wir danken dir, daß wir deine Kräfte erfahren dürfen, daß wir nicht bloß mit irdischen Dingen zu tun haben und dein Geist uns immer wieder aufhilft. Behüte uns darin; laß viele Herzen es empfinden, welch eine Gnade uns geworden ist, hier unter dieser Vergänglichkeit und inmitten vieler Torheiten mit unserem Geist im Himmel zu wandeln und voll Zuversicht sagen zu können: Es geht vorüber alles, was uns plagt, und alles, was uns Mühe macht; es geht vorüber; und wir gehen fröhlich und getrost deinem immer stärker werdenden Reich entgegen. Amen.

Johann Christoph Blumhardt, 1805–1880,
Theologe und religiöser Therapeut

GEBET AN DEN UNBEKANNTEN GOTT

Noch einmal, eh ich weiter ziehe,
Und meine Blicke vorwärts sende,
Heb' ich vereinsamt meine Hände
Zu dir empor, zu dem ich fliehe,
Dem ich in tiefster Herzenstiefe
Altäre feierlich geweiht,
daß allezeit
Mich deine Stimme wieder riefe.

Darauf erglüht tiefeingeschrieben
Das Wort: dem unbekannten Gotte.
Sein bin ich, ob ich in der Frevler Rotte
Auch bis zur Stunde bin geblieben:
Sein bin ich – und ich fühl' die Schlingen,
Die mich im Kampf darniederziehn
Und, mag ich fliehn,
Mich doch zu seinem Dienste zwingen.
Ich will dich kennen, Unbekannter,
Du tief in meine Seele Greifender,
Mein Leben wie ein Sturm Durchschweifender,
Du Unfaßbarer, mir Verwandter!
Ich will dich kennen, selbst dir dienen.

Friedrich Nietzsche, 1844–1900

GEBET UM KLARHEIT DES GEWISSENS

Ich brauche dich, daß du mich lehrest Tag um Tag, nach jeden Tages Forderung und Nöten. Gib mir, o Herr, die Klarheit des Gewissens, die allein nur deinen Einhauch fühlen und begreifen kann. Meine Ohren sind taub, ich kann deine Stimme nicht vernehmen. Meine Augen sind trüb, ich kann nicht deine Zeichen sehn. Du allein kannst mein Ohr schärfen und meinen Blick klären, und reinigen und erneuern mein Herz. Lehre mich zu deinen Füßen sitzen und hören auf dein Wort. Amen.

John Henry Newman, 1801–1890,
Theologe und Dichter, ursprünglich anglikanischer, dann katholischer Geistlicher und Kardinal

ANMERKUNGEN

Afrika

1 Khmvoum ist der Pygmäenname für das höchste Wesen
2 d. h. dem höchsten Wesen
3 Die himmlische Schlange ist das Totemtier des Stammes, der ihren Schutz gegen Schlangenbisse erfleht
4 Zanar und Niang sind die Schöpfer der Welt
5 Battiè ist ein Ortsname, und Kana ist der Name eines alten Priesters der Sekte Dyoro
6 Engai ist Gott
7 Juok (hier: Gott) ist bei den Stämmen des oberen Niltales der Name des höchsten Wesens. Nyakang ist eine Gottheit, die zwischen den Menschen und Juok vermittelt. Dok ist der Sohn Nyakangs

Mittelasien

1 Buxa Noyon ist einer der drei Himmelsfürsten, die auf die Erde geschickt sind. Sein Name bedeutet ›Herr des Stiers‹, und man glaubt, daß er Geburt und Geschick aller Burjäten vorherbestimmt. – ›Se-ex‹ ist ein Anruf ohne bestimmte Bedeutung, der bei den Gebeten der Burjäten häufig wiederholt wird.

Südostasien

1 Das Reisboot ist eine Schachtel in Form eines Bootes, in der die Malaien den zu kultischen Zwecken bestimmten Reis aufheben. Die Einteilung der Seelen des Reises in männliche und weibliche hängt mit den sehr komplizierten Fruchtbarkeitszeremonien zusammen.
2 Namen der verschiedenen Reisqualitäten.
3 Unter den ›Vorhängen‹ sind die Moskitonetze zu verstehen.
4 Die ›Guru‹ sind Dämonen der Zerstörung, gegen die das neu gegründete Haus geschützt werden soll.

Altamerika

1 Tlaloc, der Herr des Paradieses, erscheint hier als Gott der Wasser, in einer Wechselrede mit dem Priester
2 Ixcozauhqui war der Gott des Jahres und des Feuers
3 Ciuacoatl, die Schlange, ist die Mutter der Menschen

4 Xipe-Totec, ›unser Herr, der geschundene‹, ist der wichtigste und schrecklichste der mexikanischen Vegetationsgötter. Während des Festes, das zu seinen Ehren im Frühling begangen wurde, wurden Gefangene getötet und ihre Haut abgezogen, die von den den Gott Darstellenden übergezogen wurde.
5 Viracocha war der höchste Gott der Inka

Indianer

1 Die ›sieben Personen‹ sind die Geister der vier Himmelsrichtungen, der Höhe und Tiefe und des Standortes.

China

1 Yin und Yang sind die passive, weibliche und die aktive, männliche Kraft des Universums

Japan

1 Diese Gottheiten wurden als die ›Gottheiten der acht Weggabelungen‹ an den Kreuzwegen angerufen

Indien

1 Brahmanaspati, der Herr der magisch-heiligen Formel, die auf die Menschen und die Götter wirkt, ist der Prototyp des Priesters, der sein Amt bei Indra ausübt. – Die Marut sind machtvolle und junge Brüder, die auf Wagen, von Antilopen gezogen, dahineilen, die in die Wälder herabstürzen und großen Lärm verursachen. Sie sind die treuen Gefährten Indras. Nach der begründetsten Deutung verkörpern sie die Gewitter, besonders zur Zeit der Monsune im Herbst.
2 Die Hymne steht in enger Beziehung zur Zeremonie des Wasserschöpfens durch das Opfer des Soma.
3 Adhvaryú ist der Priester, der die einzelnen Handgriffe beim Opfer tätigte und gleichzeitig die passenden Worte murmelte.
4 Der rötliche Adler ist die Sonne.
5 Dhisanā, die Göttin des Überflusses.
6 Sakra bedeutet Indra
7 bitteres, wohlriechendes Gummiharz vom Balsamstrauch
8 das Hausfeuer
9 Vasuveda ist ein Attribut Vishnus. Bei der Anführung der nachfolgen-

den Götter folgt ihrem Namen in Sanskrit jeweils eine deutsche Umschreibung. – Während Brahma die abstrakte Kraft des höchsten Geistes ist, bedeutet Iswara die aktive göttliche Natur. Die drei Eigenschaften der Gottheit sind: selige Wonne, Dynamik und Beharrungskraft.

Buddhismus

1 Mâra, ein Vetter Buddhas, ist in der buddhistischen Mythologie der Feind, Versucher und Verfolger Buddhas, gleichsam sein teuflisches Gegenbild
2 Angulima war ein berüchtigter Räuber, der von Buddha zum Bettelmönch bekehrt wurde. Die Menschen, die den ehemaligen Räuber erkannten, mißhandelten ihn oft. In diesem Gebet bittet er um innere Wandlung seiner Feinde.
3 Mâra, der böse Vetter des Buddha, ist die Gestalt des Versuchers im Buddhismus
4 Om oder Aum, Ahum, ist die heiligste Silbe der indischen Religion, das zentrale Weltenwort. Vom Buddhismus übernommen, wanderte das Sanskritwort auch nach China, als Formel der Anrufung und Bestätigung. Die allgemeine Vorstellung, die sich in diesem Gebete äußert, ist doppelschichtig. Für die Seele wird um Aufnahme in das Paradies des Buddha gebeten; zur Stärkung auf diesem Wege aber werden ihr Opfergaben aus der doch als Verwirrung und Irrtum erfundenen Welt geboten.
5 Kuan-Yin, die man eine »östliche Madonna der Barmherzigkeit« genannt hat, wird in der Liturgie häufig, so auch in diesem Gebet, als männliches Prinzip angerufen.

Ägypten

1 Hâpi ist die Personifikation des Nils, die sich, entsprechend dem großen geographisch-politischen Problem Ägyptens, in einer ›roten‹ und einer ›blauen‹ Gestaltung zeigt, als Herr Ober- und Unterägyptens.
2 Wenn durch das Ausbleiben oder eine Unregelmäßigkeit im Steigen des Nilwassers Dürre eintritt und das Brotkorn mangelt, muß der Arme sich mit allerlei Ersatznahrung behelfen, auf die er sonst, in guten Jahren, herabsehen kann.
3 Horkout: ›Horus beider Horizonte‹, Die Sonne im Auf- und Untergang.
4 Schou, solarer Gott, dessen ursprüngliche Aufgabe es war, den Himmel oberhalb der Erde aufrecht zu erhalten.

Sumer

1 En-Me-Shar-Ra ist der Gott der Fundamente, der Vegetation und des Überflusses, ein Unterweltsgott
2 das Reich der Toten
3 Nannar ist der sumerische Mondgott, der auch die Schutzgottheit des Ackerbaus und der Wissenschaft war.
4 Ansar symbolisiert die himmlische Welt.
5 Anu ist der Herr der mesopotamischen Götter.
6 Nergal ist der Gott des Krieges und der Zerstörung
7 Das Gebet in Form eines Klageliedes ist gerichtet an Ischtar, die babylonische und assyrische Göttin des Krieges und der Liebe. Sie ist die bedeutendste unter den weiblichen babylonischen Gottheiten.
8 Irnini ist der Titel Ischtars.
9 Götter des Himmels und der oberen Welt.
10 Gusea ist eine Gottheit, die mit Ischtar engstens verwandt ist und die man ihr gleichstellt.

Persien

1 das sind die Teile der Avesta, die der Gläubige sprechen muß.
2 der höchste Gott, der das Prinzip der Wohltätigkeit im Universum darstellt.
3 Die ›fravashi‹ sind die innersten Seelenkerne der Menschen, noch höher stehend als die ›Seele‹, die mehr das ist, was heute als das ›Seelische‹ oder ›Psychische‹ im Unterschied zum Geist aufgefaßt wird.
4 ›gatha‹ – die heiligen Schriften
5 nmana (sanskr. ›dama‹, lat. ›domus‹) = das Haus
6 baresman: ein beim Ritual verwendetes Bündel blühender Baumzweige, deren Anzahl je nach der angerufenen Gottheit wechselt.

Israel

1 Jeschurun = Israel; eig. der Rechtschaffene

Christentum

1 Die Jesiden, sehr irrtümlich oft ›Teufelsanbeter‹ genannt, weil sie sich scheuen, den Namen Satans auch nur auszusprechen, sind eine noch bestehende Sekte in Kurdistan. Ihr Hauptgebet wurde hier auch deshalb aufgenommen, weil es inmitten eines religiösen Gebildes, das zu-

nehmend altreligiöse, jüdische und mohammedanische Elemente in sich schmolz, die großartige Beständigkeit eines, wenn auch oft kraus verhüllten, unbedingten Gottesglaubens zeigt.

2 Das sind die Namen der sieben Schutzengel.

3 ›Du hast die Reue Adams geschaffen‹ drückt aus, daß der Betende seine begangenen Verfehlungen bereut.

INHALT

ALTASIEN

INDIANER

CHINA

JAPAN

INDIEN

BUDDHISMUS

ÄGYPTEN

SUMER UND BABYLON

IRAN

ISRAEL

ISLAM

DIE GRIECHEN

ROM

GNOSIS UND SPÄTERE ANTIKE

CHRISTENTUM

AUS DEN EVANGELIEN

FRÜHCHRISTENTUM

ORIENTALISCHES CHRISTENTUM

GEBETE DER OSTKIRCHE

EUROPÄISCHES MITTELALTER

NEUZEIT

BEMERKUNG

Der Verfasser der deutschen Einleitungen durfte sich für die ägyptische Religion auf die Werke von Walther Wolf, für die indische auf die Arbeiten von Heinrich Zimmer und Helmuth von Glasenapp stützen, ohne daß selbstverständlich den genannten Autoren eine Verantwortung für die in den Einleitungen ausgesprochenen Ansichten zugeschrieben werden darf. Für die iranische Religion erwies sich als wegweisend I. Scheftelowitz: Die Zeit als Schicksalsgottheit in der indischen und iranischen Religion, Stuttgart 1929; für die neuen Erkenntnisse über Empfindung und Auffassung des Göttlichen bei den Griechen »La Notion Du Divin depuis Homère jusqu'à Platon«, entretiens sur l'Antiquité Classique Tome I, herausgegeben von der Fondation Haardt Vandœuvres (Genève) 1945. Der grundsetzende Begriff der »Großen Stadt« als Entwicklerin der Geistigkeit und Bewahrerin der Freiheit wird Joachim Ritter verdankt.

Die Gebettexte gehen auf originäre wissenschaftliche Publikationen zurück. Zum Teil wurden sie von Heinz Mödder ins Deutsche übersetzt.

Philosophie

Kant-Brevier
Ein philosophisches Lesebuch für freie Minuten. Herausgegeben von Wilhelm Weischedel. it 61

Marc Aurel. Wege zu sich selbst
Übertragen und mit einer Einführung von Willy Theiler. it 190

Friedrich Nietzsche. Menschliches, Allzumenschliches
Ein Buch für freie Geister. Mit einem Nachwort von Ralph-Rainer Wuthenow. it 614
– Morgenröte. Gedanken über die moralischen Vorurteile. Mit einem Nachwort von Ralph-Rainer Wuthenow. it 678
– Die fröhliche Wissenschaft
Mit einem Nachwort von Ralph-Rainer Wuthenow. it 635
– Ecce Homo
Mit einem Vorwort von Raoul Richter und einem Nachwort von Ralph-Rainer Wuthenow. it 290
– Also sprach Zarathustra
Ein Buch für Alle und Keinen. Mit einem Essay von Thomas Mann. it 145
– Unzeitgemäße Betrachtungen. Mit einem Nachwort von Ralph-Rainer Wuthenow. it 509

Platon. Phaidon
Deutsch von Rudolf Kassner. Mit einem Nachwort von Karl Hielscher. it 379
– Theaitet
In der Übertragung und mit den Erläuterungen Friedrich Schleiermachers. Revision und Nachwort von Reinhard Thurow. it 289

Erasmus von Rotterdam. Das Lob der Torheit
Mit den Handzeichnungen von Hans Holbein dem Jüngeren. Übersetzt und herausgegeben von Uwe Schultz. it 369

Friedrich Schlegel. Theorie der Weiblichkeit
Herausgegeben und mit einem Nachwort versehen von Winfried Menninghaus. it 679

Arthur Schopenhauer. Aphorismen zur Lebensweisheit
Vollständige Ausgabe mit Erläuterungen und Übersetzungen der fremdsprachigen Zitate. Mit einem Nachwort von Hermann von Braunbehrens. Mit 16 Daguerreotypien und Fotos und Bilderläuterungen von Arthur Hübscher. it 223

Philosophie

Seneca. Von der Seelenruhe
Herausgegeben und aus dem Lateinischen übersetzt von Heinz Berthold. it 743

Heinrich Zimmer. Yoga und Buddhismus
Indische Sphären. Mit 13 Tafeln. it 45

insel taschenbücher
Alphabetisches Verzeichnis

Fontane: Allerlei Glück 641
Fontane: Cécile 689
Fontane: Effi Briest 138
Fontane: Ein Leben in Briefen 540
Fontane: Frau Jenny Treibel 746
Fontane: Kinderjahre 705
Fontane: Der Stechlin 152
Fontane: Unwiederbringlich 286
Fontane: Vor dem Sturm 583
Forster: Reise um die Welt 757
le Fort. Leben und Werk 195
France: Blaubarts Frauen 510
Frank: Das kalte Herz 330
Frauenbriefe der Romantik 545
Friedrich, C. D.: Auge und Landschaft 62
Gage/Hafner: Mathilde und das Gespenst 640
Gasser: Kräutergarten 377
Gasser: Spaziergang durch Italiens Küchen 391
Gasser: Tante Melanie 192
Gassers Köchel-Verzeichnis 96
Gebete der Menschheit 238
Das Geburtstagsbuch für Kinder 664
Geistliche Gedichte 668
Gernhardt: Ein gutes Schwein 2012
Gernhardt: Mit dir sind wir vier 2003
Gernhardt, R. u. A.: Was für ein Tag 544
Geschichten der Liebe aus 1001 Nächten 38
Geschichten vom Buch 722
Gesta Romanorum 315
Goethe: Anschauendes Denken 550
Goethe: Dichtung und Wahrheit (3 Bände) 149–151
Goethe: Erfahrung der Geschichte 650
Goethe: Die erste Schweizer Reise 300
Goethe: Faust (2 Bände in Kassette) 50
Goethe: Frühes Theater 675
Goethe: Gedichte in zeitlicher Folge (2 Bände) 350
Goethe: Gespräche mit Eckermann (2 Bände) 500
Goethe: Hermann und Dorothea 225
Goethe: Italienische Reise 175
Goethe: Klassisches Theater 700
Goethe: Das Leben des Benvenuto Cellini 525
Goethe: Die Leiden des jungen Werther 25
Goethe: Liebesgedichte 275
Goethe: Maximen und Reflexionen 200
Goethe: Novellen 425
Goethe: Reineke Fuchs 125
Goethe: Das römische Carneval 750
Goethe/Schiller: Briefwechsel (2 Bände) 250
Goethe: Tagebuch der italienischen Reise 176
Goethe: Trostbüchlein 400
Goethe: Über die Deutschen 325
Goethe: Wahlverwandtschaften 1
Goethe – warum? 759
Goethe: West-östlicher Divan 75
Goethe: Wilhelm Meisters Lehrjahre 475
Goethe: Wilhelm Meisters theatralische Sendung 725
Goethe: Wilhelm Meisters Wanderjahre oder die Entsagenden 575
Goethes letzte Schweizer Reise 375
Gogh: Briefe 177
Gogol: Der Mantel 241
Gogol: Die Nacht vor Weihnachten 584
Goncourt: Tagebücher 692
Gontscharow: Oblomow 472
Gorki: Der Landstreicher und andere Erzählungen 749
Grandville: Beseelte Blumen 524
Greenaway: Mutter Gans 28
Griechisches Theater 721
Grillparzer: Der arme Spielmann 690
Grimmelshausen: Courasche 211
Grimmelshausen: Simplicissimus 739
Grimm: Deutsche Sagen (2 Bände) 481
Grimms Märchen (3 Bände) 112/113/114
Die großen Detektive Bd. 1 101
Die großen Detektive Bd. 2 368
Das große Lalula 91
Günther: Ein Mann wie Lessing täte uns not 537
Gundert: Marie Hesse 261
Gundlach: Der andere Strindberg 229
Hauff-Märchen (2 Bände) 216/217
Hausmann: Der Hüttenfuchs 730
Hawthorne: Der scharlachrote Buchstabe 436
Hebel: Kalendergeschichten 17